"十三五"职业教育国家规划教材

市场营销实战系列教材

商务谈判实务——项目教程

文腊梅 主编
纪锐森 刘瑛 李鑫 副主编

SHANGWU TANPAN SHIWU XIANGMU JIAOCHENG

（第2版）

电子工业出版社
Publishing House of Electronics Industry
北京·BEIJING

内容简介

本书以商务谈判流程为主线，分为上篇（商务谈判准备阶段）、中篇（商务谈判实施阶段）和下篇（商务谈判结束阶段），共 8 项任务，主要介绍商务谈判过程中所涉及的基本知识、基本技能、组织与管理，商务谈判中开局策略、报价策略和磋商策略的运用，以及商务合同签订的程序与具体操作。每项任务均由知识储备和技能训练两个模块构成，对商务谈判的基本知识和基本技能进行了有效整合，充分体现了"教、学、谈"一体化的高职教学思路。

本书既适合作为高职院校财经大类相关专业的教材，也适合企业商务谈判人员、产品销售人员和管理人员作为培训教材和参考读物。

未经许可，不得以任何方式复制或抄袭本书之部分或全部内容。
版权所有，侵权必究。

图书在版编目（CIP）数据

商务谈判实务 / 文腊梅主编. —2 版. —北京：电子工业出版社，2017.9
项目教程
ISBN 978-7-121-32547-2

Ⅰ. ①商… Ⅱ. ①文… Ⅲ. ①商务谈判—高等职业教育—教材 Ⅳ. ①F715.4

中国版本图书馆 CIP 数据核字（2017）第 205319 号

策划编辑：张云怡
责任编辑：靳　平
印　　刷：三河市鑫金马印装有限公司
装　　订：三河市鑫金马印装有限公司
出版发行：电子工业出版社
　　　　　北京市海淀区万寿路 173 信箱　邮编　100036
开　　本：787×1 092　1/16　印张：16.25　字数：416 千字
版　　次：2013 年 8 月第 1 版
　　　　　2017 年 9 月第 2 版
印　　次：2021 年 8 月第 11 次印刷
定　　价：37.00 元

凡所购买电子工业出版社图书有缺损问题，请向购买书店调换。若书店售缺，请与本社发行部联系，联系及邮购电话：(010) 88254888，88258888。
质量投诉请发邮件至 zlts@phei.com.cn，盗版侵权举报请发邮件至 dbqq@phei.com.cn。
本书咨询联系方式：(010) 88254573，zyy@phei.com.cn。

第 2 版 前 言

《商务谈判实务——项目教程》于 2013 年 8 月发行第 1 版，2014 年第 2 次印刷，本书自发行以来受到使用者的好评，特别是高职院校商科专业谈判课程教师反映本书：基于谈判流程组织内容，体例逻辑清晰；每个任务都包括了知识储备和技能训练两个模块，理论与实践结合紧密，可操作性强；提供了模拟谈判操作流程和评价标准，还有模拟谈判的背景资料库，方便谈判技能培训。当初，我们组织编写《商务谈判实务——项目教程》的目的就是为高职商科类专业的商务谈判课程提供一本有趣的、实用的、操作性强的项目教材，让使用者掌握谈判的基本技能和技巧，从用户的反馈来看，这一目的已经达到了。

为什么要修订这本已经不错的教材呢？主要原因如下。

第一，随着数字时代的发展，教材内容的呈现形式有了较大的变化，对于习惯使用智能手机、平板电脑、iPad、无线网络、数字和社交媒体的"90"、"00"后学生，单一的文字呈现形式的教材已经不能激发他（她）们的兴趣。新版教材中增加了数字化互动内容，每个任务的情景案例都制作成了互动电影，使得案例更加生动形象，增加趣味性和视觉体验；每个任务的复习与思考题中的选择题都制作成了数字化互动题库，学生可以通过扫二维码，直接链接数字化内容进行学习和练习。

第二，随着谈判理论与实践的发展，教材内容也需要不断创新，本书编写团队认真学习了世界上权威商学院的公开谈判课程，从中得到很多启发，并将沃顿商学院最实用的谈判课中的关于个人谈判风格评估的理论及手段引进新版教材，将这部分内容编入了任务三学会商务谈判的组织与管理中，让学习者能够评估个人的谈判风格倾向，了解谈判风格与个性的关系，充分发挥不同谈判风格的优势，弥补其不足，探究个人的谈判天赋。

第三，更新原有教材案例。谈判理论与谈判实践持续发展，教材的内容也必须与时俱进，第 1 版教材出版已经 4 年，使用者反馈了一些好的意见和建议，编写团队吸收这些好的意见和建议并对教材进行了修订，重新补充了大量有趣的故事和新案例，统一完善了每个任务后的单选题和多选题。

第四，更新原有习题库。本书是湖南省卓越校建设项目中的课程体系建设项目成果之一（立项编号为 Z1423201620，项目名称为"《商务谈判与沟通技巧》课程改革与建设"），也是湖南省高职市场营销专业技能抽查的实操模块的指导用书。本书编写团队将研究成果呈现在新版教材中，对原有模拟商务谈判的标准和谈判背景资料库进行了深入探讨和认真修订，使得新的模拟商务谈判标准更加符合谈判实际操作要求，20 个背景资料更加接近实际谈判情景。

　　本书由长沙民政职业技术学院文腊梅任主编，负责全书架构的搭建，以及任务二、任务三、任务四、任务五和任务六部分内容的编写。长沙民政职业技术学院纪锐森任副主编，负责任务一、任务七和任务八部分内容的编写；湖南安全技术职业学院刘瑛任副主编，负责任务五和任务六部分内容的编写；邵阳职业技术学院李鑫任副主编，负责任务七和任务八部分内容的编写。全书由文腊梅进行最终统稿和校对。本书在编写过程中得到了电子工业出版社张云怡老师的大力支持，并提出了许多建设性的意见和建议，在此表示衷心的感谢！

　　总之，我们给大家呈现这本新版教材，真诚希望能够为读者的日常生活和商务谈判提供指导。

文腊梅

2017 年 3 月于长沙香樟园

目 录

上篇　商务谈判准备阶段

任务一　掌握商务谈判的基本知识…………（2）
　　任务目标…………………………………（2）
　　模块一　知识储备………………………（2）
　　情景案例："你切我选"的陷阱（数字
　　　　　　化呈现）………………………（2）
　　　一、谈判与商务谈判概述………………（3）
　　　二、商务谈判的基本原则………………（8）
　　　三、商务谈判的基本类型………………（14）
　　　四、商务谈判的基本内容………………（20）
　　　五、商务谈判的一般流程………………（26）
　　模块二　技能训练………………………（29）
　　　一、训练目标——分析能力，
　　　　　谈判能力………………………（29）
　　　二、训练实施——案例阅读，
　　　　　购物体验………………………（29）
　　　三、训练形式——案例分享，
　　　　　体验分享………………………（29）
　　任务小结…………………………………（30）
　　复习与思考（选择题数字化互动）………（32）

任务二　培养商务谈判的基本技能…………（34）
　　任务目标…………………………………（34）
　　模块一　知识储备………………………（34）
　　情景案例："放弃"是为了更好地
　　　　　　"获得"（数字化呈现）…（34）
　　　一、商务谈判的心理素质………………（35）
　　　二、商务谈判的思维能力………………（39）
　　　三、商务谈判的沟通技巧………………（44）
　　　四、商务谈判的礼仪规范………………（51）
　　模块二　技能训练………………………（56）
　　　一、训练目标——培养心理素质、

　　　　　思维能力和沟通技巧…………（56）
　　　二、训练实施——心理测试，
　　　　　情景模拟，沟通游戏…………（56）
　　　三、训练形式——决策模拟，
　　　　　情景模拟，游戏模拟…………（56）
　　任务小结…………………………………（62）
　　复习与思考（选择题数字化互动）………（63）

任务三　学会商务谈判的组织与管理………（68）
　　任务目标…………………………………（68）
　　模块一　知识储备………………………（68）
　　情景案例："谈判女杰"的智谋
　　　　　　（数字化呈现）………………（68）
　　　一、商务谈判人员的选拔与
　　　　　管理……………………………（69）
　　　二、商务谈判人员的谈判风格
　　　　　测试……………………………（74）
　　　三、商务谈判信息的收集与
　　　　　管理……………………………（82）
　　　四、商务谈判计划的拟订与
　　　　　实施……………………………（84）
　　　五、商务谈判物质条件的准备…………（89）
　　模块二　技能训练………………………（93）
　　　一、训练目标——制订模拟谈判
　　　　　计划……………………………（93）
　　　二、训练实施——布置任务和成立
　　　　　小组……………………………（93）
　　　三、训练形式——小组讨论，形成
　　　　　文本……………………………（93）
　　任务小结…………………………………（95）
　　复习与思考（选择题数字化互动）……（96）

中篇　商务谈判实施阶段

任务四　商务谈判开局 (100)
  任务目标 (100)
  模块一　知识储备 (100)
  情景案例：松下幸之助在寒暄中失去
    先机（数字化呈现） (100)
   一、营造恰当的谈判气氛 (101)
   二、探测对方虚实 (105)
   三、巧妙运用开局策略 (107)
   四、明确商务谈判议程 (111)
  模块二　技能训练 (113)
   一、训练目标——掌握开局程序
    和策略的运用 (113)
   二、训练实施——谈判角色分工
    准备 (113)
   三、训练形式——模拟开局，评
    价分享 (113)
  任务小结 (115)
  复习与思考（选择题数字化互动） (116)

任务五　商务谈判报价 (119)
  任务目标 (119)
  模块一　知识储备 (119)
  情景案例：爱迪生的专利获得了意外
    巨款（数字化呈现） (119)
   一、报价方式的选择 (120)
   二、报价应遵守的基本原则 (122)
   三、报价的基本策略 (126)
  模块二　技能训练 (130)
   一、训练目标——掌握报价原则，
    运用报价策略 (130)
   二、训练实施——收集价格信息，
    制订报价方案 (130)
   三、训练形式——回顾开局议程，
    展开模拟报价 (130)
  任务小结 (133)
  复习与思考（选择题数字化互动） (134)

任务六　商务谈判磋商 (136)
  任务目标 (136)
  模块一　知识储备 (136)
  情景案例：出言不逊引爆谈判气氛
    （数字化呈现） (136)
   一、磋商的一般步骤 (138)
   二、让步的原则与方式 (142)
   三、磋商的基本策略 (147)
   四、分析僵局产生的原因 (160)
   五、处理僵局的策略 (162)
  模块二　技能训练 (164)
   一、训练目标——能够灵活地
    运用磋商策略与技巧 (164)
   二、训练实施——分析背景资料，
    制订磋商方案 (164)
   三、训练形式——分工协作，模
    拟磋商 (164)
  任务小结 (166)
  复习与思考（选择题数字化互动） (167)

下篇　商务谈判结束阶段

任务七　商务谈判结束 (172)
  任务目标 (172)
  模块一　知识储备 (172)
  情景案例：日航在最有利的价位上一
    锤定音（数字化呈现） (172)
   一、商务谈判进入成交阶段的
    标志 (174)
   二、商务谈判的可能结果 (177)
   三、促成交易的策略 (179)
   四、谈判破裂的正确处理 (184)
  模块二　技能训练 (186)
   一、训练目标——促成交易，
    做好收尾工作 (186)
   二、训练实施——做好谈判结束
    准备，设计结束方案 (186)
   三、训练形式——分组进行，模
    拟谈判的成交与收尾 (187)
  任务小结 (188)
  复习与思考（选择题数字化互动） (190)

目 录

任务八　商务合同的签订与履行……………（193）
　　任务目标…………………………………（193）
　　模块一　知识储备………………………（193）
　　情景案例：以传真方式订立的合同
　　　　　　　是否有效（数字化呈现）…（193）
　　　一、商务合同签订程序………………（195）
　　　二、商务合同的内容条款……………（199）
　　　三、商务合同条款的书写原则………（201）
　　　四、商务合同有效成立的条件
　　　　　与无效合同的确认和处理………（205）
　　　五、商务合同的履行原则……………（209）
　　　六、商务合同的变更、解除、转让
　　　　　与纠纷处理………………………（211）
　　模块二　技能训练………………………（213）
　　　一、训练目标——培养起草合同
　　　　　与签约能力………………………（213）
　　　二、训练实施——草拟合同，以
　　　　　备最后谈判………………………（214）
　　　三、训练形式——审核合同，举
　　　　　行签字仪式………………………（214）
　　任务小结…………………………………（215）
　　复习与思考（选择题数字化互动）…（216）

附录 A　模拟商务谈判流程…………………（219）
　　第一部分　背对背演讲…………（219）
　　第二部分　正式模拟谈判阶段…（220）

附录 B　模拟商务谈判评价标准……………（222）
附录 C　商务谈判技能测试题库……………（224）
　　测试题一……………………………………（224）
　　测试题二……………………………………（225）
　　测试题三……………………………………（226）
　　测试题四……………………………………（227）
　　测试题五……………………………………（228）
　　测试题六……………………………………（229）
　　测试题七……………………………………（230）
　　测试题八……………………………………（231）
　　测试题九……………………………………（232）
　　测试题十……………………………………（233）
　　测试题十一…………………………………（234）
　　测试题十二…………………………………（235）
　　测试题十三…………………………………（236）
　　测试题十四…………………………………（237）
　　测试题十五…………………………………（238）
　　测试题十六…………………………………（239）
　　测试题十七…………………………………（240）
　　测试题十八…………………………………（241）
　　测试题十九…………………………………（242）
　　测试题二十…………………………………（243）

附录 D　谈判风格的测试……………………（245）
参考文献………………………………………（249）

上 篇

商务谈判准备阶段

任务一　掌握商务谈判的基本知识

任务二　培养商务谈判的基本技能

任务三　学会商务谈判的组织与管理

任务一

掌握商务谈判的基本知识

任务目标

知识目标：
- 掌握商务谈判的基本概念
- 掌握商务谈判的基本原则
- 了解商务谈判的一般类型
- 了解商务谈判的主要内容
- 认识商务谈判的一般过程

能力目标：
- 能运用谈判知识分析谈判案例
- 能运用谈判原则进行日常谈判

模块一 知识储备

情景案例　　"你切我选"的陷阱

美国谈判学会会长，著名律师尼尔伦伯格讲过一个著名的分橙子的故事。有一位妈妈把一个橙子给两个孩子，让他们分着吃。不管从哪里下刀，两个孩子都觉得不公平。两个人吵来吵去，最终达成了一致意见，由一个孩子负责切橙子，另一个孩子选橙子。结果，这两个孩子按照商定的办法各自取得了一半橙子，高高兴兴地拿回家去了。

在商务谈判中经常会用到"你切我选"的方法，这种方法看似公平，但却存在致命的双方利益损失陷阱，其主要的原因是没有事先了解清楚双方的需求。现在我们来看看两个孩子拿到一半橙子后是怎样处理的。

任务一 掌握商务谈判的基本知识

第一个孩子把半个橙子拿到家，把皮剥掉扔进了垃圾桶，把果肉放到果汁机上打果汁喝。另一个孩子回到家把果肉挖掉扔进了垃圾桶，把橙子皮留下来磨碎了，混在面粉里烤蛋糕吃。

从上面的情形中我们可以看出，虽然两个孩子各自拿到了看似公平的一半，然而，他们各自得到的东西却未物尽其用。这说明，他们在事先并未做好沟通，也就是两个孩子并没有申明各自利益所在。由于没有事先申明价值导致了双方盲目追求形式上和立场上的公平，结果，双方各自的利益并未在谈判中达到最大化。

试想，如果两个孩子能够充分交流各自所需，或许会有多个方案和情况出现。可能的一种情况，就是遵循上述情形，两个孩子想办法将皮和果肉分开，一个拿到果肉后去喝果汁，另一个拿到橙皮后去做烤蛋糕添加剂。也可能是另外一种情况，双方经过充分沟通后，恰恰有一个孩子既想要皮做蛋糕，又想喝橙子汁。这样，想要整个橙子的孩子提议可以将其他的问题拿出来一块儿谈。他说："如果把这个橙子全给我，你上次欠我的棒棒糖就不用还了。"其实，那个孩子的牙齿被蛀得一塌糊涂，父母上星期就不让他吃糖了。于是听到同胞这样说，就很快答应了。正好他刚刚从父母那儿要了 5 元钱，准备买糖还债，这下可以用这 5 元钱去做他最喜欢的事——打电子游戏，他才不在乎这酸溜溜的橙子汁呢。两个孩子通过充分地沟通与协商，创造了新的增值方案。

案例点评

两个孩子分橙子的交流和协商过程实际上就是不断沟通，了解彼此需求，创造价值增值的过程。双方在寻求对自己利益最大化方案的同时，也满足了对方利益的最大化。所有的商务谈判，如果希望达到双方价值最大化，良好的沟通是前提。好的谈判者并不是一味固守立场，追求寸步不让，而是要与对方充分交流，从双方的最大利益出发，创造各种解决方案，用相对较小的让步来换得最大的利益，而对方也是遵循相同的原则来取得交换条件。在满足双方最大利益的基础上，如果还存在达成协议的障碍，那么就不妨站在对方的立场上，替对方着想，帮助对方扫清达成协议的一切障碍，这就是商务谈判的本质。

内容为任务一情景案例
互动电影

本任务带领学习者了解谈判与商务谈判的概念，掌握商务谈判的基本原则，了解商务谈判的类型、主要内容和一般流程。

一、谈判与商务谈判概述

谈判是一种普遍的人类行为，它存在于人们生活和工作的各个层面和各个方面。大到国家与国家之间的政治、经济、军事、外交、科技、文化的相互往来，小到企业之间、个人之间的联系和合作，都离不开谈判。人们要想在谈判中取得满意的结果，就必须了解谈判的本质，掌握谈判的知识和技能。

（一）谈判的概念

什么是谈判？美国谈判学会会长、著名律师杰勒德•I.尼尔伦伯格（Gerafd I Niernberg）

在《谈判的艺术》(The Art of Negotiating)一书中对谈判是这样定义的:"只要人们为了改变相互关系而交换观点,或为了某种目的企求取得一致而进行磋商,他们就是在进行谈判。"而美国另一位著名谈判学者罗杰·道森在其著作《优势谈判》中这样阐述谈判:生活就是一场谈判,幸福需要谈判,商业互动需要谈判,与人合作需要谈判,团队领导需要谈判,国与国之间需要谈判,夫妻关系需要谈判,亲子教育需要谈判……由此可见,谈判涉及的领域和范畴十分广泛,可以说谈判存在于生活和工作的每个领域和每个层面。

我们认为,谈判就是具有利害关系的参与各方出于某种需要,在一定的时空条件下,就所关心或争执的问题进行相互协商和让步,力求达成协议的行为和过程。对于这一概念我们可以从以下4个方面来理解。

1. 谈判是一种有目的的活动

谈判是建立在需要基础之上的,谈判的各方都希望能够从对方那里得到自己所需要的利益。这些利益所包含的内容非常丰富,有物质的也有精神的,有组织的也有个人的。因此,谈判前一定要做好谈判计划,明确谈判目标,如价格、数量、质量和交易条件等。当某种需要无法通过自身力量来实现,而必须借助于与他人的合作才能达成时,谈判就产生了。

2. 谈判是一种双向交流与沟通的过程

参与谈判的各方只有通过充分交流与沟通才能真正了解彼此的需要,只有了解彼此的需要,谈判时才能做到有的放矢。把对方的需要摸得越清楚,谈判的成功率越高,双方获得的利益也就越大。例如,分橙子的案例,如果能够通过充分交流与沟通,了解到一方喜欢橙子皮,而另一方喜欢橙子肉,那么最初的公平分配办法"你切我选",就不是最佳选择;而采取将橙子的皮和肉分开,一个得到橙子皮,另一个得到橙子肉,使得双方都实现了利益最大化。由于沟通与交流后使得整个方案价值增值,因此称这样的谈判为增值型谈判。

3. 谈判是一种"舍"与"得"的协商行为

谈判是因为具有利害关系各方存在利益分歧,所以才需要坐下来进行协商,力求达到一致。协商的本质就是在利益上做出让步和提出要求。让步是为了满足对方的需要,要求是希望满足己方的需要。以让步满足对方的需要来换取己方所需要的利益,这是一种辩证的关系,有"得"必有"舍"。谈判就是建立在这种互惠对等的"得舍"之间的协商行为。

4. 谈判是一种人际交往活动

谈判是一种人际交往活动,谈判的成功与谈判者的素质有着密不可分的联系。谈判通常是在人与人之间进行的,他们或者为了自己或者代表团体,是一种有目的的人际交往活动。谈判是否能够取得满意的结果与谈判人员有着密不可分的关系。一些著名的政治家、外交家同时也是谈判大师,由于他们高超的谈判艺术,使谈判在处理复杂政治事务中发挥了重要作用,如丘吉尔、罗斯福、基辛格都留下了脍炙人口的谈判佳话。周恩来总理不仅是一位杰出的政治家、外交家,也是一名出色的谈判专家,他一生中主持了无数次谈判,如著名的西安事变、重庆谈判、和平共处五项原则谈判，中日、中美恢复外交关系的谈判，等等，都表现了极其高超的谈判艺术，为世人广为传颂。

（二）商务谈判的概念与特点

1. 商务谈判的概念

商务谈判是指两家或两家以上的企业为了实现自己企业的经营目标和满足对方企业的需要，运用书面或口头的方式，说服、劝导对方接受某种方案或所推销的产品与服务，进行利益协调和相互妥协，从而达成一致意见的过程。

商务谈判是在商品经济条件下产生和发展起来的，它已经成为现代社会经济生活中必不可少的组成部分。可以说，没有商务谈判，经济活动便无法进行。小到日常生活中的讨价还价，大到企业法人之间的合作、国家与国家之间的经济和技术交流，都离不开商务谈判。

2. 商务谈判的特点

（1）以获得经济利益为基本目的。不同的谈判者参加谈判的目的是不同的，外交谈判涉及的是国家利益；政治谈判关心的是政党、团体的根本利益；军事谈判主要是关系敌对双方的安全利益。虽然这些谈判都不可避免地涉及经济利益，但是常常是围绕着某一种基本利益进行的，其重点不一定是经济利益。而商务谈判的目的则十分明确，谈判者以获取经济利益为基本目的，在满足经济利益的前提下才涉及其他非经济利益。虽然，在商务谈判过程中谈判者可以调动和考虑各种因素，而各种非经济利益的因素也会影响谈判的结果，但其最终目标仍是经济利益。与其他谈判相比，商务谈判更加重视谈判的经济效益。所以，在商务谈判中的谈判者都比较注意谈判的成本、效率和效益。人们也通常以经济效益的好坏来评价一项商务谈判的成功与否，因此不讲求经济效益的商务谈判就失去了价值和意义。

（2）以价格谈判为核心。商务谈判涉及的因素很多，谈判者的需求和利益也表现在众多方面，但价格则几乎是所有商务谈判的核心内容。这是因为在商务谈判中价值的表现形式——价格能最直接地反映谈判双方的利益。谈判双方在其他利益上的得与失，在很多情况下或多或少都可以折算为一定的价格，并通过价格升降而得到体现。需要指出的是，在商务谈判中，一方面要以价格为中心，坚持自己的利益；另一方面又不能仅仅局限于价格，应该拓宽思路，设法从其他利益因素上争取应得的利益。因为，与其在价格上与对方争执不休，还不如在其他利益因素上使对方在不知不觉中让步，这是从事商务谈判时需要注意的。

（3）注重合同条款的严密性与准确性。商务谈判的结果是由双方协商一致的协议或合同来体现的。合同条款实质上反映了各方的权利和义务，合同条款的严密性与准确性是保障谈判获得各种利益的重要前提。有些谈判者在商务谈判中做了很大的努力，好不容易为自己获得了较为有利的结果，而对方为了求得合作，也迫不得已做了许多让步，似乎这时谈判者已经获得了这场谈判的胜利。但是，如果拟订合同条款时，谈判者掉以轻心，不注意合同条款的完整、严密、准确、合理、合法，结果被谈判对手在条款措辞上略施小计就掉进陷阱，不仅把到手的利益丧失殆尽，而且还可能为此付出惨重代价，这种例子在商务谈判中屡见不鲜。因此，在商务谈判中，谈判者不仅要重视口头承诺，更要重视合同条款的准确性和严密性。

（4）"合作"与"冲突"的矛盾统一。通过谈判达成的协议应该对双方都有利，各方的基本利益从中得到保障，这是谈判合作性的一面；双方积极地维护自己的利益，希望在谈判中获得尽可能多的利益，这是谈判冲突性的一面。了解和认识谈判是合作与冲突的矛盾统一，对于一名谈判者来说是很重要的。为此，谈判者在制订谈判方针、选择和运用谈判策略时，就要防止两种倾向：一是只注意谈判的合作性，害怕与对方发生冲突，当谈判陷入僵局时，茫然不知所措，对对方提出的要求只是一味地退让和承诺，不敢据理力争，遇到一些善于制造矛盾的强硬对手，更是显得软弱无力，结果只能吃亏受损；二是只注意冲突性的一面，将谈判视为一场你死我活的争斗，一味进攻，寸步不让，不知妥协，结果导致谈判破裂。这两种倾向都是不可取的，尤其在国际经济谈判中更要尽量避免。

（5）重视双方的利益界限。谈判的目标是在可能的范围内追求更多的利益。但是，任何谈判者都必须满足对方的最低需要，如果无视对方的最低需要，无限制地逼迫对方，最终会因对方的退出，使自己已经到手的利益丧失殆尽。谈判者的眼光不能只盯着自己的利益，尤其当对方利益接近"临界点"时，必须保持清醒和警觉，毅然决断，当止即止，以免过犹不及。如果把对方逼出谈判场，最终会使自己一无所获。商务谈判中一方的所得利益只能从对方利益上才能体现出来。

（6）科学与艺术的有机结合。既然谈判是作为人们彼此之间协调利益关系，满足各自需要并达成共同意见的一种行为和过程，那么，人们必须以理性的思维对所涉及的双方利益进行系统、具体的分析和研究。根据一定的规律、规则制订谈判的方案和对策，是谈判具有科学性的一面。同时，谈判又是一种人际交流与沟通活动，谈判人员的素质、能力、经验和心态等因素对谈判过程和结果有着极大的影响，具有某种难以预测、难以把握的特征。同样的谈判内容，同样的环境和条件，不同的人去谈判，最终的结果往往是不同的，这就反映了谈判具有艺术性的一面。因此，对于谈判者来讲，在谈判中既要讲究科学性，又要讲究艺术性。"科学"能使谈判者正确地去做事情，而"艺术"则能使谈判者把事情做得更好。

案例与启示　　　　　　说服萨达姆释放人质

1991 年的一个夜晚，谈判专家罗杰·道森在家中接到一个电话，对方说自己在科威特石油公司的兄弟被萨达姆扣为人质。他想聘请罗杰·道森为谈判顾问，前往科威特说服萨达姆释放人质，只要能赎回自己的兄弟，花多少钱都愿意。罗杰·道森接到任务后告诉对方，不用花一分钱便能救回他的兄弟。

罗杰·道森联系了一名哥伦比亚广播公司（CBS）的著名记者，问其是否愿意陪自己去巴格达一趟与萨达姆谈判，如果他愿意，就把独家采访权给他。时逢美伊激战正酣，真是天赐良机，记者非常愿意，但 CBS 的总编却不同意记者冒险去战场。于是这位谈判大师又拿出了第二套方案：在伊拉克邻国约旦采访萨达姆。几经波折，罗杰·道森在约旦见到了萨达姆,并说服萨达姆在镜头前发表20分钟的演讲。结果,萨达姆喋喋不休地对着镜头说了两个小时之后释放了人质。罗杰·道森到底是怎么说服萨达姆的呢?

"金钱并不能打动萨达姆,我们必须真正明白萨达姆想要什么。"罗杰·道森认为,海湾战争期间,全世界对萨达姆的印象都很不好,萨达姆当时急需提升自身形象,因此,他开始调动新闻媒体来报道这一事件。"要知道,这是那段时期萨达姆所放出的唯一人质。"这个案例或许可以表明,我们必须站在对方的立场考虑问题,必须明白对方想要什么,因为我们自己想要的东西可能对对方是毫无价值的。

(资料来源:罗杰·道森.优势谈判.改编)

(三)商务谈判的价值评价标准

什么样的商务谈判才可以称得上成功的谈判呢?有什么标准可以衡量一个谈判项目的成功与否呢?美国著名律师和谈判专家尼尔伦伯格认为:谈判不是一场棋赛,不要求决出胜负;谈判也不是一场战争,不用将对方消灭或置于死地。恰好相反,谈判是一项互利的合作事业,谈判中的合作以互利互惠为前提,只有合作才能谈及互利。因此,评判谈判项目成功与否可参考以下3个标准。

1. 谈判目标的实现程度

谈判双方在谈判之前都有明确的谈判计划,规定了谈判希望达到的最高目标、可接受目标和最低目标。谈判目标不仅可将谈判者的需要具体化,而且还是驱动谈判者行为的基本动力。由于参与谈判的各方都有一定的利益界限,即努力争取的最高目标和必须确保的最低目标;所以如果一味地追求最高目标,把对方逼得无利可图甚至导致谈判破裂,就不可能实现预期的谈判目标。同样,如果为了合作而合作,失守己方的底线,预期的最低目标就无法实现。因此,谈判成功的首要标准就是双方都实现了预期的理想目标,最大限度地获得了利益。

2. 谈判效率的高低

谈判效率是指谈判者通过谈判所取得的收益与所付出的成本之比。如果谈判的代价超过了所取得的成果,谈判就是低效率的和不明智的。因此,作为一个合格的谈判者必须具有效率观念。谈判的成本主要有:谈判桌上的成本,即谈判预期收益与实际收益之间的差额;谈判的过程成本,即整个谈判中耗费的时间、精力和财力等各种资源;谈判的机会成本,即选择与对手谈判而放弃与其他合作伙伴谈判而失去的机会收益,如果以巨大代价换取微小收益,这样的谈判就是低效率的,也是不可取的。

3. 谈判双方关系的改善程度

谈判的目标分为近期目标和长期目标,谈判的利益也分为长远利益和当下利益。有时候由于双方合理要求差距太大,导致谈判无法达成一致,但这并不影响将来合作的可能。即使谈判没有成交,只要双方关系得到了改善,为后续合作奠定了基础,也可认为是一次成功的谈判。有时一方为了长远利益,而做出较大让步,目的是建立良好的长久合作关系,为将来获得更大利益铺平道路。

总之，成功的谈判应该是建立在双方关系得到了维护和改善的前提下，获得的收益远远超过付出的成本，并最大限度地实现了预期的谈判目标。

案例与启示　　　　　　以利益换取市场

1996年，意大利知名皮鞋品牌康乐士（GEOX）制造厂商（简称"意商"）希望在中国寻找代加工企业。它从中国众多制鞋厂商中选中了8家品牌企业作为合作的对象，准备进行全面考察，其中，奥康集团也在考察之列。奥康集团总裁王振滔，年轻有为，其制鞋企业在国内初具规模，品牌知名度不断提升，非常希望借此机会学习意大利制鞋业的先进技术与设计理念，为将来打开国外市场做好准备。意商在考察完了其他7家企业之后，选定最后一站与奥康集团总裁见面。这天正好是2月14日，西方的情人节，意大利人是很有情调的，王振滔正是考虑到这一点，将见面地点选在上海外滩一艘豪华游轮上，事先安排了游轮的礼仪小姐向意方商人赠送鲜花和祝酒，这为双方见面营造了一个温馨的环境，为洽谈创造了和谐的气氛。

谈判中，意商对于加工工艺、原材料、交货期等方面提出了苛刻要求，而代加工费用却开得很低。王振滔始终采取谦虚的态度，而且在利益上做出了较大让步，最终，在奥康集团优惠的加工条件吸引下，意商在8家中方企业中选择奥康集团作为合作伙伴，并签订了一单大批量的代加工合同。正是这次合作，奥康集团从代加工过程中学到了意大利制鞋的先进工艺和先进设计理念，同时也了解到欧洲鞋业市场需求特点。几年之后，奥康集团以自己的品牌全面进军欧洲市场。

本次谈判奥康集团在近期利益上做了较大的让步，获得了意商的合作，但从长远来看，奥康集团借助意商的工艺资源、设计资源提高了企业的技术，同时，通过代加工过程，了解了国际市场的需求特点，并借助对手的销售实力，打开了欧洲市场。因此，谈判的成功并不一定是短期内完全对等的交易，而是一种长期合作关系的建立，一种长远利益与短期利益的平衡。

二、商务谈判的基本原则

在现代社会中每时每刻都发生着商务活动，而商务活动是从商务谈判开始的，商务谈判的成败也就是商务活动的成败。在商务谈判过程中要想取得较好的谈判结果，就要遵循谈判活动的内在规律，而商务谈判原则就是这些规律的体现。遵循谈判原则，是谈判成功的基本保证。

商务谈判原则是指在谈判过程中，谈判双方必须遵守的思想和行为规则。笔者认为商务谈判应当坚持平等自愿原则、互惠互利原则、求同存异原则、立场服从利益原则、对事不对人原则、使用客观标准原则、真诚守信原则以及依法办事原则等。

1. 平等自愿原则

谈判是智慧的较量，谈判桌上，唯有确凿的事实、准确的数据、严密的逻辑和艺术的手段，才能将谈判引向自己所期望的胜利。平等自愿是谈判必须遵循的一项基本原则。平等自愿原则要求商务谈判各方,坚持在地位平等和自愿合作的条件下建立合作关系,并通过平等协商、公平交易来实现各方的权利和义务。

商务谈判中的平等是指在商务谈判中,不论各方的经济实力强弱和组织规模大小,其地位都是平等的。因此,在谈判时无论企业大小、强弱和效益好坏,都没有高低贵贱之分,相互之间都要平等对待。平等是商务谈判的重要基础,也是衡量商务谈判成功的最基本标准。就这一点而言,商务谈判比外交谈判具有更高的平等性。具体来看,在商务谈判中,各当事人对于交易项目及其交易条件都拥有同样的选择权。协议的达成只能通过各方的平等对话,协商一致,不能一方说了算或者少数服从多数。

从合作项目的角度看,合作的各方都具有一定的"否决权"。这种"否决权"具有同质性,如果任何一方不同意合作,交易就无法达成。这种同质的"否决权"在客观上赋予了谈判各方相对平等的地位。

商务谈判中的自愿是指具有独立行为能力的交易各方出于对自身利益目标的追求,能够按照自己的意愿来进行谈判,并做出决定,而非受到外界压力或他人驱使来参加谈判。同时,任何一方都可以在任何时候退出或拒绝进行谈判。自愿是商务谈判各方进行合作的重要前提和保证。只有自愿,谈判各方才会有合作的诚意,才会进行平等的竞争与合作,才会互谅互让,进而做出某些让步,通过互惠互利最终达成协议,取得令各方都满意的结果。

贯彻平等自愿原则,要求谈判各方相互尊重,礼敬对手;在谈判的整个进程中,要排除一切干扰,时时、处处、事事表现出对对方不失真诚的敬意;任何一方都不能仗势欺人,以强欺弱,把自己的意志强加于人。只有坚持平等自愿原则,商务谈判才能在互相信任的气氛中顺利进行。

2. 互利互惠原则

互利互惠原则是指谈判双方在讨价还价、追求自己利益最大化的同时,也要尊重对方的利益诉求,从而实现双赢。事实上,谈判双方在同一事物上的利益不一定是矛盾的,或此消彼长的关系,而有可能是优势互补和价值增值的合作。因此,现代谈判又称为增值谈判,或者合作的利己主义谈判。例如,一项货物买卖的谈判,卖方关心的可能是货款能否及时收回,而买方关心的是产品质量是否有保证。这时双方可以协调利益,提出互利的选择方案。买方可以一次性结清货款为条件,换取卖方提供最先进技术生产的产品,保证产品质量。这样的合作就是建立在互利互惠的基础上的增值谈判。要做到互利互惠,可以从以下3个方面考虑谈判的方案与策略。

(1)提出新的选择。人们总是喜欢把谈判看成一场比赛,要么你赢,要么我赢;或者看成一种此消彼长的价值分配,你获得较多就意味着我的利益减少,好像找不出双方都可以实现利益最大化的方案。事实上,谈判可以通过充分的沟通和协商寻求更好的办法,既兼顾双方利益,同时又创造更大的价值。就像分橙子一样,不一定要均分,可以提出多个选择办法。要想打破传统的思维方式,提出新的方案,就要进行创造性的思维活动。一方面,要充分沟通,以搜集大量的信息、资料作为考虑问题的依据;另一方面,要鼓励谈判组成员大胆发表个人见解,集思广益。

(2)寻找共同利益。在谈判双方发生分歧时,如果能够认真分析谈判成功给双方带来的利益和谈判破裂使得双方遭受的损失，那么一定可以找到共同利益。如果双方都能从共同利益出发，认识到合作应该建立在互利互惠的基础上，就一定会形成这样的认识："我怎样才能使整个蛋糕做大，这样我就能多分了"。

案例与启示　　谈判高手如何说服女明星

20世纪60年代，美国一家制片商与当时一位女明星签订了一份片酬合约，合约金额为100万美元。当电影发行后，情况并没有预期那么好，制片商无法一次性付清女明星100万美元的片酬。双方进行了几次协商，都没有达成一致，女明星准备去法院起诉制片商违反合约，要求按合同付款。如果女明星上诉，肯定会胜诉，制片商就只有宣告破产，然而，即使破产，其资产也无法付清片酬。这时，制片商请来一位谈判高手与女明星进行谈判，希望她接受分期付款的方式，每年付5万美元，外加1万美元利息，分20年付完，共计120万美元。

女明星开始并不同意，谈判高手就从双方共同利益出发分析利害关系。谈判高手这样对女明星说：如果你去起诉制片商，制片商肯定破产，片酬有可能全部付清，但美国是累进税制，100万美元收入要扣除很大一笔税收。也有可能制片商破产后资不抵债，那时你的损失会更大。另外，作为女明星，一般都是吃青春饭的，这一点你必须承认。现在片酬较高，不能保证以后每年片酬都这么高，那如何保证以后每年都有稳定的收入来源呢？这些问题你得仔细想想！

如果你选择分期付款，保住了制片商，也就保住了你的合同，每年收入5万美元，外加1万美元利息，这个收入在免税之内，而且你未来20年，每年都有稳定的6万美元收入保障。很显然，谈判高手从共同利益出发说服了女明星，她最终接受了分期付款方案，保住了制片商，实现了双赢。这里只有一个倒霉蛋，那就是美国联邦税务局，白白流失掉几十万美元税收。

（3）协调分歧利益。协调利益的一种有效方法是提出自己能接受的几种方案，问对方更喜欢哪一种。你要事先推测哪种方案更受欢迎，然后拿出至少两种以上方案，供对方选择。采用这种方法时，你可以使方案尽可能地包含共同利益，即对自己代价低，对对方好处多。例如，货物买卖的双方，卖方希望价格高、利润丰，而买方希望价格低、成本小，这看上去是矛盾的，如果在价格上谈判，是永远没有结果的。那么，换一种思维方式，怎样才能实现卖方利润丰、买方成本小呢？如果能够在货物数量上做文章，可能实现双方的目标。因为薄利多销，可以实现卖方的利润总额增加；而批量采购，可以享受价格折扣，实现买方成本下降的目标。这样一来可使双方的利益得到协调，从而真正达到互利互惠。

3. 求同存异原则

谈判双方在换位思考的基础上互相配合，才能达成双赢的谈判协议。一个谈判高手不是把对方的利益全部谈掉，正如一个高明的管理者不是对下属的任何小错误都看得清清楚楚，一一指出，而是要留有余地，让他们自己反省，不断提高。谈判不是体育竞赛，非分出胜负不可；谈判只有两种可能，要么双赢，要么双输。因此，谈判必须遵循求大同存小异的原则。

任务一　掌握商务谈判的基本知识

> **案例与启示**　　　　双赢还是双输

美国纽约印刷工会领导人伯特伦·波厄斯以"经济谈判毫不让步"而闻名全美。他在一次与报业主进行的谈判中，不顾客观情况，坚持强硬立场，甚至两次号召工人罢工，迫使报业主满足了他提出的全部要求。报社被迫同意为印刷工人大幅度增加工资，并且承诺不采用自动化排版等先进技术，防止工人失业。谈判结果虽然以伯特伦·波厄斯为首的工会一方大获全胜，但报业主却陷入了困境。最终，三家大报社被迫合并，接下来便是报社倒闭，数千名报业工人失业。这一例证表明，一方全胜的谈判是不存在的，其实质就是两败俱伤。

4. 立场服从利益原则

立场服从利益原则是指谈判双方在处理立场与利益的关系时，应立足于利益，而在立场方面做出适当让步。商务谈判应该轻立场重利益，只要能实现谈判的目标，可以调整立场，放弃最初的观点，采取灵活、机敏的态度。如果在立场上斤斤计较，固执己见，往往会导致事与愿违。

例如，两个人在图书馆里发生了争执，一个要开窗，另一个要关窗。他们为此斤斤计较，没有一个办法可使双方都满意。这时图书管理员过来了，问其中一个人为什么要开窗，回答是："呼吸一些新鲜空气。"再问另一个人为什么不让开窗，回答是："怕风把纸吹乱了。"有没有一个办法能够让空气流通，又不把纸吹乱呢？管理员马上想到可将图书馆内摆放书架一端的窗户打开，这样正好兼顾了双方的利益。

无论是商务谈判，还是个人纠纷之间的解决，人们往往习惯在立场上讨价还价。双方各持一种立场来磋商问题，结果很难通过让步达成一致，最终导致谈判搁浅，甚至破裂。所以，在商务谈判中，一定要坚持立场服从利益原则，寻求灵活、机敏的解决方案。

5. 对事不对人原则

对事不对人原则是指在谈判中区分人与问题，把对待谈判对手的态度和讨论问题的态度区分开来，就事论事，不要因人误事。

谈判是人与人的交流与沟通，既然人有七情六欲，那么在谈判桌上和谈判桌下就都要利用这一点，制造良好的谈判气氛。同时，作为谈判人员要注意人与事一定要分开，一方面不要为对手的情绪所迷惑，另一方面也不要因个人的情绪而放弃利益。要保持理性，就事论事。不要因为不喜欢某某谈判代表的个性，而带有偏见，甚至尖酸刻薄，导致谈判破裂。

例如，A 企业购买了 B 企业的设备，但设备投入使用后，问题不断，维修多次也未能解决故障，于是 A 企业向 B 企业提出关于设备质量问题的磋商提议。双方坐在谈判桌前，A 方谈判代表非常严肃，带着指责对方的口气说道："你们怎么能将这样的设备卖给我们呢？你们交付这种已经淘汰的设备，维修服务也不负责，我们要求退货和赔偿。以后再也不和你们打交道了！"这种由于设备问题而直接指责对方，而不是就事论事，不仅伤了和气，也不利于解决问题，最终只能对簿公堂。如果能换一种方式，就设备问题进行磋商，对事不对人，效果会如何呢？A 方谈判代表可以这样陈述："我厂从贵方购进这套设

11

备，已经出了3次大故障，到现在为止，设备还不能正式投入生产，这一天的损失就是好几万元呢！今天我们坐到一起，讨论一下如何更好地解决这个问题，我们是退掉这套设备，还是更换主要部件，或采取其他补救措施呢？"虽然，因购进的设备不能投入正常使用造成了很大损失，但在谈判陈述中采取对事不对人原则，字里行间没有出现指责对方的语言，而是在抨击问题，这样反而使对方感到压力和不安，迫使其承担责任，帮助买方解决问题，以挽回损失。

6. 使用客观标准原则

使用客观标准原则是指谈判双方因坚持不同的标准而产生分歧时，应运用独立于各方意志之外的合乎情理和切实可行的标准来达成协议。这些标准可以是国际标准、国家标准、行业标准或企业标准，但必须是客观公正、公开的标准，而且具有科学依据。

坚持客观标准能够克服主观让步可能产生的弊病，有利于谈判者达成一个明智而公正的协议。例如，一家房地产开发商与一家建筑承包商签订了一份房屋建筑工程项目合同，这项工程需要采用钢筋混凝土地基，但不知道地基应该打多深。承包商建议2m，而房地产开发商却认为这类房屋需要5m。在这种情况下，不是讨价还价的问题，只有通过第三方权威机构对准备建房的地质进行勘测，对房屋的承载进行科学测算，按照建筑行业标准，才能确定地基的安全深度。

在谈判中可能出现双方因坚持不同的标准而产生分歧。例如，在货物买卖中，买方说："按照我方国内市场价格，这类商品单价为180元。"而卖方却说："按国际市场行情，这类商品目前单价为150元。"这就需要双方进行沟通，决定是按国内市场价格还是按国际市场行情。如果出现双方争执不下的情况，可以寻找第三方权威机构进行协调，由第三方建议一个解决争端的标准，这样就比较客观和公平了。

7. 真诚守信原则

真诚守信在商务谈判中的价值不可估量，它可使谈判各方从劣势变为优势。谈判各方人员之间的相互信任感可决定谈判有一个好的发展，因为信任感在商务谈判中的作用是至关重要的。如果双方没有信任感，就不可能达成双赢的协议。只有让对方感到你是有诚意的，才可能对你产生信任感，只有出于真诚，双方才会认真对待谈判。对于谈判人员来说，真诚守信重于泰山。在谈判中，对对方应真诚相待，讲信用，讲信誉。谈判只有做到真诚守信，才能取得相互的理解和信赖，即谈判各方坚持真诚守信的谈判原则，就能在很大程度上奠定良好的谈判基础。

在谈判中注重真诚守信，一是要站在对方的立场上，将其了解到的情况坦率相告，以满足其权威感和自我意识；二是要把握时机以适当的方式向对方袒露本方某些意图，消除对方的心理障碍，化解疑惑，为谈判打下坚实的信任基础。但并非原原本本地把企业的谈判意图和谈判方案告诉对方。真诚守信原则，也并不反对谈判策略的运用，而是要求企业在基本的出发点上要诚实可信，讲究信誉，言必信，行必果，要在人格上取得对方的信赖。真诚守信原则还要求在谈判时，观察对手的谈判诚意和信用程度，以避免不必要的损失。

遵循真诚守信这一原则，谈判者应该做到以下几点。

（1）讲信用，遵守谈判桌上的承诺，不出尔反尔。

（2）信任对方，谈判是建立在互相信任基础上的，否则就没有合作的基础。
（3）不要轻易许诺，轻诺寡信，必将失信于人。
（4）以诚相待，是取信于人的积极方法。真诚守信与保守商业机密以及在谈判桌上使用各种策略，如声东击西、故布疑阵等并不矛盾。

8. 依法办事原则

经济活动的宗旨是合法盈利，因此，任何谈判都应在一定的法律约束下进行，即谈判必须遵循合法原则。合法原则是指谈判及其合同的签订必须遵守相关的法律法规。对于国际谈判，应当遵守国际法，尊重谈判对方所在国家的有关规定。所谓合法，主要体现在4个方面：谈判主体必须合法；交易项目必须合法；谈判行为必须合法；签订的合同必须合法。

谈判主体合法是谈判的前提条件。无论是谈判的行为主体还是谈判的关系主体，都必须具备谈判的资格，否则就是无效的谈判。交易项目合法是谈判的基础。如果谈判各方从事的是非法交易，那么为此举行的谈判不仅不是合法的谈判，而且其交易项目还应该受到法律的禁止，交易者也要受到法律的制裁。例如，买卖毒品、贩卖人口、走私货物等，其谈判肯定是违法的。谈判行为合法是谈判顺利进行并且取得成功的保证。谈判要通过正当的手段达到目标，而不能通过一些不正当的手段谋取私利，如行贿受贿、暴力威胁等。只有在谈判中遵循合法原则，谈判及其签订的合同或协议才具有法律效力，谈判当事人的权益才能受到保护，才能实现其预期的目标。

经典阅读　　尼尔伦伯格的十大谈判原则

1. 不参加不必要的谈判

谈判人员要尽量使自己保持不需要和别人谈判的地位，如果不经过谈判就能够达到自己所希望的目标时，仍需向对方提出本方的条件。谈判者最好不要表现出太高兴的样子，也不要露出很乐意接受这项交易的表情。否则，可能会引起对方的反感。在与对方交谈时，让对方以为自己是胜利者，此时你才能获得真正有利的地位。

2. 谈判前进行周全的准备

谈判者在开始谈判之前，必须对谈判对手、谈判资料和谈判环境进行周全的准备，以便在谈判中做到先发制人。事实上，大多数交易是在最初的15分钟内决定胜负的，在这最初短短的时间里，整个谈判过程的趋势便已决定。

3. 操纵全局，不轻易让步

在商务谈判中，尽量不要向对方让步，尤其是在谈判的重点问题上更不能轻易退让。要努力说服对手，贯彻自己的主张，这样才能在谈判中占据较为有利的位置。当然，必要时也可以稍微做出一些让步。为了获得谈判上的成功，谈判者必须注意：人们在努力追求某种东西时，会从中获得很大满足。因此，要尽量给予对方这种满足感。

4. 强化个人支配力

谈判者在谈判之前，先要比较一下自己和对方的谈判能力，以便确定自己是否需要再强化个人的支配力。如果发现对方的谈判能力比自己强，谈判者要运用一些方法加强个人的支配力。

5. 让对方展开竞争

在谈判中，当谈判者想要威胁对方时，必须掌握好时机。而让对方展开竞争，尤其是让对方感觉到还有更具实力的竞争对手存在时，己方比较容易成功。在谈判过程中，谈判者要努力保持镇定，遇事不要慌张。

6. 巧妙运用弹性谈判策略

在谈判中谈判者要巧妙地运用弹性策略，当你渴望得到"20"时，就向对方要求"25"；当你想给予对方"10"时，就不妨先只给他"7"。如果给对手过多的选择权，表现出这种交易可以进行，或者你很乐意与对手交易的态度时，对手又会得寸进尺，逼你让步。所以，巧妙运用弹性策略，给予对方的条件只要比他自己所期待的稍微好一点就够了。

7. 表现诚实法

谈判者在谈判中保持诚实是相当重要的，因为谈判者说出的话必须成为今后对方所依赖的依据。如果双方之间有过公开的约定，就必须遵守承诺。因此，谈判者在谈判中所要做的第一件事就是获得对方的好感，使彼此之间产生互相尊重、互相依赖的关系。只有这样，谈判时所交换的意见才能明确地使对方了解和接纳。

8. 掌握听的艺术

一般而言，经常提出质问的人，是掌握倾听艺术的人，也是能够支配双方关系的人。一位成功的谈判者应具备 5 个条件：第一，能够把握时机，适时提出自己的方案；第二，能够坦诚表示自己的立场，同时自己的立场又足以引起对方的关心；第三，进行必要的问话时，能够细心倾听对方回答；第四，能够正确判断对方的立场及力量的界限；第五，在谈判中迎合对方的口味，尽量把对方的抵抗和无理要求降到最低。

9. 不断地关心对方的需要

在谈判过程中，谈判者应该先提出较高要求，然后再慢慢降低。如果对方提出要求，要尽可能找出恰当理由加以拒绝，这样才不会吃亏上当。值得注意的是，你所期待的价格与对方的期待价格差距较大时，就需要不断向对方传递信息，使彼此期望的差距能逐渐缩短，然后获得完美结果。

10. 让对方对你持有较高的期望

在谈判时，谈判者要给本方确定一个最高目标作为自己的期待，同时，在谈判中不要轻易地降低自己的目标。当谈判目标确定后，要运用一定的传送信息技巧将这一目标告诉对方，让对方了解你的期待。只有让对方对你持有较高的期望，谈判者才可能获得更大利益。

（资料来源：方琪.商务谈判——理论、技巧、案例.改编）

三、商务谈判的基本类型

商务谈判的分类非常复杂，人们可以从不同的角度或依据不同的习惯对商务谈判的类型进行划分。不同类型的商务谈判具有不同的特点和要求，其准备的程度、工作量和应采取的策略也都不同。参加谈判的人员只有了解了这一点，才能准确把握谈判的要诀和做好谈判的准备，并采取正确的策略。商务谈判可以根据不同的标准划分为以下几类。

（一）按照谈判各方的态度划分

1. 软式谈判

软式谈判又称为让步型谈判，其目的是为了达成协议，采取屈服、顺从的温和态度。希望能够以诚意打动对方，为进一步扩大合作，改善双方关系打下基础，最终实现双方的谈判目标。

软式谈判适应于谈判双方势力不相等的情况下，即一方表现较弱，另一方表现较强。弱势的一方更期待与强势的一方合作，建立一种良好的关系，借他人之势来增强己方的竞争力，或者开发市场。

2. 硬式谈判

硬式谈判又称为立场型谈判，谈判者把立场凌驾于利益之上，态度很强硬，不尊重对方。此时谈判者认为，谈判是一场意志力的较量，只有按照己方的观点和立场达成的协议才是谈判真正的成功。采取硬式谈判的结果可能导致双方固执己见，互不相让，情绪对立，直至两败俱伤。硬式谈判一般发生在国际经济和国际政治谈判中，双方为了某种特定目的，不是以经济利益作为谈判的核心。

3. 价值型谈判

价值型谈判又称为原则型谈判。这种谈判注重双方关系，不以对抗为基础，在保证双方利益平等的情况下，最终达成一致。这是一种可取的谈判态度，符合谈判的平等互惠、相互尊重的原则。因为无论双方势力是否均等，任何一方的利益都必须在对方合作的基础上才能得到体现。如果不尊重对手，采取强硬态度，最终导致谈判破裂，那就是双输。此外，态度过于软弱，合作达不到基本目标，冲破了己方最低利益界限，那也就失去了合作的价值。

案例与启示　　龙永图征服傲慢的美国谈判代表

中国加入世贸组织，经过了长达 17 年的艰苦努力，与 WTO 的成员国进行了上千次的谈判。龙永图先生作为当时我国主要的对外谈判代表，为中国入世做出了非常大的贡献。他在谈判桌上的风采也给人们留下了许多佳话。其中，一次与美国谈判代表安德森的洽谈，充分显示了他的果断与智慧。

一天，安德森来到龙永图先生在美国的临时办公室，就美方向中方出口猪肉的项目进行洽谈。在谈到对美方出口猪肉的检验条款时，安德森态度强硬。他认为：美方出口到中方的猪肉只需要出口检验，中方没有必要进行进口检验了，理由是美方的猪肉标准很高。他还口出狂言：据我们调查，美国市场上出售的狗吃的肉类标准比中国市场上人吃的肉类标准还高。

15

龙先生对于他这种傲慢无理的强硬态度毫不客气，针锋相对地指出：根据国际贸易惯例，出口检验只是结汇的依据，而进口检验则是索赔的凭证。这是双方的权力，谁都没有资格进行否定。安德森只好离开了龙先生的办公室。过了几天，安德森自知理亏，又来到了龙先生的办公室。在坚持双方平等原则的基础上，双方最终回到了价值型的谈判上，达成了合作协议。

（二）按照参加谈判的人员数量划分

1. 个体谈判

个体谈判是指一对一的谈判。企业可以派出一个负责项目的谈判人员与对方的项目负责人联系，直接进行洽谈和磋商。

一对一谈判的优势在于：不受他人干扰，有高度的自主权；便于调整方案和策略，灵活性强；个人会全力以赴地去争取利益，充分发挥个人的主观能动性。但对谈判者要求很高，必须选择有主见，决断力和判断力强，善于单兵作战的人才能胜任。

一对一谈判的缺点是：由于个人能力和专业领域的局限性，很难找到全能型的谈判人员；谈判出现僵局时不好处理，谈判破裂很难向领导交代；此外，一些谈判的开支和费用不易说清楚。个体谈判仅适应于老客户、传统产品和小额项目的谈判。

2. 集体谈判

集体谈判是指根据谈判项目的需要，从企业或组织内相关部门选定人员组成谈判小组来负责某个具体项目的谈判工作。集体谈判的人数一般以4人为宜。

从管理角度来看，一个人无差错管理的幅度一般为4人左右，遵循了少而精的原则。而从一个谈判项目涉及的内容和专业领域，4个人也比较合适。以货物买卖项目为例，谈判中可能涉及技术、商务、财务和法律方面的议题。因此，按每个议题一个人负责，就必须选派4个人组成谈判团队。

集体谈判的优势在于：首先，人多势众，可在心理上提高谈判人员的气势；其次，谈判组人员之间可以进行合理分工，充分发挥每个人的专业特长，相互协同，构成一个知识互补、密切配合的谈判班子。

但集体谈判的缺点也很明显：一是人多嘴杂，影响主谈的判断和决策；二是内部配合与协调难度增加，在一定程度上会影响谈判的效率。一般来说，关系重大而又复杂的谈判应采取集体谈判，而一些简单小型的谈判则采取个体谈判。

（三）按照谈判所在的地点划分

1. 主场谈判

主场谈判是指在谈判者自己所在地组织的谈判。主场包括谈判者所居住的国家、城市或办公所在地。因此，主场是一个相对的概念，如国际贸易谈判中，选定在自己所在的国家，而不一定就在企业所在的城市和办公场所，也算是主场谈判。如果是国内谈判，只要选定在谈判者企业所在城市就算是主场谈判。而如果是同城的两家企业谈判，则选定在谈判者自己办公的场所就算是主场谈判。主场谈判给东道主带来许多优势，也就是平时我们所说的"天时、地利、人和"。出行方便，饮食习惯，各种资料的准备和新问题的请示都很容易，背靠庞大的企业支持，具有强大的心理优势。当然，东道主也承担接待谈判对手的义务，如提前发出邀请，做好迎来送往，安排好住宿、用餐、出行等工作，布置好谈判场所，营造良好的谈判环境。

2. 客场谈判

客场谈判是指谈判者到对手所在地组织的一种谈判。客场谈判对于客方来说需要克服一些困难，提前做好各项准备，具体需要做好以下方面的准备。

（1）了解对方的风土人情。不同国家、不同地区的文化和风俗习惯差异很大，谈判者必须提前了解对方的风俗、国情、政情，以免做出伤害对方感情或不礼貌的举动，尽量能够入乡随俗。

（2）做好各种准备。在客场谈判，人地生疏，受到各种条件限制，如上级授权的权限、信息沟通的困难。因此，要预测各种可能发生的情况，进行充分的准备。例如，信息资料的准备，谈判计划和谈判方案的设计，对市场行情和对方谈判人员情况的了解，以及对竞争对手资料的收集。更重要的是要做好心理准备，面对强劲的主场对手要有勇气和胆识，要学会审时度势，灵活反应，争取主动。

（3）国际谈判要配备好翻译。国际谈判中遇到的首要问题是语言障碍。虽然，现在的谈判代表素质都提高了，至少都掌握了一两门外国语言，英语也可能很流利，但还是需要配备专业翻译。这样一方面可以万无一失，另一方面翻译可以让主谈有更多回旋的时间，或者利用翻译与谈判代表的理解差异作为一种磋商的策略。

3. 中立地谈判

中立地谈判是指在不属于谈判双方任何一方所在地的第三方所在地进行的谈判。当谈判双方对于谈判地点的确定都很重视，并都希望能够争取主场谈判时；或者因谈判双方冲突性很大、政治关系微妙等原因，在双方所在地做主场都不适宜的情况下，可选择中立地进行谈判。中立地谈判，由于气氛冷静，不受环境影响，双方都比较注意自己的声望、礼节，容易减少误会；再加上各方的诚意，所以双方都会比较客观地处理各种复杂问题和某些突发事件，容易从双方合作的共同利益出发，本着公平合理和平等互惠的原则理性地进行洽谈和协商。

谈判地点的不同可能涉及合同所适应的法律不同。如果谈判达成交易，最终在谈判所在地签订合同，当合同履行中出现纠纷需要法律裁决时，就只能依据合同签订地的法律。而不同国家或不同地区的法律有可能差异很大，法律裁决机构的成员可能存在本地倾向性。

（四）按照谈判内容划分

按照谈判内容的不同，谈判可划分为商品贸易谈判和非商品贸易谈判两大类。商品贸易谈判又分为农副产品贸易谈判和工矿产品贸易谈判，而非商品贸易谈判则包含的范围更加广泛，如工程项目、技术贸易、投资项目等。

1. 商品贸易谈判

商品贸易谈判是指商品买卖双方就商品买卖的条件进行谈判，主要包括农副产品购销谈判和工矿产品购销谈判。

农副产品购销谈判是以农副产品为谈判客体的明确当事人权利和义务关系的协商。农副产品的范围很广，例如瓜果、蔬菜、粮食、棉花、家禽等都属于它的范围。

工矿产品购销谈判是以工矿产品为谈判客体的明确当事人权利和义务关系的协商。工矿产品的范围更加广泛，除农副产品之外的其他工业加工产品和矿产品都属于这一范围，涉及的领域包括了产、供、销各个环节。

2. 非商品贸易谈判

非商品贸易谈判是指除商品贸易谈判之外的其他商务谈判，包括工程项目谈判、技术贸易谈判、投资谈判和劳务买卖谈判等。

（1）工程项目谈判。工程项目谈判是指工程的使用单位与工程的承建单位之间的商务谈判。工程项目谈判十分复杂，不仅仅是因为谈判的内容广泛，还因为谈判往往涉及多方人员，如使用方、设计方、承建方等。

（2）技术贸易谈判。技术贸易谈判是指技术的接受方与技术的转让方就转让技术的形式、内容、质量规定、使用范围、价格条件、支付方式及双方在转让中的一些权利、责任、义务关系问题所进行的谈判。技术作为一种贸易客体有其特殊性。技术是一种无形的商品，其交易过程具有延伸性，也就是说，技术转让过程不像货物转移那样一次能够完成，而是包括后续的培训、服务，甚至技术的更新换代等。技术价格也不像商品价格那样可以进行比较，有替代品价格作为参照。技术市场价格完全由买卖双方自由议定。技术贸易谈判涉及的内容与货物买卖存在很大差异。

（3）投资谈判。投资谈判是指谈判双方就双方共同参与或涉及双方关系的某项投资活动，对该投资活动所要涉及的有关投资目的、投资方向、投资形式、投资的内容和条件、投资项目的经营与管理，以及投资者在投资活动中权利、义务、责任和相互之间的关系所进行的谈判。投资中的资本包含了货币形态的资本、所有权形态的资本、物质形态的资本和智能形态的资本等。

（4）劳务买卖谈判。劳务买卖谈判是指劳务买卖双方就劳务提供的形式、内容、时间，劳务的价格、计算方法，以及劳务费用的支付方式和有关买卖双方的权利、责任、义务关系所进行的谈判。由于劳务具有明显区别于货物的各项特征，因此，劳务买卖谈判与一般货物买卖谈判不同。劳务买卖谈判主要是对履约的时间、质量、进程等内容进行协商，强调违约的责任。

（五）按照谈判采取的形式划分

按照谈判内容所采取的不同形式，商务谈判可分为口头谈判、书面谈判和网络谈判3类。

1. 口头谈判

口头谈判是指交易双方面对面地用语言进行谈判，或者通过电话进行谈判。例如，派推销员或采购员主动登门谈判，邀请客户到企业洽谈或在第三地进行谈判。

口头谈判的优势：口头谈判采取面对面洽谈的方式，有利于谈判双方进行充分的交流与沟通，便于谈判者观察对手的心理和各种变化，能够施展各种策略和技巧；可以发挥谈判人员的主观能动性，有针对性地说服对手，容易达成交易。

口头谈判的缺点：时效性强，决策风险大。口头谈判一般在规定的时间内完成，要求谈判代表在有限的时间内做出重大决策，对谈判人员的要求很高，一旦决策失误，就可能造成经济损失或失去成交机会。口头谈判的成本较高，客方需要往返差旅费，而主方需要礼节性的招待费。

口头谈判一般适用于首次交易谈判、同城或相近地区的商务谈判、长期合作谈判、大宗交易谈判或贵重商品交易谈判。

目前比较推崇的一种口头谈判模式为交易会。例如，农产品交易会、糖酒交易会、家居博览会等都是联系供应商与经销商的一个很好的平台。利用交易会平台，供应商可与经销商进行充分的交流与沟通，达成协议和签订合同。另外，在交易会的成交金额一般都比较大。

2. 书面谈判

书面谈判是指买卖双方利用信函、电报、电传等通信工具所进行的谈判，要求卖方或买方以信函、电报等载体，将交易要求和条件通知对方；同时，一般应在函件中规定对方答复的有效期限。

书面谈判的优点：双方对问题均有比较充足的考虑时间。在谈判过程中，有时间同自己的助手、企业领导及决策机构进行讨论和商量，有益于慎重决策。书面谈判还可以节约谈判费用，不需要四处出差，没有舟车劳顿之辛苦。

当然，书面谈判也存在一些不足：书面交流要求文字精练、表达清晰，由于文化差异或理解偏差，很容易出现争议和纠纷；书面谈判由于谈判双方不见面，无法观察对方的表情、姿态和心理活动，很难运用谈判的策略和技巧，沟通的效果有限；书面谈判使用的信函、电传是通过邮政、交通部门的传递才能达到对方，在时间上较难保证。

3. 网络谈判

网络谈判是指谈判双方依靠各种网络服务和技术，通过互联网所进行的谈判。网络谈判可以采取视频、邮件、腾讯 QQ 或企业专门网络，既能发挥口头谈判可以面对面的优势，又可足不出户，节省了差旅费。适合于互联网上进行谈判的方式有固定价格销售、拍卖以及封闭式招标等。基于互联网的谈判大大减少了交易成本和交易时间，同时，利用互联网的搜索功能更容易找到交易对象，相应降低了开发成本和机会成本。

但利用互联网进行交易谈判也存在一定的风险。目前在网络身份认证、网络安全、网络条例法规等方面都还不十分健全，网络合同的法律效率也无法确认。因此，在利用网络谈判时，双方都要特别慎重。

四、商务谈判的基本内容

商务谈判的基本内容是根据不同的谈判主题而确定的，其侧重点也是有所不同的。下面就商品贸易谈判、技术贸易谈判和投资贸易谈判的基本内容进行介绍。

（一）商品贸易谈判的基本内容

商品贸易谈判以商品为中心，其基本内容包括商品名称、商品品质、商品数量、商品包装、商品运输、商品保险、商品检验、商品价格、货款结算方式以及索赔、仲裁和不可抗力等条款。

1. 商品名称

商品名称又称货物标的，即谈判涉及的交易对象或交易内容。在商品买卖合同中，标的即指被交易的具体商品名称和品种、规格。

2. 商品品质

商品品质，即包括商品的内在质量与外观形态的总和。商品的品质特征可用多种方式表示，常用的表示方法有5种。

（1）样品表示法。样品可由买卖双方的任何一方提供，在双方确认后，卖方就应该供应与样品一致的商品，买方也就应该接受与样品一致的商品。样品一般要求一式三份，由买卖双方各持一份，另一份送给合同规定的商检机构或其他公正机构保存，以备买卖双方发生争议时为核对品质之用。除了确认样品，还应该规定商品一个或几个方面的品质指标作为检验品质的依据。

（2）规格表示法。商品规格是指反映商品成分、含量、纯度、大小、长度、精细等品质的技术指标。商品的品质不同，其规格差异很大，因此，谈判中必须对其做出具体、明确的规定。凭规格来确认商品的品质通常是比较准确的。

（3）等级表示法。商品等级是对同类商品质量差异的分类，是表示商品品质的方法之一。这种表示方法以规格表示法为基础，同一规格的商品由于不同厂家生产，其品质内涵不尽相同，因此，双方可以用等级加规格两项指标来对商品进行确定。

（4）标准表示法。商品品质标准是指经政府机关或有关团体统一制订并公布的规格或等级。不同的标准反映了商品品质的不同特征和差异。目前通用的标准有国际标准（简称ISO）、国家标准和国家推荐标准（简称GB，或GB/T）以及行业标准（简称HB）。另外，谈判双方也可以根据双方需要商议一个标准，明确双方需要的商品品质。

（5）品牌名或商标表示法。有些商品由于其品质好，知名度和美誉度很高，因此为广大用户所接受。在谈判中双方只要说明品牌名和商标，双方就能明确商品品质要求。但是，磋商时一定要注意同一品牌名和商标的商品是否来自同一厂家，同时还要注意防止假冒伪劣商品的出现。

3. 商品数量

商品数量是商品贸易谈判的主要内容，交易数量关系交易的成本和单价，直接影响谈判双方的经济效益。交易数量首先要了解计量单位。表示重量的单位有吨、千克（公斤）、克、磅等；表示个数的单位有件、双、套、打等；表示长度的单位有米、英尺、码等；表示面积的单位有平方米、平方英尺等；表示体积的单位有立方米、立方英尺等；表示容积的单位有升、加仑等。不同国家采用的计量单位不同，因此特别要注意计量单位之间的换算关系。

在商品贸易谈判中，对商品重量的计量方法容易产生争议。因为商品的重量不仅会受到自然界的影响而发生变化，而且许多商品本身就有包装与重量的问题。如果双方在谈判时没有明确计量方法，在交货时就可能因重量问题产生纠纷。

常用的重量计算方法有两种：一是按毛重计算；二是按净重计算。毛重是指商品和包装物的总重量，净重是指商品本身的重量。包装物重量又称为皮重，计算皮重通常有4种方法。

（1）按实际皮重计算。

（2）按平均皮重计算。

（3）按习惯皮重计算。

（4）按约定皮重计算。

在商贸活动中，以重量计量的交易商品，大部分按净重计价。对于按净重计价的商品如何扣除皮重，双方必须事先进行协商，以免交货时产生不必要的纠纷和矛盾。

4. 商品包装

在商品交易中，除了部分散装商品或无须包装的商品，大部分商品都是需要包装的。包装起到保护商品、便于储运和促销宣传等作用。包装费用也是商品成本和商品价格的重要组成部分。在商务谈判中，商品的包装是一个不可忽视的谈判议题。双方应主要讨论包装的种类、材料、规格、成本、技术和方法。商品包装种类有经营包装（内销、出口、特种商品包装）；商品流通包装有运输包装和销售包装（外包装和内包装）。按包装内的商品数量分，有单个包装和集合包装；按包装材料分，有纸制、塑料、金属、木制、玻璃、陶瓷和复合材料等包装。

5. 商品运输

在商品交易中，卖方向买方收取货款是以交付商品为条件的。因此，运输方式和运输费用以及装运、交货时间和地点也是谈判的重要内容。

（1）运输方式。商品的运输方式主要有公路、水路、铁路、航空和管道等形式。目前，国内运输主要采取公路、铁路和水路运输为主，国外运输主要是采取海运、航运为主。选择合理的运输方式，必须对商品特点、运量大小、自然条件、装卸地点条件以及运输成本和运输方式进行综合考虑。

（2）运输费用。运输费用计算标准有按货物重量计算、按货物体积计算、按货物件数计算和按商品价格计算等。谈判中双方都要对货物的重量、体积、贵重情况等进行全面考虑，合理规划。

（3）装运、交货时间和地点。装运和交货的具体时间，直接影响货物在码头停放的成本、买方收到货物的时间以及投放市场的时间。因交货时间延期导致双方纠纷的情况很多，因此，谈判时一定要根据运输条件、运输距离和运输成本明确交货的时间和地点。

6. 商品保险

商品保险是以投保人缴纳的保险费集中组成保险基金，用来补偿因意外事故或自然灾害所造成的经济损失的一种方法。这里谈判的主要内容是货物保险的责任由谁来承担，保险险别的选择、保险金额、保险费、保险单证以及保险费的支付方式及货币种类等。在国际贸易中，保险责任由谁来承担是通过价格术语来体现的。例如，采取离岸价格（简称FOB）时，商品装船交货前的保险责任在卖方，之后的保险责任在买方；而采取到岸价格（简称 CIF）时，商品到岸前的保险责任由卖方承担，到岸后的保险责任则由买方承担。谈判时双方要明确由谁来承担保险责任、购买何种保险和了解赔偿金额等，以免出现意外造成损失时无法得到补偿。

7. 商品检验

商品检验是指对交易商品的品质、数量、包装等实施的检查和鉴定。商品检验合格，是卖方履约的重要标志，也是买方支付货款的前提条件。许多国家的法律与有关国际公约都明确规定了买方收到货物后的检验权利和卖方所供货物不符合合同规定须承担的违约责任。卖方交货时要出示商品检验凭证，作为结算货款的依据；而买方收到货物时也应该进行检验，作为索赔的凭证。如果买卖双方对于商品检验结果出现不一致情况时，必须经过双方协商，另请第三方权威检验机构进行检验，并对检验结果出示检验证明，作为双方认定责任的依据。

8. 商品价格

商品价格是商务谈判的核心和焦点，因此，通常将其放在商务谈判的中后期进行谈判。商品价格是依据成本、质量、成交数量、供求关系、竞争条件及付款方式等来确定的。价格不仅与运输、包装、交货时间等有关系，还与双方的合作关系和长远目标有关系。在进行价格谈判时，应注意商品价格会随市场供求发生变化，因此，要明确是按现在市场价计算或按交货时市场价计算，还是按固定价格计算。否则，当市场价格变化时，如果双方没有事先约定，就可能在价格计算上产生纠纷。

9. 货款结算与支付方式

在商品交易中，货款的结算和支付是谈判的重要内容之一。货款的结算和支付会影响双方的经济利益。国内贸易结算方式采取现金结算和转账结算两种。现金结算，即一手交货一手交钱，直接以现金支付货款。转账结算是通过银行在双方账户上划拨的非现金结算。非现金结算的付款方式有两种：一种是先货后款，包括异地托收承付、异地委托收款、同城收款；另一种是先款后货，包括汇款、限额结算、信用证、支票结算等。我国规定，各单位之间的商品交易，除按照现金管理办法外，都必须采取通过银行办理转账结算。这一规定的目的是节约现金使用，有利于货币流通，加强经济核算，加速资金周转。

10. 索赔、仲裁和不可抗力

在商品交易中，买卖双方往往会因权利、义务引起争议，并由此产生索赔、仲裁等情况。为了使争议得到顺利处理和有效解决，买卖双方在洽谈交易时，应对由争议提出的索赔和解决争议的仲裁方式，事先进行充分协商，并做出明确规定。同时，对于不可抗力导致合同无法履行的影响结果，也应做出规定。

（1）索赔。索赔是指一方认为对方未能全部或部分履行合同规定的责任时，向对方提出索取赔偿的要求。引起索赔的原因除买卖一方违约外，还有由于合同条款规定不明确，一方对合同某些条款的理解与另一方不一致而认为的对方违约。关于索赔条款要明确的内容有索赔依据、索赔有效期及索赔金额等。索赔依据一般是由索赔方通过权威机构检验出示的证明或实际的实事证据。如果提供的证据不实或非权威机构出示的证明，对方有权拒绝赔偿。索赔的有效期限要根据交易商品的特点，双方进行事先商定，确定一个合理的期限。索赔金额包括违约金和赔偿金两部分。违约金根据交易商品金额和违约具体情况进行协商约定比例或金额总数，违约金是对违约的惩罚。赔偿金则是对造成损失的补偿。如果违约金不能完全弥补违约给对方造成的损失时，应当用赔偿金补足。

（2）仲裁。仲裁是指双方当事人在谈判中磋商约定，在本合同履行过程中发生争议，经协商调解不成时，自愿把争议提交给双方约定的第三方仲裁机构进行裁决的行为。在仲裁谈判时应洽谈的内容有仲裁地点、仲裁机构、仲裁程序规则和裁决的效力等内容。

（3）不可抗力。不可抗力是指双方签订合同后，不是由于当事人的疏忽过失，而是由于当事人所不可预见，也无法事先采取预防措施的事故，如因地震、水灾、旱灾等自然灾害原因或因战争、政府封锁、禁运、罢工等社会原因造成的不能履行或不能如期履行合同的全部或部分。在这种情况下，遭受事故的一方可以据此免除履行合同的责任或推迟履行合同，另一方也无权要求其履行合同或索赔。洽谈不可抗力的内容主要包括不可抗力事故的范围、事故出现后果和发生事故后的补救办法、手续、出具证明的机构和通知对方的期限。

（二）技术贸易谈判的基本内容

技术贸易谈判是指涉及技术服务、发明专利、工程服务、专有技术、商标和专营权等项目的谈判。技术的引进和转让，是同一过程的两个方面。有引进技术的接受方，就有转让技术的许可方。技术贸易的谈判就是转让方与受让方之间的谈判，其谈判的基本内容有转让的技术内容与性能、技术资料的交付、技术咨询与人员培训、技术的考核与验收、技术的计价和支付方式、双方的责任和义务等。

1. 技术内容与性能

技术内容是指该项技术的加工对象、运用条件范围和工艺加工过程及方法，技术性能是指技术在工艺加工上所表现出的能力水平和特性，它们主要通过一系列的技术经济指标来反映，如产品的产量、质量、能耗、废品率、原材料利用率及环境保护等。

2. 技术资料的交付

技术资料是技术的载体。技术引进方能否及时地全部收到这些技术资料,并将之理解、消化和实际加以运用,将直接影响技术转让的速度和效果。谈判内容主要包括技术资料交付的时间、文字的表达、交付过程中风险责任的划分等。技术资料交付后的使用范围规定也是谈判的重要内容,一般有两种形式:一种是所有权的转移,买方付清技术资料的全部价值并可转让,卖方无权再出售或使用这些技术;另一种是不发生所有权的转移,买方只获得技术资料的使用权,而且对使用期限有明确规定。通常,第一种形式较少使用。

3. 技术咨询与人员培训

技术咨询是指转让方派遣技术专家到引进方的技术现场给予各种指导,帮助解决转让技术过程中发生的各种问题。技术人员培训有两种方式:一是转让方派专家到引进方的企业对其人员进行培训;二是技术引进方派遣人员到转让方进修。

4. 技术的考核与验收

因为技术贸易谈判转让的技术或研究成果有些是无形的,难以保留样品以作为今后的验收标准,所以,谈判双方应对其技术经济参数采取慎重和负责的态度。技术转让方应如实地介绍情况,技术受让方应认真地调查核实。考核和验收的办法应在合同中明确规定,如果存在双方有争议的地方,还要请第三方权威检验机构出示检验证明。一项技术只有通过最后的考核和验收才能认为最终完成了转让,才表明技术转让方已经完成了其应承担的义务和责任。

5. 技术的计价和支付方式

技术商品的价格是技术贸易谈判中的关键问题。转让方为了获得更大利润,报价总是偏高。引进方不会轻易地接受对方报价,往往通过反复的讨价还价,将价格压下来。受让方还价的依据是对比参加竞争的同类技术的报价水平,对比的内容包括商品条件和技术条件两方面。商品条件主要是对技术贸易的计价方式、支付条件、使用货币和索赔等项内容进行比较;技术条件主要是对技术许可使用的范围大小、技术水平高低、技术服务多少等项内容进行比较。

6. 双方的责任和义务

在技术贸易谈判中,双方应明确各自的责任和义务。技术转让方的主要义务是:按照合同规定的时间和进度,进行科学研究和试制工作,在限期内完成科研成果或样品生产,并将经过鉴定合格的科研成果报告、试制样品及全部技术资料、鉴定证明等全部交付委托方验收;积极协助和指导技术受让方掌握技术成果,达到协议规定的技术经济指标,以收到预期的经济效益。

技术受让方的主要义务是:按协议规定的时间和要求,及时提供协作项目所必需的基础条件,拨付科研和试制经费,按照合同规定的协作方式提供科研和试制条件,并按接收技术成果支付酬金。

技术转让方如果未履行义务和责任,应向技术受让方退还全部或部分转让费和委托费，并承担违约金。

技术受让方如果未履行义务和责任，已拨付的委托费和转让费不得再追回，同时还应承担违约金。

(三) 投资贸易谈判的基本内容

投资谈判从广义来讲应该包括国内投资和国外投资。投资贸易谈判特指国际投资，包含外商对我国企业投资和我国企业直接对外投资两大类。下面以直接对外投资项目的谈判为例，介绍其谈判的基本内容。在进行直接对外投资项目的谈判之前，首先必须充分做好谈判准备，然后再进入正式谈判。

1. 对外直接投资的谈判准备阶段

(1) 对外投资项目的选择。根据我国经济发展的实际情况及企业自身的现有优势和未来发展战略来决定，可着重考虑以下项目：第一类是优势型的对外直接投资项目，即以发挥局部优势、转移边际产业、促进国内产业调整为目的的对更低一级的国家进行的直接投资，如我国在航天、原子能、生物工程、激光、超导材料等领域拥有世界领先技术的项目；第二类是学习型的对外直接投资项目，即以汲取国外先进的产业技术和管理经验，带动国内产业升级、创造新的比较优势为目的而向更高阶梯国家进行的直接投资；第三类项目为资源开发型的对外投资型项目，如石油、天然气、林业、渔业和矿产等资源型开发项目。

(2) 对外投资合作伙伴的选择。选择国外合作伙伴时应考察以下几方面情况：资金能力、经营能力、产品销售渠道、经营作风和共同的奋斗目标等。在与国外合作者签订合资合作协议前，必须进行深入的市场调查，全面了解合作者的详细信息。

(3) 对东道国投资环境的分析和评估。评估指标体系包括投资硬环境和投资软环境两部分。投资硬环境是指东道国的自然地理条件和基础设施条件。其中，基础设施条件指交通条件、通信条件、能源供应条件和生活条件。投资软环境是指当地政治环境、经济环境、市场环境、法律环境、科技文化环境和社会环境等。

(4) 对投资项目的可行性评估。在对投资项目进行选择和对投资合作伙伴进行考察的基础上，结合对投资环境的分析和评估，最终综合对项目进行可行性评估。在进行项目可行性评估时，除了考虑前面的外部条件，更要对投资项目的技术、经济、财务和法律等方面进行深入的可行性论证。

2. 对外直接投资的正式谈判阶段

(1) 投资规模。投资规模要根据投资项目的需要并通过双方协商来确定，其原则是既保证项目开发和发展的需要，又能够使得投资风险最小化。我国是一个发展中国家，对外投资仍处于起步阶段，大多数企业的对外投资规模与西方发达国家企业相比还较小。特别是优势型对外投资项目，一般投向的是发展中国家，其市场规模有限，加上东道国政治、经济等环境不稳定，所以投资规模小一点，风险就小一点。当然，对于一些实力雄厚的企业，投资项目多在一些发达国家，宏观环境比较稳定，就可以适当扩大投资额度。

(2) 出资方式。出资方式与选定的项目直接相关。比较常见的股权式投资的出资方式有：用企业的国内资金出资、用在国外筹集的资金出资、用技术折股出资、用机器设备等实物折股出资、用管理折股出资等。对于向发达国家的投资通常以货币形式出资为主,而对于发展中国家的投资则可以采用货币出资、实物出资、工业产权出资或专有技术出资。

(3) 投资比例。在投资比例的确认上,必须考虑投资的目的、经营管理和决策控制意图、东道国的投资环境及双方的实力对比等因素,可采取拥有百分百股权、多数股权、半数股权和少数股权的形式。

(4) 组织形式。对外直接投资的企业组织形式有:海外分公司、海外子公司和海外联络办事处。企业可根据投资目的与经营战略加以选择。

(5) 投资回收。作为投资人,最关心的就是投资能否按时收回并有一定的利润回报。所以,谈判中一定要有保证回收投资的相关条款,详细规定以什么方式收回投资。例如,对于投资能源项目的合作,一定要争取以产品形式收回投资,而不要以货币形式收回投资。因为能源始终是稀缺资源,如果以货币形式收回投资,还得用货币再进口能源,这样可能面临能源涨价风险。

(6) 风险防范。对外直接投资的企业将过去仅承担国内市场风险转变为需要承担复杂的国际经营风险,因此,谈判时必须慎重考虑,尽量采取规避措施。风险防范应主要考虑以下方面:东道国的政治风险,如东道国政权不稳定,没收、征用和国有化及本国化措施,外汇、税收和价格管制,以及劳动力使用限制等;东道国与母国外交、经贸往来关系变化风险,如国家之间的关系经常会影响投资项目的持续发展;国际市场的行情变动风险,如2008年全球性的金融危机和相继发生在多国的经济危机,都将影响对外投资项目的正常发展;汇率风险以及合作伙伴信用风险。

五、商务谈判的一般流程

商务谈判是一门科学,因此存在一定的规律。谈判虽然没有一套固定不变的模式,但正式谈判都会按照基本流程展开,这一流程包含3个阶段,即谈判准备阶段、谈判实施阶段和谈判结束阶段。

(一) 谈判准备阶段

在谈判准备阶段,主要应做好以下几方面的准备工作。

1. 信息准备

成功的谈判是建立在掌握了全面而可靠的信息基础之上的。谈判信息主要包括谈判者自身企业的信息、谈判对手的信息以及市场信息和竞争者信息。只有做到知己知彼,才能百战不殆。具体要准备哪些信息?信息来源的途径有哪些?这些问题将在任务三"学会商务谈判的组织与管理"中详细阐述。

2. 人员准备

谈判代表是谈判成功的关键要素。企业要根据谈判项目的具体要求,从企业相关部门选派思想觉悟高、业务素质好、交流沟通能力强的人员组成谈判班子。而且要注意选派人员的特点:一是年龄由老、中、轻搭配;二是知识和业务能力与谈判项目相关,形成互补;

三是性格互补，有外向型的，也有内敛沉稳型的。

3. 物资准备

谈判的物资准备主要包括：一是谈判环境的安排，即谈判地的选择，谈判会场的布置；二是谈判食宿的安排，即己方谈判代表的食宿安排，如果是东道主还要考虑安排好对方的食宿，让客方感受到东道主的礼节和热情；三是谈判礼品的选择，如果双方是首次谈判，见面时需要相互赠送礼品来建立一种友好关系，选择礼品时要考虑对方的风俗习惯，切忌赠送对方禁忌的东西作为礼品。

4. 拟定谈判计划

谈判计划是谈判执行的重要依据，是准备阶段所有准备的文字表达，其内容包括确定具体谈判目标、拟定谈判议程和进度、分析谈判双方需要的利益和可能做出的让步、设计谈判各阶段的策略和技巧、预测谈判可能出现的焦点问题以及应急预案。

5. 举行模拟谈判

在正式谈判之前，为了检验谈判计划是否完善，同时也为了让谈判人员熟悉谈判内容和应急措施，需要进行模拟谈判。模拟谈判应安排得如同正式谈判一样，组织相关人员扮演谈判对手，扮演者要尽可能出难题，提出一些过分要求，让准备参加正式谈判的人员应对各种情况，以便将来在正式谈判时能够做到胸中有数，处变不惊。

（二）谈判实施阶段

谈判实施阶段包括开局、报价和磋商3个环节，是谈判的重要过程。

1. 开局

开局是为整个谈判营造气氛的阶段，好的开局可使双方建立融洽和友好关系。在开局阶段必须注意见面的礼节，特别是要做好开场白，打开局面。

2. 报价

报价是谈判双方明确提出各自交易条件，表达不同立场和意见，暴露分歧并初步展开讨论的阶段。报价时要遵循报价原则，注意对价格策略的运用。

3. 磋商

磋商就是讨价还价。在这一阶段双方为了各自的利益应进行充分协商，通过让步、妥协，处理好可能出现的利益分歧。如果产生僵局，可通过休会和协调，最终达成一致。

（三）谈判结束阶段

谈判结束阶段有两个任务：一是促成交易，二是签订合同。

1. 促成交易

双方在经过激烈的讨价还价、各种策略和技巧的运用、智慧和毅力的较量，最终协商达成一致，并发出了成交信号时，双方要及时把握机会，促成交易。在促成交易前必须认真回顾和总结谈判阶段双方完成的各项议题，对双方做出的让步和达成的一致意见进行最终核实和确认，并形成谈判记录，双方主谈应在谈判记录上签字。

2. 签订合同

合同是谈判成果的书面表现形式，有利于确认双方在合作中的权利和义务。合同的起草可通过双方协商后由某一方承担，一般由主方起草，也可以采用事先准备好的格式合同，只需双方在相应空格处填写谈判的结果。合同签订可以举行一个正式仪式，也可以从简，双方主谈在法定代表授权的情况下签字，就算谈判圆满结束。合同签订时，特别要注意对合同签订人合法资格的确认。当然，后续还要监督合同履行和维护双方关系。

谈判各阶段的策略、技巧是谈判学习和谈判实践的重要部分，在后续任务中将进行更深入、更具体和更全面的介绍。

经典阅读　　　　商务谈判的 PRAM 模式

谈判的 PRAM 模式主要由 4 部分构成，包括谈判前制订谈判计划、开局阶段建立良好关系、通过谈判达成一致协议和签订合同后要履行协议并维持双方长久关系，体现了商务谈判的全过程。下面具体介绍 4 部分的内容。

1. 制订谈判计划（plan）

制订谈判计划时，首先要明确己方的谈判目标；其次要设法探测对方的谈判目标。在确定双方的谈判目标之后进行比较，找出本次谈判双方利益一致的地方，对于利益的共同点，在正式谈判中应该首先提出来，并由双方加以确认。对于双方利益不一致的问题，则要通过发挥双方的思维创造力，根据谈判就是让双方所需要的利益都得到满足的目标，积极寻找使双方满意的方法和策略来解决。

2. 建立良好关系（relationship）

在正式谈判之前，开局阶段就必须营造良好的谈判气氛，使得双方建立起融洽的关系。这种关系不是那种一面之交的关系，而应该是一种有意识形成的能使谈判双方当事者在协商过程中能够感受到的真诚、融洽、和谐的友好关系。如果还没有进入这种双方都感觉很自然、舒畅的状态，就不要急于进入实质性的报价和磋商过程，需要继续进行感情交流，直到双方关系建立起来了，再进入主题，这样才能达到水到渠成的效果。

3. 达成一致协议（agreement）

在开局阶段建立了良好关系之后，双方即可开始协商本次谈判的议程和进度安排。然后，双方进入报价和磋商阶段，以及可能的僵局处理阶段。这时可能出现两种情况，一种情况是双方要求的利益差距太大，暂时无法形成一致，谈判破裂或中止；另一种情况则是双方利益达成一致，签订协议。

4. 协议履行与关系维持（maintenance）

签订协议是谈判的成果，但并不是谈判的结束，因为更重要的是谈判成功与否取决于谈判成果是否实现，也就是合同能否履行。因此，签订协议是谈判成功的一半，接下来要特别关注协议的实际履行情况，要与对方保持密切的联系，维护好双方的关系，为合同的顺利履行以及后续合作打下基础。

（资料来源：方琪.商务谈判——理论、案例、技巧.改编）

模块二 技能训练

一、训练目标——分析能力，谈判能力

1. 培养分析能力

运用商务谈判的基本理论，进行案例分析，做到理论与实际结合，融会贯通，培养分析问题的能力。

2. 培养谈判能力

通过在市场购物过程中进行的讨价还价，体验谈判过程，培养谈判人员应具有的交流与沟通能力。

二、训练实施——案例阅读，购物体验

1. 案例阅读

任课老师提前将案例布置给学生，让学生课外认真阅读，并对案例进行讨论和分析。本任务的"训练背景材料"可作为参考案例，也可以选择其他案例。

2. 购物体验

在学习完任务一"知识储备"部分的内容后，要求每位学生去市场购买一样生活和学习必需用品，重点在于体验购物时讨价还价时的交流与沟通过程。

三、训练形式——案例分享，体验分享

（1）案例分析可以独立完成，也可以与同学讨论后完成。
（2）每位学生写出案例分析结论的提纲，为课堂分享做好准备。
（3）随堂抽查案例分析情况，随机指定学生发言，进行全班分享。
（4）用手机录音和录像记录个人购物经历，课堂分享购物谈判的经验。

经典阅读　　　　　关心对方的利益

美国钢铁大王安德鲁·卡内基曾经有过这样一次谈判。有一段时间，他每个季度都有10天要租用纽约一家饭店的舞厅举办系列讲座。在某个季度开始时，他突然接到这家饭店的一封要求提高租金的信，将租金提高了2倍。当时举办系列讲座的票已经印好了，并且已经都发出去了。安德鲁·卡内基当然不愿意支付提高的那部分租金。

几天后，他去见饭店经理。他说："收到你的通知，我有些震惊。但是，我一点也不埋怨你们。如果我处在你们的地位，可能也会写一封类似的通知。作为一个饭店经理，你的责任是尽可能多地为饭店谋取利益。如果不这样，你就可能被解雇。如果你希望提高租金，那么让我们拿一张纸写下将给你带来的好处和坏处。"接着，他在纸中间画了一条线左边写"利"，右边写"弊"，在利的一边写下了"舞厅供租用"。然后说："如果舞厅空置，那么可以出租供舞会或会议使用，这是非常有利的，因为这些活动给你带来的利润远比办系列讲座的收入多。如果我在一个季度中连续20个晚上占用你的舞厅，这意味着你将失去一些非常有利可图的生意。"

"现在让我们考虑一个'弊'。首先，你并不能从我这里获得更多的收入，而只会获得更少。实际上你是在取消这笔收入，因为我付不起你要求的价，所以我只能被迫改在其他的地方办讲座。""其次，对你来说，还有一个'弊'。这个讲座吸引了很多有知识、有文化的人来你的饭店。这对你来说是个很好的广告，是不是？实际上，你花了5 000美元在报纸上登个广告也吸引不了比我讲座更多的人来这个饭店。这对于饭店来说是很有价值的。"

安德鲁·卡内基把两项"弊"写了下来。然后交给经理说："我希望你能仔细考虑一下，权衡一下利弊，然后告诉我你的决定。"第二天，安德鲁·卡内基收到了一封信，通知他租金只提高原来的1.5倍，而不是2倍。

安德鲁·卡内基一句也没提自己的要求和利益，而始终在谈对方的利益及怎样实现才对对方更有利，但却成功地达到了自己的目的。关心对方的利益，站在对方的角度设身处地地为对方着想，指出他的利益所在，对方才会欣然与你合作。

问题

（1）成功谈判的价值标准是什么？

（2）安德鲁·卡内基在与出租方谈判时遵循了哪些原则？

任务小结

（1）谈判就是具有利害关系的参与各方出于某种需要，在一定的时空条件下，就所关心或争执的问题进行相互协商和让步，力求达成协议的行为和过程。

（2）商务谈判是指两个或以上的企业为了实现本企业的经营目标和满足对方企业的需要，采用书面或口头方式说服、劝导对方接受某种方案或所推销的产品与服务，进行利益协调和相互妥协从而达成一致意见的过程。

(3) 商务谈判的基本特点：
- 商务谈判以获得经济利益为基本目的；
- 以价格谈判为核心；
- 注重合同条款的严密性与准确性；
- "合作"与"冲突"的矛盾统一；
- 重视双方的利益界限；
- 科学与艺术的有机结合。

(4) 商务谈判成功的价值评价标准：
- 谈判目标的实现程度；
- 谈判效率的高低；
- 谈判双方关系的改善程度。

(5) 商务谈判必须遵循这样的基本原则：
- 平等自愿原则；
- 互利互惠原则；
- 求同存异原则；
- 立场服从利益原则；
- 对事不对人原则；
- 使用客观标准原则；
- 真诚守信原则；
- 依法办事原则。

(6) 商务谈判按照不同标准可以划分为不同类型：
- 软式谈判、硬式谈判和价值型谈判；
- 个体谈判和集体谈判；
- 主场谈判、客场谈判和中立地谈判；
- 商品贸易谈判和非商品贸易谈判；
- 口头谈判、书面谈判和网络谈判。

(7) 商品贸易谈判的主要内容以商品为中心，包括商品品质、商品数量、商品包装、商品运输、商品保险、商品检验、商品价格、货款结算与支付方式以及索赔、仲裁和不可抗力等条款。

(8) 技术贸易谈判是指涉及技术服务、发明专利、工程服务、专有技术、商标和专营权等项目的谈判，其谈判的基本内容包括转让的技术内容与性能、技术资料的交付、技术咨询与人员培训、技术考核与验收、技术的计价和支付方式、双方的责任和义务等。

(9) 投资贸易谈判特指国际投资，包括外商对我国企业投资和我国企业直接对外投资两部分。就直接对外投资项目的谈判而言，首先必须做好对外投资谈判的准备，然后才能进入正式谈判阶段。在正式谈判阶段，谈判的主要内容包括投资规模、出资方式、投资比例、组织形式、投资回收和风险防范。

(10) 商务谈判的基本流程包括谈判准备、谈判实施和谈判结束 3 个阶段。谈判准备阶段分为信息准备、人员准备、物资准备、拟定谈判计划和举办模拟谈判等多个环节；谈判实施阶段分为开局、报价、磋商3个环节;谈判结束阶段包括促成交易和签订合同两个环节。

复习与思考

一、关键术语

谈判;商务谈判;商品贸易;技术贸易;投资贸易;主场谈判;客场谈判;中立地谈判;软式谈判;硬式谈判;价值型谈判;个体谈判;集体谈判;口头谈判;书面谈判;网络谈判;不可抗力

二、单选题

1. 以下不属于商务谈判主要特征的是(　　)。
   A. 以经济利益为目的　　　　　B. 是一个零和博弈过程
   C. 以价格作为谈判核心　　　　D. 讲究谈判的经济效益

2. 谈判中在注意与对方人际关系的同时,建议和要求谈判双方尊重对方的基本需求,寻找双方利益上的共同点,积极设想各种使双方都有所获的方案。这是采取的(　　)方式。
   A. 价值型谈判　　　　　　　　B. 软式谈判
   C. 价格型谈判　　　　　　　　D. 硬式谈判

3. 谈判中谈判者准备随时做出让步达成协议,追求双方满意的结果。这是采取的(　　)方式。
   A. 价值型谈判　　　　　　　　B. 软式谈判
   C. 价格型谈判　　　　　　　　D. 硬式谈判

4. 谈判中谈判者态度强硬,认为谈判是一种意志力的竞赛和较量,态度越强硬,其最后的收获也越多。这是采取的(　　)方式。
   A. 价值型谈判　　　　　　　　B. 软式谈判
   C. 价格型谈判　　　　　　　　D. 硬式谈判

5. 商务谈判中最敏感和最艰难的谈判是(　　)。
   A. 议程谈判　　　　　　　　　B. 目的谈判
   C. 价值谈判　　　　　　　　　D. 价格谈判

三、多选题

1. 商务谈判的基本内容包括(　　)。
   A. 商品贸易谈判　　　　　　　B. 非商品贸易谈判
   C. 价值谈判　　　　　　　　　D. 价格谈判

2. 商务谈判种类按参与谈判的人数可划分为(　　)。
   A. 个体谈判　　　　　　　　　B. 集体谈判
   C. 双边谈判　　　　　　　　　D. 多边谈判

3. 商务谈判种类按谈判参与的主体方可划分为(　　)。

A．个体谈判 B．集体谈判
C．双边谈判 D．多边谈判

4．商务谈判种类按谈判者的态度可划分为（　　）。

A．价值型谈判 B．硬式谈判
C．软式谈判 D．价格型谈判

5．商务谈判种类按谈判地点可划分为（　　）。

A．主场谈判 B．客场谈判
C．中立地谈判 D．多边谈判

6．商务谈判的基本原则（部分一）主要包括（　　）。

A．平等自愿原则 B．互利互惠原则
C．求同存异原则 D．立场服从利益原则

7．商务谈判的基本原则（部分二）主要包括（　　）。

A．对事不对人原则 B．使用客观标准原则
C．真诚守信原则 D．依法办事原则

8．成功的商务评价的标准有（　　）。

A．商务谈判目标实现的程度 B．谈判效率高低
C．谈判双方关系改善程度 D．谈判交易金额大小

9．商务谈判的PRMA模式顺序是指（　　）。

A．制订谈判计划 B．达成合作协议
C．建立双方合作关系 D．履行合作协议

10．商务谈判的基本流程为（　　）。

A．谈判准备 B．谈判开局
C．谈判实施 D．谈判结束

四、思考题

1．商务谈判有哪些特点？
2．商务谈判应遵循哪些基本原则？
3．你对商务谈判中的互利互惠原则是怎样理解的？
4．商务谈判的类型是如何划分的？
5．主场谈判与客场谈判各有何优势与劣势？
6．简述商品贸易谈判的主要内容。
7．商品品质可以用哪些方法来表示？
8．技术贸易谈判的基本内容是什么？
9．投资贸易谈判的基本内容是什么？
10．简述商务谈判流程各阶段的任务。

内容为任务一选择题
互动题库

任务二

培养商务谈判的基本技能

任务目标

知识目标：
- 了解商务谈判人员必备的心理素质
- 了解商务谈判中运用的思维方式
- 掌握商务谈判中交流沟通的主要工具
- 掌握商务谈判的礼仪知识与要求

能力目标：
- 培养商务谈判人员积极的心理调适能力
- 培养商务谈判人员应具有的多种逻辑思维能力
- 培养商务谈判人员运用多种方式交流沟通的能力
- 培养商务谈判人员的基本礼仪和行为能力

模块一 知识储备

情景案例 "放弃"是为了更好地"获得"

天然室内装修公司刚开张就遇到了"刺头"。"刺头"是指那些老奸巨猾，名声不太好的生意人。项目是他新家的中央空调系统，因为"刺头"公司有一个较大的工程项目正在操作中，所以装修公司当然就拿他的新家做诱饵，装修方案设计得很合理，既保证了效果，同时价位又控制得非常好。"刺头"通过四处询价，最终还是确定由天然室内装修公司来做这个装修项目。天然室内装修公司也非常积极，马上派人采购材料，进场准备施工。

过了两天，公司项目经理给"刺头"打电话，希望尽快签订装修合同，因为听一位和

"刺头"做过生意的朋友说"刺头"付款诚信不高。"刺头"接到电话也没说什么,告诉项目经理:"明天上午你把合同拿过来吧。"第二天,公司项目经理与施工负责人如约而至,将合同恭恭敬敬地奉上。"刺头"简单看了一下,并没有马上签字,而是告诉项目经理"明天给你答复"。项目经理感到很奇怪,说好了的事情怎么变卦了呢?这小子是不是又想要什么花样呢?

当第二天项目经理再打电话时,果然,"刺头"在付款和开具票据方面提出了无理的要求。因为先前觉得做家装没有太多风险,加上求胜心切,所以合同报价已经给出了底线,而且是相当优越的条件。本以为已经打动了他,才同意公司进场的,没想到事到如今变了卦。项目经理马上挂断电话,寻找对策。

项目经理当机立断,马上让工人撤场,再给"刺头"打电话,告诉他很抱歉,您的要求公司老板不同意,您对本公司的信任度还不够,所以老板认为大家现在没有继续合作的空间。项目经理又说:当然我们非常希望为您提供服务,我会继续与公司磋商。因为项目经理很清楚本公司的条件肯定是所有参与竞争商家中最好的,非常有信心对方会回来再协商。没过几天,"刺头"果然打来电话表示愿意重新洽谈。这次签约条件当然较高,并要求全款一次性付清。经过几天僵持,"刺头"经过多方比较,最终签订了合同。当然公司接下来就是要把工程做好。

案例点评

内容为任务二情景案例
互动电影

装修公司在本次项目谈判初期处于被动的原因:一是项目没有按正规程序进行,合同未签就进了场,"刺头"肯定觉得已经把对方套牢,所以他有继续要价的筹码;二是太想尽快签单的情绪也让公司在谈判时处于被动。后来项目经理认真分析了双方的情况,做出故意撤离,准备退出的打算,将压力转移给对方。

谈判必须有强烈的签单欲望,但在双方进行交易条件的讨价还价时,还要做好放弃签单的准备。当然放弃只是一种策略,应做到进退自如,保持这个项目有继续进行的余地,勇敢放弃只是为了更好地获得。

一、商务谈判的心理素质

商务谈判不仅是双方权利的对比,更是心理的较量。真正的谈判高手必须具备良好的心理素质,这样才能够保证在紧张的谈判桌上临危不惧,张弛有度,在气势上占据上风。培养谈判人员的良好心理素质可以从以下两个方面着手:一是树立积极的谈判观念,二是掌握谈判学知识。

(一)树立积极的谈判观念

1. 人人都可以成为谈判高手

我们都是谈判者,所有人每天都要谈判好多次。作为孩子,我们与大人谈判,要求得到想要的东西:关怀、特别的对待以及增加每周的零用钱。作为成人,我们谈判要求得到的东西更为复杂多样,与老板谈判加薪、与银行、商店、酒店、医疗机构等就其提供的服务和产品进行谈判。我们也会依靠谈判技巧与同事、老板、供应商以及高层次领导共同完成一些事情，即开展商务领域的商务谈判。

尽管谈判如此普遍，但是许多人对于谈判还是有一种挑剔、不自在的感觉，对谈判忧心忡忡。人际冲突、谈判后一无所得的可能性、冒险，甚至是想到对方表现"太好"，这些都令人不安。因此，除了学习关于谈判过程和谈判策略的知识来帮助我们减少对于谈判的焦虑，改善谈判结果之外，还必须进行心理方面的训练，树立积极的谈判心态，相信自己的谈判能力。

相信自己能够成为谈判高手是成为谈判高手的第一前提。在这个观念的影响下，谈判人员能够很好地调整心态，很快改进谈判技术。因此，在进行谈判前要鼓励谈判人员进行自我心理暗示，相信自己就是谈判高手。

2．做好"积极意识"的心理建设

谈判人员必须做好"积极意识"的心理建设，即在商务谈判时，每个谈判人员都要树立"我要获得更好的条件，这是我的权利"的意识。要有勇气向对方提出各种要求，不要害怕僵局和冲突的出现。就好比到商场购物，无论对方要价多高或者你砍价多狠，都属于正常情况，任何人都没有资格指责对方，讨价还价是买卖双方的权利。当然，谈判要采取文明方式，勇敢争取应得的利益，用巧妙的方法来避免冲突。

案例与启示 人人都能成为谈判高手

两位游客来到云南一风景区，遇到一位卖山水画的画家。

第一位游客问："这幅风花雪月的山水画多少钱？"

画家说："150元。"说完后发现这位游客没有什么反应，心里想：这个价钱他应该能够承受。于是他接着说："150元是没有裱好的，如果你要裱好的是200元。"这位游客还是没有什么反应。于是他接着说："如果为了便于携带加上包装是248元。"结果这位游客把带有包装的裱好的画以248元成交带走了。

一会儿过来第二位游客问价，画家同样报价150元。

第二位游客装出很吃惊的样子，并大声喊道："前面景点跟你一模一样的画才卖100元，你怎么卖150元呢？"

画家一看，立刻改口说："这样好了，150元本来是没有裱好的，您这样说，150元卖给您裱好的吧。"

这位游客继续抱怨："我刚才问的就是裱好的，谁会买你没裱的画，而且必须包装好，否则我怎么带走呢。"结果这位游客以150元价格买走了与第一位游客一模一样的风花雪月山水画，并带有包装。

商务谈判是谈判者心理的较量，商务谈判的技巧是因时因地因人来决定的，没有一成不变的法则。画家根据不同的买主来调整自己的出售策略，获得了额外的收益；而后一位游客则利用各种技巧，巧妙地与画家展开谈判，最终获得了优惠的价格。这样，双方在平等互利的基础上实现了双赢。

任务二 培养商务谈判的基本技能

经典阅读　　　　　商务谈判的心理禁忌

一、忌信心不足

谈判各方为了实现自己的目标，都会运用各种谈判策略和技巧来调整自己的心理状态，试图在气势上压倒对手。如果信心不足则无法支撑谈判的全过程，很可能招架不住对方的进攻，中途败下阵来。因此，树立积极的观念，保持良好的心态非常重要。牢记谈判是冲突与合作、给予与获取的统一。因此，不要担心僵局的出现，而应将其看成是谈判成功的必经之路。遇到强势的谈判对手，要表现出充分的自信和足够的耐心。谈判双方的势力不一定完全相等，但双方的地位是完全平等的，任何一方都有权利争取更好的合作条件。

二、忌热情过度

谈判中如果过分热情，很容易暴露自己的弱点，给人一种有求于人的感觉，这样就会增加对方的谈判气势，削弱己方的气势。在谈判中无论是处于强势的一方，还是处于弱势的一方，都坚信只有双赢才是合作的基础，平等互利才是根本保障。谁也不需要低声下气，或者趾高气扬。处于弱势的一方，可以表现出热心，但不要过分；可以表现出真诚合作的意向，但不要强求。只有不卑不亢，处之泰然，才能增加谈判力量。例如，中国为了加入世贸组织，与西方国家进行了多次交锋，表现出了足够的热情和坚持，不会轻易让步也不轻易放弃。

三、忌不知所措

谈判是一个复杂的过程，有不同风格的谈判对手，也有可能出现意料之外的谈判情形。遇到不利于己方的谈判情况，一定要冷静对待，不能表现出不知所措。不知所措，只会乱了自己的阵脚，帮了对方。例如，当对方运用白脸-黑脸策略时，一旦黑脸出现，可能让你不知所措。所以，首先，要有心理准备，无论谈判桌上情况如何变化，第一反应就是沉着、冷静、静观其变；其次，要有敢于"破"的心理，不要老想着谈判一定会有结果，一定能够合作，要有随时可能破裂，怎样收拾残局的心态。这样无论遇到什么不利情况，都能做到胸有成竹，处之泰然。

（资料来源：方琪.商务谈判—理论、案例、技巧.改编）

（二）掌握谈判学知识

1. 学习谈判学

谈判者要想培养优秀的心理素质，就要了解和学会利用"波动"谈判学。谈判学者王时成提出了一种新的谈判理论，称为"波动"谈判学。他认为谈判者不仅可以用嘴来谈判，还可以通过肢体语言向对方发出一种脑波，这种脑波能够向对方传递谈判者的意愿，也就是做出心理暗示。当对方收到这种脑波时，也会做出相应的回应。也就是说，在谈判桌上，要学会心灵感应，透视对方的心理变化，而且要把自己的需要和强烈的欲望传递出去。谈判就是在"波动"中与对方实现良好沟通，在"波动"中向对方传递真诚的合作意向，使谈判协议能够尽快达成。

关于谈判波动学还有一个神话故事。传说有一位古希腊塞浦路斯国王，名叫皮格马利翁。这位国王性情孤僻，常年一人独居，由于他善于雕刻，孤寂中用象牙雕刻了一座表现他理想中的女性的美女像。久而久之，他竟对自己的作品产生了爱慕之情，他梦想美女雕像成了自己心爱的妻子。他祈求爱神阿佛罗狄忒赋予雕像以生命。阿佛罗狄忒被他的真诚所感动，就使这座美女雕像活了起来。皮格马利翁遂称她为伽拉忒亚，并娶她为妻，终于美梦成真。

这则故事说明了心理暗示的力量。只要你有成功的欲望，而且想尽一切办法去为实现这种欲望而努力，你的行为就会感动你的对手，最终实现谈判目标。

2. 利用肢体语言

语言、大脑、心智、声音、修辞、表情、体态等都是谈判高手在谈判中不可忽视的重要工具，它们能够在细微处清晰地向谈判对手传递各种信息。只要能在谈判中保持坚定的信念和对承诺实现的认真态度，就会让谈判对手感受到诚意，进而有效推进谈判。谈判者不仅要学会对各种肢体语言的运用，还要学会察言观色，能够准确判断谈判对手的各种肢体语言信号，做出积极的回应。如果谈判者带着真诚合作的意向、互利共赢的心态进行谈判，他的眼神、表情和其他动作都会发出一种友好和谐的信号，谈判会出现一种融洽的气氛，双方的谈判人员都会受到积极的正面的鼓励。

经典阅读　　　　　　谈判高手的 12 项基本才能

通过对谈判高手需要具备的 12 项才能进行简明扼要的介绍，可使谈判者有目标的提升自身谈判能力，使自己在商务谈判中展现个人的风采；同时，也为企业赢得竞争优势。谈判高手的 12 项基本才能，如表 2-1 所示。

表 2-1　谈判高手的 12 项基本才能

序号	才能	简述
1	魅力	让你的谈判对手对你既尊敬，又畏惧。尊敬来源于你的专业水平很高，而且对人谦恭有礼。在重视自身利益最大化的同时，也尊重对方应得的利益，切忌谈判中只有索取而没有给予
2	勇气	谈判的胆识就是勇气的内涵，在谈判中要有胆量和魄力，表现果断
3	心理透视	通过对方姿态、表情、动作以及仪表等的观察和分析，了解对方的心理状态，做到"知己知彼"；再根据分析结果，制订实施与对方谈判的策略，这样才能"百战不殆"
4	机智	强调反应能力，要快速做出相应的反应，根据情况的变化推进谈判。例如，当你向谈判对手提出问题后，对方眼神闪烁且口齿不清，这表示其信心不足，压力很大，这就是你乘胜追击的好时机
5	公关口才	企业使命从大的方面来讲无非包括 3 个方面：创造利润、生存发展和永续经营。运用适当的公关语言围绕这 3 项使命进行谈判
6	交际能力	建立良好的人际关系是谈判制胜的一大要素。交际能力要与良好的公关口才结合。通过了解对方谈判代表的个性、风格，在沟通与交流方面采用适当技巧，可使双方谈判代表都保持良好的心情

续表

序号	才能	简述
7	审慎性	审慎性和守口如瓶共同强调了谈判的谨慎性。即不要随便透露底线，要等到谈判的最后一分钟再下结论，做承诺，否则就很难反悔
8	守口如瓶	谈判桌上要少说多听，谈判桌外只谈感情，不谈议题内容，连己方的行程也不能随便透露
9	知识	要保证自身知识的深度和广度。深度是指与谈判议题有关的技术、专业知识要了解深入，广度是指知识面要宽，能够应付不同的话题，表现公关口才与交际才能
10	记忆力	要对合约中的记录清楚记忆，即使是对过去的谈判过程和结果，尤其是一些数字，也能做到记忆犹新
11	耐心	谈判过程总是纠缠不清，起起伏伏，因而必须要有很好的耐心
12	策略	策略是谈判制胜的关键因素之一，要会在不同的情况下使用不同的策略

（资料来源：王时成.策略性商务谈判技术.改编）

二、商务谈判的思维能力

商务谈判是一项既紧张激烈又复杂多变的活动，人类的思维艺术和逻辑艺术在这里得到了充分展示。对于谈判双方来说，在既定的客观条件下，如何正确地分析、判断对方的谈判实力、谈判策略、谈判心理，以及在谈判中提出的每一项建议和要求；如何充分地调动本方的有利因素，避开不利因素，争取谈判优势，这一切都有赖于谈判者科学、正确的思维逻辑。一切谈判的成功，首先是思维逻辑的成功。关于人类思维逻辑的内容十分广泛和丰富，而能够运用于商务谈判的思维逻辑主要有辩证思维、权变思维、逆向思维和诡诈思维等。

（一）辩证思维

要想提高商务谈判的思维能力，最重要的是应学会辩证思维。只有精通各种谈判因素的辩证关系，才能驾驭谈判中的复杂情况。在商务谈判中，有如下几种常见的辩证关系需要进行把握。

1. 要求和妥协

谈判既是要求也是妥协。在进行商务谈判计划制订时，我们应该明确本方的要求是什么，获得这些要求我们必须做出哪些方面的让步或者妥协。如果只有要求，没有让步，谈判获得成功的可能性就小，甚至无法谈下去；如果只有妥协，谈判的目的就无法实现。双方都要争取以己方较小的让步来换取对手给予的较大利益。

2. 讨价与还价

只要双方同意谈判，就等于否定了一口价。无论是买方或卖方报出来的价格都不能一次性地被接受。因此，无论双方拿出的是印刷的报价表，还是曾经与某人签的合同都不能成为标准价，而只是谈判的一个幌子。所以，千万不能被对方的报价所束缚，你尽管按照本方收集的信息和议定的谈判计划进行讨价还价。

3. 多听与少说

有人认为商务谈判是群儒之战，口舌之争。而真正的谈判高手更多的时候是听、思考，然后才是说。因为说的前提是思考，而思考的基础是信息，特别是来自对方的陈述信息。所以在谈判中，认真听取对方的陈述是最重要的事情，倾听使你在谈判中能做到从容不迫。有人错误地认为，谈判人员的交流沟通就是说得越多越好，其实交流沟通的一个重要技巧就是学会倾听。倾听能够获得对手的信息，并且能在对手心中建立起信赖感。

这里有一个关于哲学家苏格拉底的故事。一位与苏格拉底同时代的哲学爱好者，他不明白为什么那么多人喜欢苏格拉底的哲学思想，而他却做不到。他向苏格拉底讲述了他的思想，希望得到苏格拉底的指导，他滔滔不绝地讲了一个多小时才停下来。苏格拉底在一边静静地倾听，然后问道：你讲完了吗？当这个人表示讲完了，苏格拉底才告诉他：如果我收学生，一般是收2万美元的学费，但如果你要做我的学生，我必须要收4万美元学费。这个人不解地问道：这是为什么呢？苏格拉底说：因为我在教你如何表达你的思想之前，还要教你学会如何闭嘴。

4. 平等与优势

商务谈判的原则强调谈判双方的地位是平等的，谈判应建立在互利共赢的基础之上。但我们也很清楚地看到，商务谈判双方的经济实力往往存在较大的差距。例如，一家跨国大超市与一家地方私营企业之间的合作，显然实力是不对等的，但是坐到谈判桌前，私营企业一定有满足跨国大超市要求的商品或服务，从这一点来说双方的地位又是平等的。如果私营企业生产的产品还不具有品牌知名度，需要借助跨国大超市这一平台打开市场，显然跨国大超市在谈判中是有相对优势的，可以财大气粗一些，条件也可以提得更多或更苛刻一些。虽然双方的让步是对等的，但让出的利益却并不相等。

5. 诚实与谎言

商务谈判一开始，双方都强调要以诚相待，真诚合作，建立长期友好的合作伙伴关系；但在实际谈判过程中双方都不断发布虚假信息引诱对方，讨价还价时往往也是在进行谎言大比拼。这似乎与商业伦理相悖。其实，商务谈判过程中双方的关系和谈判前后双方的关系性质是不同的。在谈判过程中，双方既相互试探又相互调整，"谎言"并不是欺骗而是一种策略。谈判中人们不可能将真话、实话和盘托出，否则就失去了谈判的意义。因此，谈判过程是从虚话走向实话，从假话走向真话的一个漫长过程。但谈判策略与技巧仅使用于成交前，对成交的基础不发生根本影响。一旦双方达成了真诚的合作意向，签订了合作协议，就必须完全履行协议，这时就体现了双方的友好真诚的合作关系。

案例与启示　　　　逻辑推理击穿"谎言"

某电视机厂与某大商场就销售电视机事宜进行磋商，双方经过激烈交锋，终于就电视机的价格、质量问题取得了一致意见，达成了经销协议。在签字时，这家商场又想反悔，并故意提出一个新问题:"签字要经总公司批准,因为我们商场被另一家公司兼并了。"商场即以此为由拒绝签字。

电视机厂的谈判代表看出了其中的破绽,针锋相对地说:"如果你们说的情况属实,那么我们可以重新谈判;如果你们说的情况是假的,鉴于我们已经达成了一致意见,且时间不允许我们再拖延,你们应当在协议上签字。"

电视机厂谈判代表的话很有分量,他运用了逻辑推理,他的推理过程如下。

(1)如果商场代表所述的情况属实,那么我们可以重新谈判;如果所述情况虚假,则商场代表必须签字。

(2)如果公司签字要经总公司批准,那么这家商场被公司兼并;而电视机厂的谈判代表通过调查得知这家商场并没有被那家公司兼并,因此,商场签字不需要总公司批准。

(3)如果商场方的谈判代表签字不需要经过总公司批准,那么商场方就有权在协议上签字。

电视机厂的谈判代表利用以上推理说服了商场方,商场方在电视机厂谈判代表富有逻辑而又有威慑力的话语面前败下阵来,不得不回到谈判桌前在协议上签字。

(资料来源:杨晶.商务谈判.改编)

(二)权变思维

商务谈判中的难题经常是在谈判过程中产生的,不能通过常规程序、常规方法、常规路径和常规策略去解决,而必须使用变换的策略,即所谓"权变思维"。权变思维强调的是,要根据谈判情境的变化,不断变换策略以应对各种复杂局面。常用的策略变换方法有以下3种。

1. 仿照

对于那些属于常规性、规范性或程序性的谈判问题,可以仿照本方已经使用过的策略或采用别人成功的经验方法。例如,当遇到价格问题的谈判时,通常可以根据经常使用的吊筑高台或者抛放低球两种策略。吊筑高台,即喊价要高,除了可以给对方较大压力,也给自己让步留下了较大的空间;反之,也可以采取抛放低球策略,也就是喊价比竞争对手要低,以吸引欲合作方,挤走竞争者,然后,再提高其他的交易条件。这些方法都可以仿照成功的谈判案例进行使用。

2. 组合

对于某些不太棘手但又有一定难度的比较复杂的谈判问题,可以运用谈判基元方法对其进行新的组合,其中有仿照也有创新。例如,如果卖方希望高价格、高利润,而对手却希望低价格、低成本,这样在谈判中很容易由于双方合理要求差距太大,而形成僵局。这时双方可以通过重新组合,设计新方案,买方增加采购批量,卖方给予交易折扣。这样通过交易量加大,双方就实现了薄利多销和大批量采购下单位成本降降低双赢目标。

3. 奇谋

对于某些十分棘手或陷入僵局、久拖不决、多方干扰的谈判难题,可运用各种非常态思维方法，筹划奇谋良策。所谓"明修栈道，暗度陈仓"，"山重水复疑无路，柳暗花明又一村"都是非常态思维的结果。

案例与启示　　　　秀才找马累死途中

从前，有个秀才去京城应试。途中，在一小店投宿，将马套在门口的木桩上，天亮准备上路时，马却不知去向。从此，秀才开始四处找马。他找了一整天，没见到马的踪影。第二天，他远远看见前面好像有一匹马，但走近一看，却是一头驴，他失望地摇了摇头，继续往前走。第三天，他又见到前面有匹马，心中暗喜，这回该是我的那匹马了吧，但走近一看，还是一头驴，他又走了。之后，他仍是每天都能看见一头驴，但他一直没有理睬这些驴，只是在寻找自己的马。考试的时间一天天临近，而这位秀才终因精疲力竭而死在找马的路上。

在商务谈判中我们经常可以遇到秀才这样的人，因为某个条件达不到，也不会变通，最终因为僵持在某一个立场观点上，导致谈判破裂。如果能够及时调整思维，不管是骑驴还是骑马，只要能够达到目的就行。

（三）逆向思维

商务谈判中我们通常比较习惯正向思维方式，但这很容易落入对手的圈套。如果换一种思维，当对手提出一个问题时，我们从相反的方向思考，可能就会有完全不同的结果。经常遇到对手提问，一般思维是有问必答，但逆向思维就可以是能问不答。当对手提出一个问题时，我们可以不回答，反过来让提问者回答。这时谈判的形势就发生了根本逆转。例如，买方说："请卖方报个价吧。"卖方不但不报价，反问买方："你能出价多少？"这样一来，卖方就变被动为主动了。如果买方出价在自己的最高限以上，卖方就可以获得超额利益；如果买方出价在自己预期底线以下，那么卖方可以报出自己的理想价。

利用逆向思维还可以违背常规思路，朝着相反方向去实现新的目标。例如，青霉素的发明者弗莱明，本是一位生物学家，但却因为发明青霉素获得了诺贝尔医学奖。一次弗莱明正在进行一项生物学实验，用试管培植细菌，但实验期间正好遇到梅雨天气，细菌都被霉菌统统杀死了。他停止进行细菌培植，思考着霉菌既然可以杀死生物体内的细菌，如果将其植入动物体内是否也可以杀死动物体内的细菌呢？正是这种逆向思维使得他成功发明了能够用于人类抗菌的青霉素。

商务谈判中经常会遇到僵局，可能在价格上，也可能在其他交易条件上，我们当然也可以利用逆向思维破解冲突，寻找合作的新途径。

（四）诡诈思维

诡诈思维用于谈判中就是奇谋和策略。诡诈思维主要有以下几种表现形式。

1. 制造错觉

制造错觉可以给谈判对手造成认识上的错误和判断上的失误。例如，可通过故意制造

竞争，给对手造成某种错觉。谈判桌外，利用非谈判人员发布信息，可以制造假竞争。一次谈判处于僵局，东道主提出休谈一天，请客方到当地一景点游玩。东道主一方特意让首席谈判代表缺席，这时客方提出疑问：贵方某某副总今天怎么没来呢？司机装作不经意地说：我们副总今天好像有事，听说是去机场接来我公司洽谈业务的重要客户了。客方一听信以为真，心想要是新来的合作伙伴抢先签订了协议，那我们就前功尽弃了。于是第二天重回谈判桌后，很快就达成了合作。可是他们万万没想到，这原来是东道主借司机发布的一个假信息，以制造竞争错觉。

2. 攻心夺气

攻心夺气是指创造某种条件，以使对手心理失衡。例如，利用恭维、颂扬、戴高帽、吹捧、送厚礼等手段，可使对手扬扬自得，飘飘然，失去正常心态，达到软化其立场的目的；佯装可怜，如扮演弱者，满脸愁容，可引起对手同情，放松要求，做出让步。例如，一些小企业与大企业进行合作谈判时，就会说："你们是老大哥，我们是小老弟，老大哥只要稍稍让步，就可以解决我们企业几十人的失业问题，让他们都有饭吃，你们可是我们的救世主啊！"这时大企业为了显示自己的实力往往会做出相应的让步，使小企业在谈判中获益。

据说一家日本企业曾经有一位谈判高手，他年过半百，在谈判场上身经百战，惯常使用的招数就是引起对方同情，屡试不爽。为了争取利益，有时甚至声泪俱下地说："我已经大把年纪了，再过半年就退休了，如果这次谈判目标达不成，回去就没法向老板交差，肯定会被公司辞退的，甚至连养老金也没有了，相信贵方不愿意看到一个老者如此悲惨的结局吧。"这一席话往往能够打动在场的谈判对手，特别是那些缺乏谈判经验的人。

3. 诡辩逻辑

利用语言进行诡辩，利用非逻辑的思维方式来攻击真理、歪曲事实、维护谎言、颠倒黑白，有时也可以达到以假乱真、以邪取胜、以谬取利的目的。例如，有人说：早起的鸟儿有虫吃；而那些反驳的人则说：早起的虫儿被鸟吃。虽然这句话从字面上并没错，且也符合逻辑，但却歪曲了原话的本意。谈判时可以用这种方法进行自卫，或者拖延时间，消耗对方的精力。

20世纪60年代初期，我国某科研机构准备购进4 000万次/秒大型计算机10台，并与日本某公司正式接触洽谈。在第一轮谈判中，日方报价每台150万美元。我方根据所掌握的资料，了解到同类产品的国际行情为每台110万美元，要求对方就此报价做出解释并压低价格。第二轮谈判开始，日方同意将计算机单价降至120万美元，并且论证："我方从与贵方建立持久的友好贸易关系考虑，决定每台让利30万美元。我们很尊重贵方的意见，并且不惜工本将价格降到了不能再降的地步，诸君可以接受这个价格了吗？"此后，日方闭口不谈上述报价的形成基础，而将谈判纠缠在一个议题之中，即日方已顺应了我方的要求，对产品进行了大幅度的降价，如我方再不接受，那么谈判就无法取得圆满结果。围绕着已经降价这一现象，日方代表大肆鼓舌，千方百计迫使我方动摇进一步谈判的决心。

从表面上看日方似乎很有诚意，在价格上，一上来就降了20%，但实质上是回避了我方对其提出的价格解释要求，只是做了大幅降价的表象。如果他的报价本来就不实，降再多，又有什么意义呢？这时我们不能被降价幅度大这种诡诈术所迷惑。如果被对方的思路牵着鼻子走，我方代表只是觉得降价的幅度尚不足以让人接受，但又提不出令人信服的充分理由，那么固执己见则有可能导致谈判破裂，我方更不能达到自己的目的。那么，如何对付这种貌似正确的诡辩术呢？我们必须在全面掌握客观情况的基础上应用辩证思维的基本方法，以具体性的原则透过现象抓住事物的本质。有时诡诈思维还用在谈判中一种通常表面显示公平的让步策略上，就是当双方为了某个条件或价格争执不下时，其中一方提出各让一步，采取将双方的报价相加再除以2，即所谓的折中。然而，折中真的就是公平合理的吗？

案例与启示　　　　　　　泛用折中的诡诈

某货物的卖方要价200元，买方提出用100元购买，买卖双方的价格分歧是100元，卖方提出各让50元，表面上看公平合理，实质上却缺乏任何具体的分析。

例如，此物的实际市场流通价只是100元，买方报出的是实价，而卖方报200元，实际是大大超过了流通价。采取折中办法，卖方提议成交价为150元。如果买主接受的话，岂不活活被卖方硬性诈去50元。假使双方成交的是大批的生意，那么其后果对于买方来说将是灾难性的。因此，建立在公平原则上的贸易关系，应以客观性为基础，一方必须允许对方再次进行讨价还价，直至货物价格接近于市场同类产品的合理价格为止，而不是从数字上进行简单的算术平均。

如果贸易双方的分歧不是表现在产品的价格上而是表现在合同的条文上，那么泛用折中的危害性则更大。合同条款分歧一旦发生在某些原则上（如条文与法律规定的抵触），则有问题的一方应主动地加以全面纠正，其间不存在折中变通的做法。

三、商务谈判的沟通技巧

商务谈判的实质就是沟通，谈判双方将彼此需要获得的利益和可能做出的让步经过充分沟通，使对方清楚，然后进行协调、妥协，最终达成一致。关于两人分一个橙子的谈判，两人如果只围绕如何体现公平进行讨论，很快就能达成一致，那就是一个人切，另一个人选。但这样的结果是不是双方真正的目的呢？有没有使双方利益达到最大呢？

我们再来看两人分得橙子后的处理就明白了。其中一个人将分得的半个橙子的肉取出扔进了垃圾桶，留下橙子皮做蛋糕的装饰，而另一个人则将橙子肉吃完后把橙子皮随手扔进了垃圾桶。如果他们在谈判如何分橙子时能够更充分的沟通，了解彼此的需要，那么，他们就可以有一种更好的分配方法，使双方获得更大的满足。

因此，沟通对于谈判来说是非常重要的。如果沟通不够充分，即使合作成功，也可能达不到利益最大化。由于谈判代表的文化差异，对同样问题理解不一致而导致沟通出现的障碍，会影响谈判的气氛，甚至影响谈判的最终结果。因此，谈判者有必要掌握谈判的沟通方式与技巧。商务谈判的沟通技巧分为语言沟通和非语言沟通两种。

任务二 培养商务谈判的基本技能

（一）语言沟通技巧

语言沟通时必须坚持客观性原则、针对性原则、逻辑性原则和规范性原则以及隐含性原则。商务谈判陈述时，首先，一定要以客观存在的事实为依据，言之有物，如果说的是一些空洞的，甚至不实的东西，是不可能让对手信服的；其次，语言沟通时一定要针对具体问题，按一定的逻辑思维来陈述，不能颠三倒四，语无伦次；最后，在谈判桌上一定要注意语言文明，表达要清晰、严谨和准确，不能用一些方言、俗语，甚至污秽的语言。隐含性原则是指商务谈判中运用语言的艺术，要根据特定的环境与条件，委婉而含蓄地表达思想和传递信息。

1. 陈述技巧

商务谈判中的陈述是基于本方的立场、观点和要求，表达对各种问题的看法，或对客观事物进行具体阐述，以让对方对所阐述的内容有所了解。因此，商务谈判中要做到陈述问题主次分明，层次清楚；陈述内容客观真实；陈述语言简洁，通俗易懂；陈述观点准确明了。下面介绍几种常用的陈述技巧。

1) 迂回入题

双方谈判人员进入谈判场所后，或多或少都会有些紧张。特别是双方初次见面，还真不知道说些什么合适，显得有些尴尬。如何迅速消除这种紧张气氛，营造一个和谐、融洽的谈判氛围呢？一般在开场的前一段时间，即大约占整个谈判时间5%的时间内，都不会谈及正式的议题，而是选择一些双方都感兴趣的话题或其他非谈判主题的话题来融洽感情，打开局面，迂回入题。通常可选择中性话题、介绍己方谈判人员、介绍己方企业基本情况和自谦话题等迂回入题。

（1）采用中性话题入题。例如，有关气候或季节的话题；有关流行的话题；有关社会新闻的话题；有关社会名人轶事的话题；有关体育、娱乐、旅行等方面的话题。切忌涉及个人隐私、政治、宗教等话题。有一次，在一个炎热的暑假里，山东电视台邀请了北京某知名大学的一位教授到山东给企业营销人员做商务谈判讲座。教授到达讲座现场后，受到了学员们的热烈欢迎。由于学员们对北京来的教授都很仰慕，使现场的气氛显得很严肃。为了消除这种紧张气氛，拉近与学员之间的距离，这位教授很有经验地抬头望了望窗外，然后面带微笑向到场的学员做了这样一段轻松的开场白：今天的天气很好，就像山东人民的热情一样啊！我刚从北京来时，天气还特别热，一到山东，天气变得这么凉爽，看来是你们的热情将气温都带下来了，哈哈……教授诙谐幽默的话语立即引来全场热烈的掌声，凝重的会场气氛一下变得轻松起来。

（2）采用介绍己方谈判人员入题。介绍己方人员的经历、学历、年龄和谈判中承担的角色，介绍时要有意拔高己方谈判人员的地位，显示己方谈判队伍的实力。例如，可以这样来介绍一位年轻的谈判代表：小王，我们公司的会计主管，北京大学金融专业的高才生，别看他年轻，可是我们公司的财务专家啊，连公司老总用钱都要通过他呢，这次谈判中的财务问题他可以全权代表。通过这样的介绍提高了谈判人员小王的地位，使对方不会因为他年轻而轻视他，或者认为他没有权力，对他在财务方面提出的条件将信将疑。

（3）采用"自谦"方式入题。如果谈判双方地理位置相距较远，客方需要舟车劳顿，这时东道主一方可以借向客方表示关心和慰问开场。例如，可以从询问客方一路上是否顺利，昨晚休息得是否好，吃住是否习惯以及提出己方有什么安排不周的地方；或者由主谈者介绍自己的经历，谦称自己才疏学浅，经验不足，希望通过谈判与对方建立友谊等。

（4）采用介绍己方企业基本情况入题。如果双方初次接触，彼此不太了解，就可以从介绍己方的生产、经营、财务状况入题。不过需要事先做好资料信息准备，提供各类新闻报道、报表等复印资料，多媒体展示资料，以显示己方的雄厚实力和良好信誉，坚定对方对谈判的信心，同时也给予对方充分的讨论空间。

2）开场阐述

谈判入题后，接下来就是双方的开场阐述，这是谈判中的一个重要环节。为了有效地阐述本次谈判的主题、表达己方的观点和此次谈判的目的、希望获得的利益，以及表明基本的立场和真诚的合作意向，开场阐述可以运用以下技巧。

（1）让对方先谈。谈判人员可以首先保持沉默，不说明自己的交易意图，即使心中有明确的想法，也不妨先听听对方对交易的看法、立场及利益所在。这样，有利于争取谈判的主动权，使己方的阐述更有针对性、灵活性和余地。如果双方都采取这种策略，那么谈判现场就会出现冷场，这时，一般由主方开始进行阐述。但开场阐述的只是一些原则性问题。开场阐述力求简明扼要，只谈主题、观点、立场和利益，不需要深入谈论某一具体的问题。

（2）认真听取对方陈述。谈判桌上的一个首要原则就是"少说多听"。在听取对方陈述时，要力争搞清对方谈判的意图，不要随意打断对方的阐述，更不要听到与己方立场不一致的意见时立即与对方争执，一定要让对方把话说完，有疑问的地方先记录下来，为后面的谈判收集材料。

（3）注意礼貌用语，轻松表达。陈述应采取诚挚和轻松的方式，以协调洽谈气氛。陈述用语要礼貌、婉转，不要用过于专断、生硬的语言；应做到语调抑扬顿挫，语速节奏适中，声音优美动听，通过语言增加听者兴趣，吸引对方的注意力。谈判者应该通过声音和语调的变化显示自己的信心和决心，表达自己的诚挚愿望。在发言中有时忽然停顿或重复几句话，能起到意想不到的作用。它可以引导听者对停顿前后的内容和重复的内容进行回想、思考，从而加深对方的理解。停顿还可以给对方发表己见的机会。

案例与启示　　　买卖双方的开场阐述

买方：我们对贵方所提供的原材料很感兴趣。我们准备大宗购进一批，生产一种新产品。我们曾经与其他厂家打过交道，但关键问题是时间，我们想以最快的速度在这个问题上达成协议。为此，我们希望开门见山，并简化谈判的程序。虽然我们以前从未打过交道，不过据各方面反映，贵方信誉好，一向很合作。预祝我们的交易获得成功。

卖方：我们非常高兴贵方对我们的产品感兴趣，并愿意出售我们的产品。但是，我们的产品数量有限，而市场上这种产品又比较紧俏。当然，这一点是灵活的，我们关心的是价格问题。正因为如此，我们并不急于出售数量有限的产品。

买卖双方都以简明的语言,表达了此次谈判的目的,所关心的主要问题、立场和态度,非常客气,并没有涉及具体内容和重要问题。

经典阅读　　　　　　龙永图关于中国入世的"三论"

龙永图是中国入世谈判的首席代表,在谈判桌上,他口若悬河,针锋相对;在私底下,他则非常幽默,经常妙语连珠。龙永图认为,中国加入世贸组织最重要的一点就是按照国际规则办事,为此他做了3个形象的比喻。

(1)农贸市场论:世界贸易组织犹如一个农贸市场,中国没有加入,就像是在市场外的小贩。现在我们在市场中有固定的摊位了,我们做生意更名正言顺了。

(2)大块头与小块头论:一个大块头和小块头发生矛盾时,大块头总喜欢把小块头拉到阴暗角落里单挑;小块头则希望到人多势众的地方找人主持公道。目前我国经济比较弱,而美国等西方国家的经济比较强,一对一解决,我们肯定处于劣势地位,我们当然希望把问题拿到WTO多边机制中去解决。

(3)篮球赛论:要参加奥运会篮球赛,首先就必须承诺遵守篮球赛的规则,而不能一进球场就说:"篮筐太高,是按照西方人身高的标准设定的,得把那篮筐降下几厘米来适应我们,否则就是不公平竞争。"想加入世界主流,首先就得遵守国际通行的规则,然后才能谈改变规则问题。

龙永图用形象生动的语言说明了中国入世的必要性。也正因为如此,龙永图率领中国谈判代表团经历了15年艰苦的谈判,使中国于2001年11月11日加入了世贸组织。

2. 提问技巧

提问是商务谈判中最常用的语言技巧,通过巧妙而适当的提问可以摸清对方的需要,把握对方的心理状态,并能够准确表达己方的思想。提问的目的是了解情况,开启话题,以利沟通。根据不同目的可采取不同的提问方式,而同一目的也可采取不同的提问方式。

例如,有两位教徒都是烟民,一天在祈祷时突然都想抽烟。于是其中一位就问神父,我可以在祈祷时吸烟吗?你们猜想,神父怎么回答?当然是很严厉地批评他,说他太不虔诚了,祈祷时还想别的事。而另一位教徒则是这样问神父的:我可以吸烟的时候祈祷吗?显然,后一位教徒不仅得到了神父的允许,还成了虔诚的楷模。神父这样教育前一位教徒:你看看人家,多么虔诚,吸烟的时候都没忘了祈祷。

由此可见,提问方式会影响回答的结果,因此,提问者要根据希望得到的结果设计好问句,以达到提问的目的。以下介绍几种常用的提问方式。

1)引导性提问

引导性提问,是指对答案具有暗示性的问句。这类问题可让对手毫无选择地按发问者所设计的答案作答。这是一种反义疑问句,在谈判中,往往可使对方产生与己方观念一致的反应,即对提问方的观点表示赞同。

例1:我们认为本次合作是一个良好的开始,今后还有很多的机会,贵方同意吗?

例2:讲究商业道德的人是不会胡乱提价的,您说是不是?

例3：这样的结算方式，对你我都有利，是不是？

案例与启示　　让对手只能说"是"的沟通艺术

一家电气公司的推销员小王，有一次他到一家不久前才销售过电机的新客户那里去访问，并准备将企业的新型电机推销给这家老客户。小王一到这家公司，说明其来意后，总工程师就劈头盖脸地说："小王，你还指望我们买你的电机吗？"小王对总工程师的态度很吃惊，心想难道我先前向他们销售的产品出了什么问题吗？

一经了解，原来该公司认为刚刚从小王那里购买的电机发热超过了正常标准。小王对自己厂家的产品很有信心，但这时没有搞清状况强行争辩是无济于事的，于是决定采取苏格拉底劝诱法来与对方沟通，了解真实情况，说服对方，让对方做出"是"的反应和同意的姿态。

他了解情况后，先故意说"好吧，总工程师先生，我的意见和您的相同，假如那些电机发热过高，别说再买，就是买了的也要退货，是吗？"

"是的！"总工程师果然做出了他所预料的反应。

"自然，电机是会发热的，但你当然不希望它的热度超过规定标准，是吗？"

"是的！"对方又说了一次。

然后，小王开始讨论具体问题了。他问道："按标准，电机的温度可比室温高72℃，是吗？"

"是的！"总工程师说："但你们的产品却比这高得多，简直叫人没办法用手去摸，难道这不是事实吗？"

小王不与其争辩，反问道："你们车间的温度是多少？"

总工程师略加思索后回答："大约75℃。"

小王兴奋起来，拍拍对方的肩膀说："好极了，车间温度75℃，加上可高的72℃，一共是147℃左右。如果我们的手放进140℃的热水里，是否会把手烫伤呢？"

总工程师虽然不情愿，但也只得点头称是。

小王接着说："那么，以后你们就不要用手摸电机了。放心！那个温度完全是正常的。"

谈判结果，小王不仅说服了对方，消除了对方的偏见，而且又做成了一笔生意。

2）坦诚性提问

坦诚性提问，是一种推心置腹的友好问句。一般是当对方陷入困境和遇到难办事情时，为了将对方从困境中解救出来，帮助其开拓思路的一种发问方式。这种发问，可以制造一种和谐的谈判气氛。

例1：本次购买生产线设备，你们的预算到底是多少？

例2：要恢复正常生产，确切地说需要多长时间？

例3：要改变你方经营现状，到底需要多少资金投入？

3）封闭式提问

封闭式提问是一种事先设计好了答案，只要提出问题就可以得到特定资料或确切回答的问句。当我们需要确定对方对某一事情的态度时，可以采取这种"是"或"非"的封闭式提问方式，这样会比较简单和直接。

例1：你们是不是需要上门服务？

例2：你们报出的价格包含了运费吗？

例3：我方要求采取信用证方式进行结算，你们同意吗？

4）证实式提问

证实式提问，是针对对方的答复重新措辞，使其证实或补充的一种问句。这种提问意在核实对方刚刚表达的意思，起到落实、提醒的意思。

例1：你刚才是说价格还有谈判的空间吗？

例2：你是说如果采购批量加大，商品单价可以适当降低吗？

例3：你们答应预付货款20%，也就是预付款为200万元吗？

5）选择性提问

选择性提问提供了两种答案供回答者选择，以便帮助对方做出决定。这种提问方式的目的不是为了获得答案，而是为了获得对方的肯定式决定。选择性提问多用于成交技巧。这里有一个真实的例子。在机场的候机厅里设有一个饮品吧，提供牛奶、咖啡和果汁类饮品。刚开始饮品吧的服务员总是问："先生，喝咖啡吗？"或者"先生，喝牛奶吗？"其销售额平平。后来老总要求服务员换一种问法："先生，您是喝咖啡还是喝牛奶？"结果其销售额大幅度增加。因为当采取选择性提问时，就相当于给对方一个引导，不容他否决，而是不自觉地做出某一种选择。

3. 应答技巧

商务谈判中需要巧问，更需要巧答。如何能够巧妙回答各种提问，也是商务谈判人员应具备的一项重要的沟通能力。要掌握应答的技巧，必须做好以下几方面的准备。

（1）提前准备，预设答案。在进行模拟谈判时要预设问题，并针对问题制订应答策略。一旦正式谈判中出现了类似问题，就会不慌不忙，应对自如。例如，你们的产品质量如何保证呢？这样的问题在货物买卖中通常是会提出来讨论的，作为卖方必须提前做好准备，将质量标准体系、质量检验情况和市场反馈的质量信息资料呈现给对方，用事实和数据说服对方，获取信任。

（2）没有把握，含糊回答。对于对方提出的一些问题，可能没有听明白，或者对其提到的一些事实并不清楚时，可以不做正面回答，采取打太极的方式予以回避。例如，贵方刚提到这种农产品今年歉收，但我们了解的情况却完全相反，这时该如何回答呢？当不知道对方是真的掌握了情况，还是仅为试探时，不要急于与对方澄清事实。可以这样回答："是吗？我们双方调查的结果可能有出入，请允许我们核实后再给你们答复？"

（3）争取主动，能问不答。有些问题很难正面回答，而且采取正面回答就可能暴露己方的真实意图。这时可以采取反问的方式，以问代替答，争取主动。例如，"你们的报价为什么这么高，请做出解释？"你根本不要理会，更不要解释，而应这样回答："你认为哪方面高了？"或"你希望的价格是多少呢？"

（4）焦点问题，转移回答。商务谈判中通常都存在许多焦点问题，一般的谈判议程是先易后难，将焦点问题放在谈判中期或后期讨论。然而对方往往对这些问题感兴趣，如价格问题、支付条件问题等。如果对方提出这些问题，应答方可以巧妙转换话题，以达到自己的目的。例如，"请你方先报价格吧？"你知道价格是本次谈判的核心，报价后就会产生僵局。这时可以这样转移话题回答："我知道价格是我们双方都关心的核心问题，但在这之前，我们还是想让贵方了解有关产品的质量、功能等方面的基本情况，这对定价至关重要。"很显然，这样可将价格问题自然转移到产品的质量和功能方面，而对产品质量和功能的介绍是为报价做铺垫，打基础的。如果产品质量高、功能全，价格自然就可以报高些，这样对卖方自然有利。

（二）非语言沟通技巧

非语言沟通是指以人体姿势、动作、面部表情等肢体行为进行表达意思和心理的一种沟通方式。语言专家通过对人的行为深入后研究发现，对信息接收者来说，在影响其信息接收的因素中，7%是所使用的语言文字；38%是语言的声调、音量和语气；55%是所使用的非语言信号。经常因为姿势、表情、眼神和动作这些无声的语言出卖了你的心理活动。所以，谈判者要善于洞察你的同伴和对手的非语言变化，并能够解读这些非语言行为的意思，以便做出相应的策略调整。

人们的面部表情所表达的信息总是最丰富的，如喜欢、讨厌、高兴、悲伤等都可以从你的脸上读出来。而面部表情主要是通过眼睛透露的，因此，谈判桌上我们要注意保持眼光的接触与交流。当听者与说者眼光保持接触时，视为其对所述内容感兴趣，也是对对方的一种尊重；而讲话者保持眼光与听众之间的直接接触，则被理解为其有足够自信，对所说的内容充满信心，其所说内容很真实，让听者产生一种信任感。

除了面部表情，肢体动作也可以传递非常丰富的内心信息，而且这些信息比语言传递的信息更加真实，让接收者更加坚信。因此，谈判者不仅要善于观察，解读来自非语言信号的信息，还要注意利用这些信号向同伴发出正确的信息。如果想利用肢体语言在同伴之间传递信息，必须事先做好准备，设定好暗号，这样才能在传递和接收时不出现错觉。而在面对对手时，应尽量保持平静，不要将自己的心理活动暴露在大庭广众之下，从而司马昭之心路人皆知。

案例与启示　　　　　谈判桌上的暗号

A公司派了3位谈判人员去B公司洽谈货物采购业务。A公司对谈判中的角色分工比较明确，主谈负责控制谈判局面，重要问题的决策；陪谈一负责洽谈货物质量、检验和包装、运输和交货方式等条款；陪谈二负责洽谈价格、数量、付款方式及违约处罚等条款。根据分工各自都收集了相关的信息和数据资料，而且为了此次谈判能够获得成功，还约定在谈判桌上使用特定的肢体语言作为传递内部信息的暗号。其中约定在价格谈判时，如果主谈认为价格太高，还有下降空间，就摸下巴，陪谈二必须继续往下讨价还价；如果觉得价格可以接受了，就摸一下耳朵。谈判开始后进展一切顺利，但就在价格问题上出现了僵持。经过双方努力，陪谈二使出了浑身解数，获得了一个比较理想的价格。这时他看看主谈的表情，只见主谈摸了一下耳朵，按事先约定，他心里有数了。可就在他准备接受这个价格时，发现主谈的手又在鼻子上摸来摸去，心想主谈这是什么意思呢？到底是接受还是不接受呢？之前并没有约定手摸鼻子的暗号啊，这让陪谈进退两难，最后，价格只能让主谈定夺了。

谈判结束后，陪谈二问主谈刚才在谈判桌上摸鼻子是什么意思？主谈却反问说：我摸了鼻子吗？呵，刚才一只蚊子叮了一下，好痒呵，你看鼻头都红肿了。这虽然是暗号错乱的一个小例子，但说明肢体语言在商务谈判中是非常重要的，能够准确地传递各种信息和信号。

经典阅读　　肢体语言的心理反射

（1）双臂交叉于胸前——防御、不信任的心理反射。
（2）反复搓手，眼看别处——急切等待的心理反射。
（3）握紧拳头，并看着对方——准备向对方挑战的心理反射。
（4）用手拨弄指甲——不感兴趣，不耐烦的心理反射。
（5）腰板挺直，颈部与背部呈直线——自信、有斗志和自制力强的心理反射。
（6）双手交叉，架腿而坐——轻视、拒绝对方的心理反射。
（7）玩弄手中的笔或握笔不动——漫不经心或正在思考的心理反射。
（8）先不停抽烟，后又迅速灭掉烟——为某事伤神，终于找到办法的心理反射。
（9）慢慢打开笔记本，开始记录——重视，发现了重要问题的心理反射。
（10）摘下眼镜，用力向前一推——厌倦、不满或气愤的心理反射。

四、商务谈判的礼仪规范

商务谈判作为一种正式的商务交往活动，必须遵守一定的礼仪规范。符合礼仪的行为受人尊重，而违反礼仪则可能使得交往过程不太愉快，甚至会产生一些负面的影响，最终影响谈判的成效。商务谈判礼仪贯穿于谈判的全过程，下面重点介绍商务谈判中的见面礼仪和会谈礼仪。

（一）商务谈判中的见面礼仪

谈判双方彼此留下好的印象是谈判走向成功的关键，因此，双方见面时必须遵守一定的礼仪，相互认识，自然接触，消除陌生感，营造一种良好的谈判气氛。见面礼仪内容主要包括双方介绍、握手礼仪和交换名片等。

1. 双方介绍

开局时，双方谈判代表一见面，需要通过介绍使彼此认识。介绍方式有两种，一种是自我介绍，另一种是他人介绍。如果人数比较多，且相互之间又是初次见面，一般采取他人介绍比较正式。介绍人可以是己方内职务比较高的人，也可以是专门的文秘人员。介绍一般按照这样的顺序进行：把年轻者介绍给年长者，把位低者介绍给位高者，把男性介绍给女性，把客人介绍给主人。

2. 握手礼仪

在介绍双方认识或见面时,握手作为一种简单的动作语言和见面礼仪被世界许多国家普遍接受。握手虽然简单,但也要注意其中的一些礼节。握手礼仪体现在伸手顺序、握手的时间和力度以及握手姿态上。

(1) 伸手顺序。一般情况下,女士先伸手,年长者先伸手,位高者先伸手;见面时主人先伸手,离开时客人先伸手。

(2) 握手的时间和力度。握手时间虽然没有严格规定,但要适中,一般在 3~6 秒之间,如果太短或太长都会让人感到尴尬或不愉快;握手力度也要适度,太轻显得不热情,太重又显得很粗鲁。

(3) 握手姿态。握手时要注视对方,面带微笑,使人感到亲切和友善,愿意彼此认识;此外,边握手可以边问候或说一些客气话语。例如:能认识您很高兴;久闻您的大名,今日终得一见;等等。

握手时还要注意:先要脱去手套,一般都伸右手;如果手不太干净,要提前向对方说明,表示歉意;如果人较多时,不要交叉握手。

3. 交换名片

见面介绍和握手之后,如果是初次见面,并且希望将来长期交往,这时往往还有一个环节,就是交换名片。名片要事先准备好,它代表一个人的身份。很多商务人士将名片看得很重要,通常会用专门的名片夹装好,放置在公文包里或西装上衣的内口袋里。名片的递交和接受也有一定的礼仪要求。

(1) 递交名片。递名片的顺序一般是,下级向上级递交名片,客人向主人递交名片,被介绍人向接受介绍的人递交名片。递名片时一般用双手轻握名片下方,姓名的正向朝向对方。在递上名片的同时,一般应加上一句"请多关照"或"请多指教"之类的客气话语。如果遇到人多时,可以按对方的座次依次递上名片,切忌有选择地递名片。如果名片不够,要当场说明,以免误解。

(2) 接受名片。接受名片时,一般要先站起来,用双手接受;接到名片后不要马上放置起来,要认真地看几秒,记住对方的姓名、职务等信息,并且可以念出声来;对于名字中不认识的字可以当场巧妙地请教对方,以免下次称呼时出现错误,显得对人不尊重;不要将对方的名片遗忘在谈判桌上,或者存放时不注意掉落地上。

(二) 商务谈判中的会谈礼仪

商务谈判中的会谈礼仪包括座次礼仪、谈吐礼仪、举止礼仪和仪表礼仪等。

1. 座次礼仪

商务谈判的座次不仅可以体现双方的主客关系,同时还可以从座次上分辨出双方谈判代表在谈判团队中的角色和承担的任务。因此,座次的安排很有讲究。座次排序的原则:横向谈判桌,以谈判桌的摆放位置为参照,面门为上,因此应将客人的座位安排在面向门的一边,而主方自然就是背门而坐了;如果是纵向谈判桌,则以正门为参照,右为尊,因此应将客人座次安排在正门的右边，主人自然就在正门的左边。同一谈判代表队人员的座次，根据其在谈判中的角色的重要性来排位，以主谈为中心，遵守右为尊原则，即主谈的右边为最重要位置，其次是左边，离主谈越近的位置越重要，以此类推，如图2-1所示。

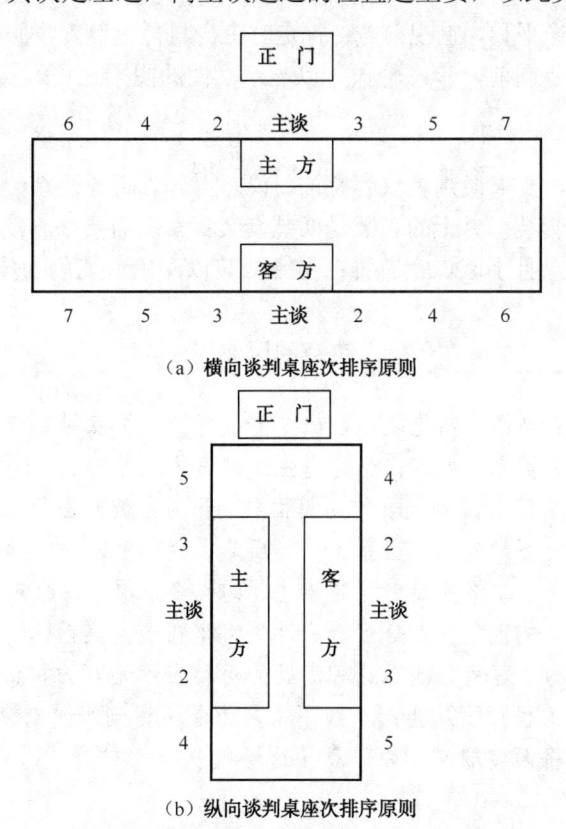

```
            正 门
    6  4  2  主谈  3  5  7
    ┌─────────────────────┐
    │        主 方        │
    │                     │
    │        客 方        │
    └─────────────────────┘
    7  5  3  主谈  2  4  6
```
（a）横向谈判桌座次排序原则

```
         正 门
      5        4
    ┌───┐    ┌───┐
    3│   │    │   │2
     │主 │    │客 │
  主谈│   │    │   │主谈
     │方 │    │方 │
    2│   │    │   │3
     │   │    │   │
    4└───┘    └───┘5
```
（b）纵向谈判桌座次排序原则

图2-1　商务谈判座次排序原则

2. 谈吐礼仪

交谈是谈判中的重要环节，谈判者的谈吐不仅体现谈判者的素质，而且影响谈判的气氛。因此，谈判双方都必须注意自己的谈吐。总的原则是：交谈时表情要自然，表达要具体。具体应做到：发言要简单明了，给对方留下发表意见的时间，切忌喋喋不休，以自我为中心；对方发言时要注意倾听，不要随意打断对方的发言；交谈时要使用文明语言、通俗易懂的语言以及风趣幽默的语言，使谈判过程保持一种良好的气氛。

3. 举止礼仪

谈判者在谈判过程中要保持规范的坐、站、行姿态，举止应适度，以符合商务交往的礼仪。

（1）坐姿要求：谈判者应从椅子的左边入座，当椅子离桌子较远时要轻轻地调整位置，不要用力拖动，以免发出响声；坐下后身体应尽量保持端正，并把两腿平行放好，不要在座位上大幅度移动、将腿前伸和身体后靠。

（2）站姿要求：正确的站姿应该是两脚脚跟着地，两脚成45°，腰背挺直，自然挺胸，两臂自然下垂。给人的感觉是充满自信，积极向上。

（3）行姿要求：男性走路时要求昂首、闭口、两眼平视前方，挺胸、收腹、立腰；行走时，上身保持不动、两肩不摇、步态稳健，以显示阳光之美。女性走路时要求头部端正，但不宜抬得过高，目光平和，直视前方；行走时上身自然挺身、收腹，两手前后摆动幅度要小，两腿并拢，小步向前，步态轻盈，以显示女性的阴柔之美。

4. 仪表礼仪

参加商务谈判时，要求谈判者仪容整洁，仪态得体。商务谈判一般要求着正装，女士的正装是套裙或西装套装，男士的正装是西装套装；女性需要略施淡妆，首饰少而精，典雅，一般不超过3件，且不戴珠宝首饰；男士西装以深色、纯色为佳。

案例与启示　　　夹克的风波

一次中日谈判，双方都非常重视，且都提前做好了人员安排和资料准备。在规定的时间双方准时出席在谈判桌前，中方作为东道主邀请日方来华洽谈，还提前准备了具有中国民族特色的中国结送给日本谈判代表作为见面礼。开场白彼此进行了己方代表介绍，正准备落座时，日方主谈突然站起来，脸露不快，离开了谈判室。中方顿时觉得莫名其妙，不知道出了什么事情。中方联络人员赶紧追出去，询问事情原因。原来日方主谈看到中方有一谈判代表没有穿正式的西装，而是穿着一件夹克坐在谈判桌前。他认为这是对本次谈判的轻视，也是对日方的不尊重，他以这种离席的行动表示无声的抗议。后来，我方表示了道歉，并解释由于该工程师刚从生产一线下来，为了不迟到，没有来得及回家换上正装，并让办公室人员马上将西装取来，才平息了这场风波。

经典阅读　　　涉外商务谈判成功的基本要求

随着经济的全球化发展，我国与外商打交道的机会也越来越多。而对于不同国家、不同民族和不同地域，人的价值观、消费习惯、生活方式和文化背景差异很大，所以形成了各具特点的谈判风格。而这些都是商务谈判中应当了解和掌握的。要想在涉外商务谈判中取得成功，应注意以下几点。

一、进行更充分的准备

涉外商务谈判的复杂性要求谈判者在谈判之前要做好比国内谈判更为充分的准备。一是充分分析和了解潜在的谈判对手，明确对方和可能的谈判者个人的状况，分析政府介入的可能性以及其介入可能带来的问题；二是研究商务活动的环境，包括国际政治、经济、法律和社会环境等，评估各种潜在的风险及可能产生的影响，拟定各种防范风险的措施；三是合理安排谈判计划，解决好谈判中可能出现的水土不服、难以获得必要的信息等问题。

二、具备良好的外语技能

谈判者能够熟练运用对方语言，至少双方能够使用一种共同语言来进行磋商交流，对提高谈判过程中双方交流的效率，避免沟通障碍和误解，有着特别重要的意义。国际谈判中比较通用的语言是英语，而法国人谈判时通常坚持使用母语。因此，国际商务谈判人员至少应该掌握英语和母语两种以上的语言。

三、正确对待文化差异

谈判者对文化差异必须要有足够的敏感性，要尊重对方的文化习惯和风俗。中国有句俗话就是"入乡随俗"。在涉外商务谈判中，谈判者不仅要善于从对方的角度看问题，而且要善于理解对方看问题的思维方式和逻辑。任何一项国际商务活动中的谈判人员都必须认识到，文化是没有优劣的，必须尽量避免模式化地看待另一种文化的思维习惯。下面这个小案例就很好地说明了这一点。

几个商人在一条船上召开国际贸易洽谈会，船突然开始下沉。船长命令大副"快去叫船上的人穿上救生衣，跳下船去"。几分钟后，大副回来报告船长说："那些家伙都不肯跳"。船长只好亲自出马。不一会，船长过来了，告诉大副，他们都跳下去了。大副非常疑惑，就问船长，您是用什么办法让他们跳下去的呢？船长说这很简单啊，我对英国人说跳水是有益于健康的运动，他们就跳了。我对法国人说，跳水是很时髦的事，他们就跳了。再告诉德国人那是命令，告诉意大利人那样做是被禁止的，告诉俄罗斯人这是革命，结果都跳下去了。大副又问，船长您是怎么说服美国人的呢？我告诉他们，已经帮他们购买了高额人寿保险。

在国际谈判中不仅要认识文化差异，还要善于利用文化的特点来说服对手，达到合作目标。例如，对欧美国家和日本的谈判风格进行的比较，如表2-2所示。

表2-2　欧美日谈判风格比较

欧洲国家	美国	日本
传统的个人主义	个人奋斗的个人主义	传统的集体主义
个人领导	个人领导	集体一致领导
背景决定地位	成功决定地位	职务决定地位
注重诚实	注重奖励	注重名誉
没有耐心	非常没有耐心	很有耐心
简短的准备	很少的准备	长时间的准备
公平报价	合理报价	漫天要价
适当让步	很少让步	很大让步
有一定权力	有全部权力	没有权力
采用说服策略	采用进攻策略	采用协调一致策略
注重逻辑	注重事实	侧重直觉
追求满意的交易	追求最好的交易	追求长期的交易
讲究礼仪	不拘礼节	非常讲究礼节
注重人际关系	重视法律	重视人际关系

（资料来源：方琪.商务谈判——理论、案例、技巧.改编）

模块二 技能训练

一、训练目标——培养心理素质、思维能力和沟通技巧

本任务技能训练需要达到以下3个目标。
（1）训练商务谈判者的胆识与勇气，提高心理素质。
（2）训练商务谈判者的分析判断能力，提高逻辑思维能力。
（3）训练商务谈判者的语言表达能力，提高交流沟通技巧。

二、训练实施——心理测试，情景模拟，沟通游戏

（1）将测试谈判人员心理素质的问题提供给全班学生，然后不做任何说明，让学生自己做出决策，最终公布测试的结果，从而判断哪些学生的胆识和勇气过人，哪些同学还有待提升。
（2）将思维训练的情景问题打印出来，发给学生，然后组织学生分析，提出各自的思路，同学相互评价，谁的思路更清晰，更符合逻辑。
（3）将全班同学组织在一起，共同完成沟通游戏，可以使用语言和肢体动作。

三、训练形式——决策模拟，情景模拟，游戏模拟

（一）决策模拟

本训练项目的目的主要是培养谈判人员的胆识与勇气。希望通过决策能力测试，使学生能够了解自己心理素质的基本情况，以便有意识地在今后的学习和实践中加以完善，最终将自己培养成为有勇有谋的谈判人才。

下面共有7道测试题，老师可以采取突击方式，让同学们先把书本合上，然后将测试题以多媒体方式一道道地分别展示出来，展示一道，现场测试一道。测试时，采取举手选择。例如，展示完第一道题，请选择答案（1）的同学举手，点一下数；然后，让选择答案（2）的同学举手，以此类推。每位同学至少要举一次手，也只能举一次手。如果有的同学经常不举手，说明其缺乏勇气，连做出选择都不敢。在每道题的所有答案都选择完成后，老师给予分析，并给出参考分数。

决策能力测试1   挑战或顺从你的导演

1. 案例描述

你是出道不久的演员，导演以50万元的片酬请你拍行情为300万元的影片，你的谈

判决策是（　　）。

2. 谈判决策选择

（1）争取演出机会，片酬并不重要。
（2）既然找我，一定是因为我有一定的优势，所以，提高片酬到200万元，待价而沽。
（3）从50万元开始，多争取1万元是1万元。
（4）先提出200万元的价格，再慢慢降价。

3. 谈判决策分析

（1）软弱的谈判者，欠缺勇气与胆识。（扣30分）
（2）胆识过人，但未衡量局势。（加20分）
（3）现实的谈判者，略具勇气。（加10分）
（4）胆识过人，且能兼顾局势。（加30分）

决策能力测试2　降价的5种让步方法

1. 案例描述

你准备向客户降价200元，你的谈判决策是（　　）。

2. 谈判决策选择

谈判决策选择方案，如表2-3所示。

表2-3　谈判决策选择方案

单位：元

让步方法 \ 让步次数	第一次	第二次	第三次	第四次
（1）	200	0	0	0
（2）	0	0	0	200
（3）	50	50	50	50
（4）	10	30	60	100
（5）	100	60	30	10

3. 谈判决策分析

（1）开始就降很多，筹码尽失。（扣30分）
（2）坚持到底才降价，守口如瓶胆识足。（加30分）
（3）要求一次降一次，显现软弱。（扣30分）
（4）越降越多，有失坚定立场。（扣30分）
（5）越降越少，减少期待，有勇有谋。（加30分）

决策能力测试3　　　兵临城下的情况

1. 案例描述

登机前60分钟，重要客户在机场催促你签订正式合约。你的决策是（　　）。

2. 谈判决策选择

（1）很高兴，赶快签订正式合约。

（2）先签订正式承诺书，重要的价格问题等回来再签。

（3）拒绝任何合约，一切等回来后再商议。

3. 谈判决策分析

（1）过于冲动，容易掉进对方的陷阱。（扣30分）

（2）能够掌控主动权，先承诺就抓住了机会，而且还不会伤及对方的感情。加30分。

（3）容易破坏关系，丧失机会。但胆识与勇气足。（扣20分）

决策能力测试4　　　经销商倚老卖老

1. 案例描述

买方是贵公司7年的老经销商，希望可以在此次业务部全国调升10%的价格中获得例外。你的谈判对策是（　　）。

2. 谈判决策选择

（1）告诉对方，不论资历如何，一律平等调涨。

（2）告诉对方，假如增加3成采购量，可以考虑特别处理。

（3）告诉对方你会将他的意见转达给主管，然后再做决策。

3. 谈判决策分析

（1）坚持不变，充分体现了你的勇气和原则。（加30分）

（2）以量来换取价格，值得肯定，但是必须获得公司的授权。（加20分）

（3）相当于把问题带回公司，没有替公司解决任何问题。（扣30分）

决策能力测试5　　　谈判对手故意忽视你

1. 案例描述

顾客嘲笑你未能获得授权而拒绝与你继续谈判。你的谈判决策是（　　）。

2. 谈判决策选择

（1）当面表示你也不知道公司为什么不予以完全授权，并表现你的无奈。

（2）告知对方你会将意见传达给主管，然后告辞。

（3）请顾客在你的权限范围内先行协商。

3. 谈判决策分析

（1）直接在顾客面前抱怨将有损公司形象，而你无奈的举动更会使公司丢尽颜面。（扣30分）

（2）这种方式没有达到解决问题的目的。（扣 30 分）
（3）先在自己的职权范围内解决问题，有理有据，行为得体。（加 30 分）

决策能力测试6   客户坚持主帅出面谈判

1．案例描述
客户坚持只有你公司的总经理出面，才愿意继续与你们谈判。你的谈判决策是（　　）。
2．谈判决策选择
（1）向总经理报告，请总经理支持你的谈判。
（2）询问客户，副总经理出面是否可以。
（3）安抚顾客，并告诉对方谈判进行到决策阶段时，若有需要，我方会请总经理出面。然后以对方可以接受的方式，洽谈目前你可以全权代表公司与客户商议的交易条件，请对方放心继续沟通。
3．谈判决策分析
（1）如果时间紧迫，这种方法显然不合适。（扣 30 分）
（2）找人替代不是恰当的方式。（扣 30 分）
（3）让客户把你当成对手，有勇有谋。（加 30 分）

决策能力测试7   面对强势客户出现僵局

1．案例描述
客户坚持你不降价，他就不进行采购。你的谈判决策是（　　）。
2．谈判决策选择
（1）换人谈判。
（2）换时间谈判或换地点谈判。
3．谈判决策分析
（1）换人谈判可以在谈判陷入困境时转换思路。（加 20 分）
（2）时间拉长，让对方知难而退；换地点容易转换对方的心情。（加 30 分）

决策能力测试7

以上测试的主要目的是训练谈判人员的胆识与勇气，是在一种理想的绝对的谈判环境中做出决策。加分仅是为了提高训练的积极性，并不是现实谈判中的标准答案。

（二）情景模拟

本项目训练的主要目的是培养谈判人员的逻辑思维能力。通过对两个训练背景材料的分析，寻找谈判中正确的逻辑思维，以严密的逻辑来说服谈判对手，达到合作目的或争取更大的利益。

训练背景材料1　　技术资料是漏装还是丢失

一次，日本新日钢铁公司根据合同给上海宝山钢铁公司邮寄来了一箱技术资料。清单上注明共有6份资料，开箱后发现少了1份，箱里只装了5份技术资料。中方立刻与日方交涉。但日方认为："所提供的资料，经过一定操作程序，几经检查，不可能漏装，一定是你们遗漏了。"而中方认为："我方开箱时有许多人在场，开箱后又清点了几遍，确实是贵方漏装。"

虽然事实如此，但以此断定日方漏装的理由确实不充分。后来中方仔细收集资料和证据，开箱前，正好对外包装进行了拍照，检查外包装照片，发现外包装是完好的，运输中没有拆开的痕迹。另外，找到邮寄技术资料的包装箱，上面标出了邮寄包裹的净重，而根据每份资料的重量，正好5份资料的重量与邮寄包裹的净重相等。

如果要与对方谈判，要求补寄相关技术资料，第一步要分析资料缺少的各种可能；第二步要根据现有证据，排除不可能的情况，找出最终唯一的可能。

逻辑训练：

（1）请采用逻辑思维方式分析资料缺少的可能原因，找出可能在哪些环节丢失了资料。

（2）根据背景材料信息，采取排除法，推断资料缺失的准确环节。

训练背景材料2　　折中与对等让步

双方就货物买卖进行谈判，卖方报价600元，买方还价200元，双方就质量、交货和运输等条件进行了充分商谈，并且愿意建立平等互利的合作。买方根据所掌握的信息，知道目前市场同类货物平均价格为300元，而卖方的报价起点大大超出平均价。最终卖方以双方各让一步为由，要求在600元与200元之间做出一个折中价400元。买方不同意，卖方认为买方没有诚意，说折中是最公平的，双方的让步是对等的。

逻辑训练：

（1）请按逻辑进行分析，当卖方报价大大高出市场平均价，而买方要价只稍稍低于市场平均价时，如果采取将买卖双方的报价折中，这时的折中价格对双方是公平的吗？用数学逻辑分析计算出来的折中价格，是大于还是等于或小于市场平均价格呢？

（2）如果折中价格大于市场平均价格，那将对谁有利呢？你如果代表买方，将怎么说服卖方将合作建立在真正平等互利的基础上。

（三）游戏模拟

该项目的主要目的是训练商务谈判人员的沟通能力与沟通技巧。通过两个游戏，让训练者体会在沟通中如何有效地设问，如何利用各种文字语言和肢体语言来实现有效沟通。

训练游戏1　　猜猜我是谁

通过巧妙设问，如何迅速从茫茫人海中找出某一个人。比一比，谁的提问越少越巧妙，谁的沟通技巧就越高。

1. 游戏设计

第一步，请准备参加竞猜游戏的同学离开教室，不能让他（她）们知道相关信息。

第二步，请3位同学各自在纸上写出一个供竞猜的人名。这个人名应该是大家比较熟悉的，可以是历史人物、明星，也可以是外国人、本国人，还可以是周边的人。

第三步，请全班同学举手表决，从3位同学写出的人名中留下一个名字。这个名字让留在教室的同学再看一遍记在心里。

第四步，将离开教室的同学请进来，宣布游戏规则。

2. 游戏规则

（1）由竞猜的同学围绕人名进行提问，只能提封式的问题。

（2）由班上的同学共同回答，只能答"是"或"不是"。

（3）如果提问不是封式的，班上同学可以拒绝回答。

（4）如果提问设计巧妙，对于接近结果有效，掌声鼓励。

（5）可以限定在几个问题后必须猜出人名，超过规定，游戏结束。

（6）可以请几位同学同时离开，然后一个一个进来开始游戏。

（7）提问越少猜出人名越早的同学，获得游戏胜利。

（8）这个游戏也可以换成猜动物名称，游戏规则与前面相同。

举例说明 　　　猜动物名称的游戏——乌龟

提问1：是4只脚的动物吗？

回答：是的。

提问2：是生长在陆地上的动物吗？

回答：不是。

提问3：是青蛙吗？

回答：不是。

提问4：体重会达到100kg吗？

回答：不知道。

提问5：寿命很长吗？

回答：是的。

提问6：是乌龟吗？

回答：是的。

只用了6个问题就把此动物名称问出来了，整个设问的思路还是很清晰的，能够紧紧围绕水中的4只脚的动物提问。如果谁能用更少的问题将此动物猜出来，那么，说明他的沟通能力与技巧更强。

训练游戏2　　肢体语言的沟通力

该游戏训练的目的，是认识肢体语言在沟通中的重要作用。通过两人谈话的游戏，训练通过肢体语言表达个人情感，同时通过观察对方的肢体语言分析其表达的意思含义。训练时应该使用讨人喜欢的肢体语言，禁止使用令人生厌的不好肢体语言。

游戏规则

（1）将学员分为2人一组，让他们进行2～3分钟的自由交流，交谈内容可以自主选择，如最近看过的电影、寒暑假的见闻，或其他感兴趣的话题。

（2）当大家停止以后，请学员们彼此说一下对方有什么非语言表现，包括肢体语言或表情。比如，有人爱不停地眨眼，有人会不时地用手撩一下头发。

（3）问问做出这些无意识动作的人是否注意到了自己的行为，问问对方看到这些肢体语言或表情时的感受。

（4）让大家再继续讨论2～3分钟，但这次注意不要有任何肢体语言，看看与前次的感受有什么不同。一是谈话者个人的感受，二是听者的感受。

相关讨论

（1）在第一次交谈中，有多少人注意到了自己的肢体语言。

（2）对方有没有什么动作或表情让你极不舒服，影响了你与他交流的兴趣，你是否告诉他了你的这种情绪。

（3）当你不能使用动作或表情辅助你的谈话时，你有什么感觉，是否觉得很不舒服。

（4）讨论一下交谈中哪些肢体语言或表情对沟通能够产生正面影响，哪些肢体语言或表情对沟通会产生负面影响。

任务小结

（1）商务谈判不仅仅是双方权利的对比，更是心理的较量。真正的谈判高手必须具备良好的心理素质：一是要树立积极的谈判观念，二是要掌握谈判学知识。

（2）商务谈判的心理素质首先体现在自信上，相信"人人都可以成为谈判高手"；强化心理暗示，谈判前不断暗示自己"我要争取更多的利益，这是我的权利"。

（3）商务谈判是一项既紧张激烈又复杂多变的活动，人类的思维艺术和逻辑艺术在这里得到了充分展示。商务谈判人员应该重点培养辩证思维、权变思维、逆向思维和诡诈思维。

（4）商务谈判的实质是沟通。谈判双方将彼此需要获得的利益和可能做出的让步经过充分沟通，使对方清楚，然后进行协调、妥协，最终达成一致。沟通方式主要包括语言沟通和非语言沟通两种。

（5）语言沟通的技巧主要体现在陈述技巧、提问技巧和应答技巧3个方面，此外还有一个很重要的技巧就是倾听技巧，谈判中要注意少说多听。

（6）非语言沟通技巧主要是指表情和肢体语言，其实在沟通中语言的影响仅占到较小部分，非语言的影响则起到更大作用。

（7）商务谈判作为一种正式的商务交往活动，必须遵守一定的礼仪规范，为谈判营造一个良好的气氛。商务谈判礼仪主要包括两个方面，一是见面礼仪，包括握手、介绍和递接名片；二是会谈礼仪，包括座次、着装、谈吐和姿态等。

复习与思考

一、关键术语

谈判波动学；辩证思维；权变思维；逆向思维；诡诈思维；语言沟通；非语言沟通

二、单选题

1. 谈判人员在对手面前必须具备一定的魅力，让对手有敬畏感，这种魅力主要来自于（　　）。

   A．谈判人员的外表形象　　　　　　B．谈判人员的专业知识水平和个人修养
   C．谈判人员的权力大小　　　　　　D．谈判人员的职务高低

2. 谈判过程中要求谈判人员审慎行事和守口如瓶，谈判桌上争取少说多听，谈判桌外不能谈论（　　）。

   A．己方竞争优势　　　　　　　　　B．己方合作愿景
   C．己方谈判行程　　　　　　　　　D．己方发展前景

3. 商务谈判是一个复杂的过程，谈判者必须具备多种思维才能很好的驾驭谈判，谈判桌上既要求诚实，也会发布一些虚假信息迷惑对手，提高自己的位置，这种思维称为（　　）。

   A．辩证思维　　　B．权变思维　　　C．逆向思维　　　D．诡诈思维

4. 商务谈判中经常会用到诡诈的思维策略，例如，故意制造竞争，向对手发布虚假的竞争信息，让对手感觉压力等，这种诡诈思维表现的是（　　）。

   A．攻心夺气　　　B．制造错觉　　　C．诡诈逻辑　　　D．虚张声势

5. 商务谈判的沟通技巧分为语言沟通和非语言沟通两种，非语言沟通技巧包括人体姿势、动作和（　　）。

   A．肢体语言　　　B．面部表情　　　C．眼神手势　　　D．各种暗号

三、多选题

1. 谈判人员在谈判桌上必须具备良好的心理素质，要培养良好心理素质可以从以下方面入手（　　）。

   A．积极的心理暗示，相信自己就是谈判高手
   B．积极的心理建设，树立获得更好条件是我的权力的意识
   C．谈判桌上不要太在意对手的言行，按己方计划进行
   D．谈判桌外进行广泛私人交流，获得对手信息

2. 商务谈判是斗智斗勇的博弈，因此，谈判时的心理禁忌包括（   ）。
   A．信心不足　　　　B．热情过度　　　　C．不知所措　　　　D．处处留心
3. 商务谈判人员必须具有的基本才能除了个人魅力、勇气、心理透视、机智、公关口才、交际能力等之外，还包括（   ）。
   A．丰富的知识　　　　　　　　　　　B．审慎与守口如瓶
   C．较强的记忆力和耐心　　　　　　　D．恰当运用策略
4. 商务谈判是一项既紧张激烈又复杂多变的活动，谈判人员必须具备多种思维能力才能应付各种谈判场景，具体包括（   ）。
   A．辩证思维　　　　B．权变思维　　　　C．逆向思维　　　　D．诡诈思维
5. 商务谈判的沟通技巧分为语言沟通和非语言沟通两种，语言沟通包括（   ）。
   A．陈述技巧　　　　B．应答技巧　　　　C．提问技巧　　　　D．辩论技巧
6. 提问是商务谈判中最常用的语言技巧，通过巧妙提问可以摸清对方的需要，把握对方的心态，准确表达自己的思想。常用的提问方式除引导性提问之外，还包括（   ）。
   A．证实性提问　　　B．坦诚性提问　　　C．封闭式提问　　　D．选择性提问
7. 商务谈判需要巧妙的提问，更需要机智的回答，因此谈判桌上的回答必须做好以下准备（   ）。
   A．提前准备，预设答案　　　　　　　B．没有把握，含糊回答
   C．争取主动，能问不答　　　　　　　D．焦点问题，转移回答
8. 商务谈判是一项正式的商务交往活动，遵守一定的礼仪规范，为商务谈判营造良好气氛是必不可少的环节。商务谈判中双方见面礼仪环节包括（   ）。
   A．介绍礼仪　　　　B．握手礼仪　　　　C．交换名片礼仪　　D．称呼礼仪
9. 商务谈判中的会谈礼仪内容丰富，包括座次礼仪、谈吐礼仪、举止礼仪和仪表礼仪，其中座次礼仪的基本原则是（   ）。
   A．面门为上　　　　B．右为尊　　　　　C．左为尊　　　　　D．主谈居中
10. 商务谈判中经常遇到一些非常规的问题，谈判人员必须具有较强的应变能力，使用权变思维寻找解决方法，权变思维方法包括（   ）。
    A．仿照已经使用过的成功经验　　　　B．组合各种条件形成新方案
    C．奇谋使用非常态思维　　　　　　　D．逆向思维解决方案

四、思考题

1. 商务谈判人员应该具备怎样的心理素质，又该如何培养这些心理素质？
2. 商务谈判中的辩证思维体现在哪些方面，举例说明辩证思维的重要性。
3. 诡诈思维的主要表现形式有哪些？如何识破诡诈思维下的逻辑推理？
4. 权变思维适应于在什么情形下采用？举例说明。
5. 逆向思维是在什么情形下产生的，应该如何正确把握？
6. 在商务谈判中，语言沟通有哪些技巧，应该如何正确运用。举例说明之。

内容为任务二选择题
互动题库

7. 非语言沟通与语言沟通相比，为什么能传递更多信息？举例说明，在日常的购物经历中有哪些有趣的非语言沟通技巧？

五、谈判能力自测题

1. 你认为商务谈判（　　）。
   A. 是一种意志的较量，谈判双方一定有输有赢
   B. 是一种立场的坚持，谁坚持到底，谁就获利多
   C. 是一种妥协的过程，双方各让一步一定会海阔天空
   D. 双方的关系重于利益，只要双方关系友好必然可以带来理想的谈判结果
   E. 是双方妥协和利益得到实现的过程，以客观标准达成协议可得到双赢结果

2. 在签订合同前，对方谈判代表认为合作条件苛刻，自己无权做主，需要得到上司批准。此时你应该（　　）。
   A. 责怪对方谈判代表没有权做主应该提前声明，以免浪费时间
   B. 询问对方上司批准合同的可能性，在最后决策者拍板前要留有让步余地
   C. 提出要求会见决策者，重新安排谈判
   D. 与对方谈判代表先签订合作意向书，取得初步的谈判成果
   E. 进一步给出让步，以达到对方谈判代表有权做主的条件

3. 为得到更多的让步，或者为了掌握更多的信息，对方提出一些假设性的需求和问题，目的在于摸清底牌。此时你应该（　　）。
   A. 按照对方假设性的需求和问题诚实回答
   B. 对各种假设性的需求和问题不予理会
   C. 指出对方的需求和问题不真实
   D. 了解对方的真实需求和问题，有针对性地给予同样的假设性答复
   E. 探清对方真正的需求和兴趣，但不要给予清晰的答案，并可将计就计地促成交易

4. 谈判对方提出多家竞争对手的情况向你施加压力，说你的价格太高，要求你给出让步，你应该（　　）。
   A. 更多地了解竞争状况，坚持原有的合作条件，不要轻易让步
   B. 强调自己的价格是最合理的
   C. 为了争取合作，以对方提出的竞争对手最优惠的价格条件成交
   D. 询问对方，既然竞争对手的价格如此优惠，你为什么不与他们合作
   E. 提出竞争事实，说明对方提出的竞争对手的情况不真实

5. 当对方提出如果这次谈判你能给予优惠条件，保证下次给你更大生意时，你应该（　　）。
   A. 按对方的合作要求给予适当的优惠条件
   B. 为了双方的长期合作，得到未来更大的生意，按照对方要求的优惠条件成交
   C. 了解买主的人格，不要以未来的承诺来牺牲现有的利益，可以其人之道还治其人之身
   D. 要求对方将下次生意的具体情况进行说明，以确定是否给予对方优惠条件

E. 坚持原有的合作条件，对对方提出的下次合作不予理会

6. 谈判时对方有诚意购买你整体方案的产品或服务，但苦于财力不足，不能完整成交。此时你应该（   ）。

A. 要对方购买部分产品或服务，成交多少算多少

B. 指出如果不能购买整体方案，就以后再谈

C. 要求对方借钱购买整体方案

D. 如果有可能，可协助对方贷款或改变整体方案。改变整体方案时要注意相应条件的调整

E. 先把整体方案的产品或服务卖给对方，对方有多少钱先给多少钱，所欠之钱以后再说

7. 对方在达成协议前，将许多附加条件依次提出，要求得到你更大的让步。此时你应该（   ）。

A. 强调你已经做出的让步，强调"双赢"，尽快促成交易

B. 对对方提出的附加条件不予考虑，坚持原有的合作条件

C. 针锋相对，对对方提出的附加条件提出相应的附加条件

D. 不与这种"得寸进尺"的谈判对手合作

E. 运用推销证明的方法，将已有的合作伙伴情况介绍给对方

8. 在谈判过程中，对方总是改变自己的方案、观点和条件，使谈判无休无止地拖下去。此时你应该（   ）。

A. 以其人之道，还治其人之身，用同样的方法与对方周旋

B. 设法弄清对方的期限要求，提出己方的最后期限

C. 节省自己的时间和精力，不与对方合作

D. 采用休会策略，等对方真正明确需求时再和对方谈判

E. 采用"价格陷阱"策略，说明如果现在不成交，以后将会涨价

9. 在谈判中双方因某一个问题陷入僵局。此时你应该（   ）。

A. 跳出僵局，用让步的方法满足对方的条件

B. 放弃立场，强调双方的共同利益

C. 坚持立场，要想获得更多的利益就得坚持原有谈判条件不变

D. 采用先休会的方法，会后转换思考角度，并提出多种选择以消除僵局

E. 采用更换谈判人员的方法，重新开始谈判

10. 除非你满足对方的条件，否则对方将转向其他的合作伙伴，并与你断绝一切生意往来。此时你应该（   ）。

A. 从立场中脱离出来，强调共同的利益，要求平等机会，不要被威胁吓倒而做出不情愿的让步。

B. 以牙还牙，不与其合作，重新寻找新的合作伙伴

C. 给出供选择的多种方案以达到合作的目的

D. 摆事实，讲道理，同时也给出合作的目的

E. 通过有影响力的第三者进行调停，赢得合理条件

【谈判能力自测题评分标准】

谈判能力自测题评分的参考标准，如表 2-4 所示。

表 2-4　谈判能力自测题评分参考标准

自测题序 \ 选择答案	A	B	C	D	E
1	2	3	7	6	10
2	2	10	7	6	5
3	4	3	6	7	10
4	10	6	5	2	8
5	4	2	10	6	5
6	6	2	6	10	3
7	10	4	8	2	7
8	4	10	3	6	7
9	4	6	2	10	7
10	10	2	6	6	7

注：95 分以上为谈判专家；90～95 分为谈判高手；80～90 分为具有一定的谈判能力；70～80 分为具有一定的谈判潜质；70 分以下为谈判能力较弱，需要继续努力训练。

内容为任务二谈判能力自测题
互动题库

任务三

学会商务谈判的组织与管理

任务目标

知识目标：
- 了解商务谈判人员的选拔与管理要求
- 认识作为谈判者的谈判风格与特点
- 明确谈判的主要信息来源及重要性
- 掌握商务谈判计划的制订程序与内容

能力目标：
- 根据模拟谈判项目组建模拟谈判小组
- 收集、分析、整理与模拟谈判相关的信息
- 制订模拟谈判计划并组织实施模拟谈判

模块一 知识储备

情景案例 "谈判女杰"的智谋

2010年7月25日，广东省珠海特区光纤公司与美国ITT公司正式在一份合同书上签字。根据这份合同，光纤公司引进的ITT型光导纤维成套设备及购买的技术专利达到21世纪先进水平，更为引人注目的是把美方的报价压到了860万美元。中方谈判代表庄敏女士也因此被商界誉为"谈判女杰"。

为了掌握行情，庄敏及同伴先后同12家公司进行了试探性谈判。在此基础上才最后选定ITT进行实质性谈判。ITT谈判代表团的业务能力相当高，特别是主谈手莫尔，在整个谈判过程中几乎不用文字语言，全部用数字说话，所有计算无一差错。而我方代表庄敏

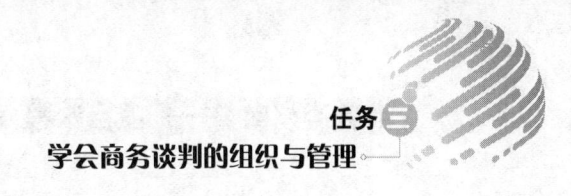

及同伴也没有表现出任何惶恐和被动，因为他们之前做好了充分准备。深入开展了市场调查，广泛收集相关信息和资料，牢牢地掌握了市场行情，以便做到心中有数。

掌握了谈判项目的信息资料和行情，仅可以守住阵地，如果要突破对方，就必须巧妙地运用矛盾。我方谈判代表庄敏带领的团队在调查摸底中发现，希望与中国合作做光纤生意的外商很多，我方具有买方市场优势，而对于对手ITT公司来说，则存在着一定程度的竞争。

正是抓住了这一点，我方在价格上给对方施加了压力，要求其做出较大让步。在确定选择ITT作为合作伙伴之后，又同时开始了与英国STC公司的谈判。这两家公司是兄弟公司，STC是从ITT分出来的，但为了各自的利益，手足相残，形同水火。

在第一轮谈判之后，英国人故意把两页文件遗忘在现场，这是有意留给美国人的，因为两家公司一直在同一场所同中方谈判，英国人在文件上把价格压得很低，意在使美国人看后知难而退。美国人不知是计，捡到文件后如获至宝，赶忙在价格上让步，结果谈判开局进行得很顺利，很快就同中方成交了。

（资料来源：方琪.商务谈判——理论、案例、技巧.改编）

案例点评

一次成功的谈判与谈判前的严密组织与认真准备是分不开的，"谈判女杰"的智谋这一案例充分说明了这一事实。

从中方来看，首先，派出足智多谋的主谈并组成精明强干的谈判班子，当遇到强劲的美国对手时，中方谈判代表表现得沉着、镇定，而且巧妙运用对手与其竞争者之间的矛盾来获得优势。其次，准备充分。正式谈判前，中方先同12家公司进行了试探性接触，从中选中了美国的ITT公司进行正式洽谈。由于清楚地掌握了行情，做到了心中有数，因此，谈判时面对强势对手没有任何惶恐和被动，牢牢地守住了自己的阵地。又通过对对手竞争情况的深入调查，发现了合作伙伴与其竞争者之间的矛盾。然后巧妙地利用对手与其竞争者之间的矛盾，进行有效压价，最终获得了谈判优势。

由此可见，商务谈判是一项复杂的商业经济活动，对谈判活动的有效组织与管理，特别是对谈判前期的充分准备是谈判成功的关键。商务谈判的组织与管理主要有5个方面的工作：一是商务谈判人员的选拔与管理；二是商务谈判人员的谈判风格测试；三是商务谈判信息的收集与管理；四是商务谈判计划的拟订与实施；五是商务谈判物质条件的准备。

内容为任务三情景案例互动电影

一、商务谈判人员的选拔与管理

（一）商务谈判人员的选拔

商务谈判是一项非固定性的商务经济活动，因此企业或组织并没有设立专门的谈判职能部门或谈判职能岗位。只有当企业需要进行某项商务谈判活动时，才根据特定谈判项目的需要，从相关职能部门选拔合适的谈判人员，组成谈判班子。

1. 商务谈判人员的要求

商务谈判是一项复杂的经济活动,对于谈判人员的要求是比较高的,需要通过在组织内部精心选拔合适的人员,并且进行日积月累的培养,才能使其胜任谈判工作。商务谈判人员的要求如表3-1所示。

表3-1 商务谈判人员的要求

方　面		具　体　要　求
（1）	形象	谈判班子的年龄、性别结构要搭配合理
		老中青相结合,男女搭配组成的谈判班子是比较合适的。年轻人反应敏捷、精力充沛;中年人经验丰富、意志坚定;年长者社会地位高,受人尊敬;男女搭配,刚柔并济。各种形象的人才均需储备
（2）	经验	经验丰富,熟悉谈判技术
		熟悉谈判技巧的人能够增强说服力
（3）	个性	能克制对方
		性格温和的人能以柔克刚,性格强硬的人能以暴制暴
（4）	机智	察言观色,机智反应
		善于观察的谈判人员,能够把握谈判的发展局势,及时调整谈判策略,获得谈判优势
（5）	口才	善于交流与沟通
		用词精准,具有煽动力、说服力,长袖善舞,八面玲珑,才是公关高手
（6）	意志	坚忍,有成功的信心
		坚持谈判原则,守住谈判底线;报价要高,砍价要狠

（1）形象。形象是指谈判团队及谈判代表的整体形象。商务谈判班子的形象是影响谈判整体实力的第一要素。在谈判桌上,人们总是以先入为主。因此,在选拔谈判人员时,要特别注意年龄结构与性别搭配。一般采取老中青相结合,男女搭配。年长者,社会地位高,阅历丰富,处事冷静,受人敬重;中年人,经验丰富,意志坚定,能够驾驭全局;年轻人思想活跃,精力充沛,能营造良好的谈判气氛。女性谈判代表考虑问题细致周到,能以柔克刚;男性谈判代表则决策果断。因此,必须选拔具有多种形象的人才,组成一个具有特色的谈判班子。

（2）经验。经验是指谈判代表有过参与谈判或从事商务经济活动的经历,具备谈判的知识和技能。商务谈判是一项复杂的经济活动,需要谈判人员掌握一定的谈判知识和技巧,因此,必须选拔那些曾经参与过谈判,并在谈判实战中表现突出的人员组成谈判团队。有谈判经验的人熟悉谈判技术,谈判时能够恰当地运用谈判技巧,增强谈判的说服力。因此,企业应该对年轻人加强培养,采取以老带新的方式,并选派那些思维敏捷、口才好的年轻人参与商务谈判,让他们在实战中锻炼成长,为企业储备优秀的商务谈判人才。

（3）个性。个性是指谈判代表每个人的性格特点。个性反映出不同的谈判风格,谈判风格会影响谈判的顺利进行。必须针对谈判对手的个性及特点选派己方谈判代表。例如,如果了解到对手派出的谈判代表中有脾气暴躁、吃软不吃硬的人,我方就可以派出性格温和的谈判代表,如可以派出女性代表,采取以柔克刚的策略。如果对方代表中性格强硬而

且还不吃软,类似"牛头犬"的人,我方可派性格刚毅、坚韧的谈判者,采取以暴制暴的策略。谈判班子内人员的个性最好是互补型的,有外向、机敏的人,有内敛、沉稳的人,也有细致、严谨的人。这样互补型的谈判团队能够应付各种场面,充分发挥谈判团队内部协作的优势。

(4)机智。在机智方面,对谈判人员总的要求是善于察言观色,反应灵敏,而且具有才智。灵敏的谈判人员能够把握谈判的发展局势,及时调整谈判策略,获得谈判优势。具有才智的谈判人员,除了必须具备洽谈项目的专业知识,还必须具有辩证的逻辑思维能力,敏锐的洞察能力,以及深刻的分析能力,擅长思考,言之有物,见解独到。

(5)口才。口才是指商务谈判代表的交流、沟通能力与技巧。商务谈判人员必须具有良好的交流与沟通能力。特别是在语言文字的表达方面要求用词精准,具有煽动力、说服力。避免说话空洞,言之无物,给人以贫嘴的感觉。特别要指出的是:口才,不是说得越多越好。很多人把谈判与辩论混为一谈,滔滔不绝,口若悬河,不时打断对手说话,这样的口才不但不能为谈判加分,而是适得其反,令对手反感。在商务谈判中一定要遵循"少说多听"的原则,口才的表现是在关键时刻能一针见血地表达己方的思想和意思。

(6)意志。意志是指谈判代表的心理素质,面对对手的耐心和信心。商务谈判的过程是勇气与智慧的较量,谈判人员必须具备坚定的意志,成功的信念,才能在面对强劲谈判对手时从容不迫,应对自如。对意志的要求表现为4个方面:一是需要良好的决断能力,在关键时刻要求谈判者对谈判中出现的问题做出准确的判断,并及时做出决定,勇于承担责任和风险;二是充满自信,谈判者对个人的谈判能力和己方的谈判实力充满信心,谈判前做好充分准备,谈判中认真对待,对谈判目标的实现有充分的把握;三是善于冒险,充分分析商务谈判的机会成本和机会收益,相信机会与风险是同时存在的,在理性分析的基础上进行让步,并随时做好谈判破裂的准备;四是沉着应战,谈判过程面临复杂多变的形势,谈判者应该具有处变不惊的应变能力,随时准备迎接谈判中的意外情况,及时调整谈判目标和谈判策略,有效运用各种谈判技巧。

2. 商务谈判人员的选拔办法

企业或组织对于谈判代表的选拔主要采取经历跟踪法、交流观察法、应对对手法和谈判能力测验法等。

(1)经历跟踪法。经历跟踪法就是对备选者在较长时间内进行观察,收集相关资料,掌握其基本信息和表现情况。企业或组织要有目标地选拔一些专业人员参与企业的各种商务谈判活动,采取以老带新的方法,培养一些有潜质的谈判代表。收集员工的学历背景、所学专业、工作情况和个人性格等资料,对其进行分析,找出其与谈判工作相近的工作成绩,发现一些可以培养的好苗子。

(2)交流观察法。交流观察法是指在自然条件下,通过对备选者的行动、语言、表情等有计划、有目的、有系统的观察,定期与备选者进行交流与沟通,了解备选人员的各种能力和心理特点。企业或组织需要开展相关议题的商务谈判时,可在各部门进行筛选和选拔商务谈判代表,与之进行交流和沟通,了解其心理特点和各种能力;观察其行为、语言和思维能力,看其是否具备谈判人员的基本素质。

（3）应对对手法。应对对手法是指针对商务谈判对手的基本情况来选拔己方的谈判代表，然后进行有针对性的培训。在商务谈判中会遇到各种谈判对手，千万不能情绪化地对待谈判，因为反感对手而放弃谈判。好恶感过强的谈判者必然不能成为一个谈判高手，谈判者需要良好的心理素质和理性。因此，选拔谈判代表应该根据对方谈判代表的特点、性格和地位来确定己方代表，选拔的代表应该能够应对对手。例如，针对对方性格强硬的谈判代表，可以选派一些性格温和的代表，以柔克刚，也可以选派性格更强硬的代表，以暴制暴。

（4）谈判能力测验法。谈判能力测验法是指根据所要测验的内容，设计各种答卷进行测验评分，用量化的方法表示备选者的能力和心理特点。这种方法的优点是，能在较短的时间里，在较大的范围内取得调查材料，以便分析对比，择优录取。这种方法的缺点是，测验答卷的水平不同，结果会不尽相同，而且备选者也不一定按其真实想法回答问题。谈判能力测验法在不同时间使用，可测验谈判人员各种能力的变化。任务二的"复习与思考"中有10道题是用来测试谈判人员能力的，读者可以自测一下作为参考。

（二）商务谈判人员的管理

1. 商务谈判班子的类型

商务谈判班子的类型，按谈判人数的多少可划分为个体谈判与集体谈判两种。

（1）个体谈判。个体谈判是指谈判双方都只派出一位谈判代表进行谈判，即一对一谈判。个体谈判的优势在于：谈判中能够充分发挥个人的作用，提高谈判效率，降低谈判成本。但个体谈判对谈判人员的要求很高，需要谈判人员具有丰富的经验和广博的知识面，能够应付谈判过程中出现的各种突发情况。个体谈判一般适应于老客户谈判、标准化项目谈判和小额交易谈判；或者谈判者是私营企业主，具有绝对的自主决策权，其谈判行为不受他人的监督和牵制。

（2）集体谈判。集体谈判是指谈判双方都派出多人组成的谈判班子进行谈判，即谈判团队之间进行的谈判。一般集体谈判规模以4人为宜，这符合现代管理原理。现代管理认为，领导者的有效管理幅度以3~4人为宜。谈判班子的成员在谈判的不同阶段并非一成不变。谈判初期可能并不需要律师到场，而谈判结束阶段，技术人员也可以提前退场。还有谈判中可能遇到一些专业问题，需要请一些专家来提供信息支持，这些专家并不参与谈判，可能成为谈判顾问或智囊团。

集体谈判的主要优势在于：谈判代表在商务谈判的知识、经验及个性方面具有互补作用，遇到一些突发情况和僵局时，可以相互商量，寻找最佳的谈判策略；人多势众，可以提高谈判位势，在心理上占有优势。当然，集体谈判也存在一些值得注意的问题，如人多嘴杂，意见难以统一；可能出现重立场、轻利益的局面；对谈判管理者提出更高要求。

2. 商务谈判人员的分工

商务谈判更多的时候是一种团队协作项目，不仅需要谈判个体具有良好的政治、心理、业务等方面的素质，而且需要充分发挥团队的整体优势，相互配合，以整体力量来征服谈判对手。按照所承担的任务与职责，可以对谈判班子成员进行相应的分工，如图3-1所示。

任务三 学会商务谈判的组织与管理

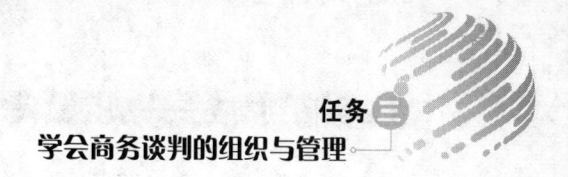

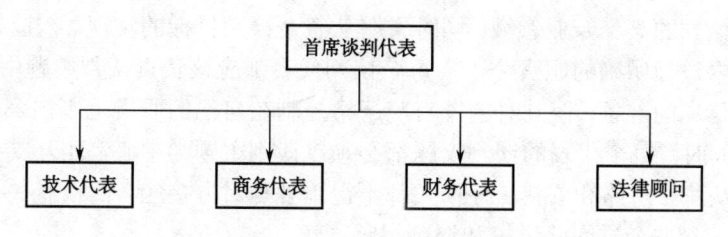

```
              首席谈判代表
        ┌────────┼────────┬────────┐
      技术代表  商务代表  财务代表  法律顾问
```

图 3-1　谈判班子内部分工

商务谈判项目可能涉及市场、财务、法律、技术等方面的专业知识，因此必须由专业人才组成的团队才能胜任复杂的谈判任务。以商品货物买卖谈判为例：一般需要设 1 名技术人员，负责商务项目中技术问题的谈判，如相关的技术性能、技术资料和验收办法等；设 1 名商务人员，负责市场行情、商品价格、交货方式、运输和包装费用、风险划分等条款的谈判；设 1 名财务代表，负责商品成本、支付条件、结算方式、信用保证、资金筹措等条款的谈判；设 1 名法律顾问，负责相关法律、违约责任、不可抗力和仲裁等条款的谈判及合同签订。此外，还可以配备 1 名文秘人员，负责对谈判过程进行记录、整理谈判记录、做好后勤服务。如果是国际商务谈判项目，可以设 1 名翻译。

商务谈判是一项复杂的经济活动，除了需要相关领域的专业知识与专业能力外，还必须有一位能够充分调动谈判小组成员积极性、控制整个谈判局势、有谈判管理能力和丰富经验、可以进行决策并确定最终合作关系的首席谈判代表，担任谈判班子的管理工作。首席谈判代表也可以由某专业谈判人员兼任，即通常意义上的主谈。

3. 商务谈判班子的管理

谈判活动是由谈判人员推动的，而且对于大多数谈判场合，谈判双方的合作是通过彼此选配的谈判小组来完成的。谈判过程的发展变化，不是取决于某一位谈判人员，而是谈判小组成员共同努力的结果。为了保证谈判小组言行的协调一致，谈判双方都必须对谈判人员的行为加以管理。

谈判人员行为管理的核心是制定严格的组织纪律，并在谈判过程中认真予以执行。对于谈判班子的管理必须遵守以下基本原则。

（1）民主集中制原则。民主集中制原则是指：一方面，谈判中要发挥每位谈判代表的个人能力和智慧，充分听取个人的意见和建议；另一方面，必须将个人意见和建议集中起来，由谈判组长做出最后决定，一致对外。商务谈判准备阶段，谈判班子成员应在谈判组长的安排下，分别进行相关信息的收集，并对谈判计划提出个人意见和创新性的建议，最终由谈判组长集中多方意见和信息，形成谈判计划书，并与团队人员进行沟通，达成一致后，形成一致对外的方案和决定，任何人不得把个人意见带到谈判桌上，必须坚决执行谈判计划中的统一规定。

（2）权力有限原则。权力有限原则是指企业对谈判小组的授权是有限的，同样在谈判过程中，每位谈判人员的权力也是有限的。谈判代表可以在授权范围内进行讨价还价和对各种条件谈判，任何人都不得接受超越权限的要求，不得向对方做出超越授权范围的承诺或让步。谈判中让步或承诺某项义务，应该由谈判组长做出最终决策。

（3）分工协作原则。分工协作原则是指谈判班子内部各谈判代表既有分工又有协作，各自负责自己谈判的某个专业领域，同时又服从整个谈判目标的实现。在谈判准备阶段应该在谈判班子内进行明确的职责分工，每个谈判代表都应该负责谈判主题中相应的议题，并进行资料和信息的准备，谈判时的发言应严格控制在自己的职责范围内，不得随意干扰他人的工作；同时，每个代表的谈判议题都必须以谈判主题为中心，相互支持，谈判要从全局出发，服从统一思路和安排。任何人都不得单独与对方接触，商谈有关谈判内容，或做出某些承诺，除非经过团队讨论和谈判组长同意。

（4）单线联系原则。单线联系原则是指只能由谈判小组的负责人与直接负责该谈判的上级领导人进行联系，不允许谈判成员单独联系企业其他人员。当谈判过程中遇到一些信息资料和数据疑问，以及决策支持问题时，需要向企业或组织职能部门进行联系，取得后援，这时必须遵守单线联系原则，一般由谈判班子的负责人与直接负责该谈判的上级领导人进行联系，再由上级领导与职能部门相关人员协商，做出决策。这样做的目的是：首先，确保谈判信息的安全性，单线联系，信息提供者和接受者都是明确的、唯一的，信息保密工作容易落实到人；其次，避免了决策的片面性，企业不同职能部门容易站在自己的立场上看问题，通过上级领导人与各部门单线联系，最终做出综合决定，避免了意见的片面性；最后，维护了谈判班子负责人的权威，谈判班子内部要达成一致意见，统一对外，最终决策由负责人做出。因此，联系企业职能部门时，必须通过负责人同意，并由负责人直接与企业上级领导联系，这样才能树立谈判负责人的权威，统一谈判班子的行动。

二、商务谈判人员的谈判风格测试

商务谈判人员的谈判风格是讨价还价中的关键因素。如果谈判者不知道自己有什么个性特点，如何在不同条件下进行谈判的话，那么在制定谈判策略和应对措施上就会遇到许多麻烦。

案例与启示　　　　谈判高手如何说服女明星

曾女士是我的一位朋友，她有一套2015年就已经交付的新住房，面积是 $91m^2$，坐落于长沙市汽车南站以西的莫云。她近期准备出手这套二手房，委托我寻找买家，这时正好遇上我的亲戚有意在长沙市购买住房。于是，让他们双方见了面，买方看过房子后，表示有购买意向。卖方首次报价为46万元人民币，并说明房屋产权过户的所有费用由买方承担。根据长沙市二手房交易政策，预计过户时需要2万元人民币，对于买方来说购得这套二手房总共需要48万元人民币，平均价格在每平方米5270元人民币，而长沙市的平均房价已经上涨到了每平方米6500～7000元人民币。这一报价显得非常公平合理，但买方还是提出了一些异议：首先，房子的地理位置较偏，其次，室内层高较低。买方提出还要与家里其他人商量，另外，银行存款还有部分没有到期。又过了一个月时间，卖方问起了买方的决定，我代表买方向曾女士提出了价格方面优惠的要求，双方都很有诚意，而且都属于合作型性格，卖方爽快地报出最后价格45万元人民币，很快双方就达成了交易。

相反，我的一位同事参与了系部专业教学软件采购谈判，他提前对软件系统的指标参数做了全面了解，也调查了市场上同类竞争者的基本情况，在谈判桌上，他充满自信，对技术和售后服务要求寸步不让，在价格方面分利必争，还时不时抛出我方具有更换合作伙伴的权力，强硬的态度给对手造成巨大压力，软件采购洽谈来回经过了3个回合，最终我方获得了大大低于谈判目标的价格。谈判结束之后，对手感叹地说：早知道你们的谈判代表这么强势，我方也该派一个更厉害的业务员来谈判，这单生意几乎没有利润，希望你们使用后在同行中给我们多做宣传推广。

从上面两个案例我们可以看出，合作性格的人遇到合作性格的对手时，谈判气氛非常融洽，谈判过程非常轻松，双方可以开诚布公。而一个性格软弱的人面对竞争性格的谈判者，可能承受较大压力，甚至失去己方应得的利益。和对手谈判必须考虑对手的个性，同时也要认识自己的谈判风格来确定谈判优势。

（一）关于谈判者个性的一个实验

在我们开始讨论个人谈判优势之前，先来做个实验。想象这样一个情景：你和9个陌生人坐在会议室的一张大圆桌前，大家彼此都不认识。这时候，一个人走进房间，并且说了这样的话："如果谁能够首先说服坐在自己对面的人，让他站起来，绕过桌子，并且站在你的椅子后面，那么我将给你们两个1000元人民币奖励。"

你心理可以想象出那种情形吗？你是桌上的10个人之一，你可以看到坐在你对面的人，而且那个人也正看着你。两个人中谁能够首先说服坐在对面的人站起来，绕过桌子，并站在你的椅子后面，那么这两个人可以拿到1000元人民币奖励，其他人什么也拿不到。

对于这种奇怪的奖励，你可能采取什么策略应对呢？你需要快速行动，因为其他人也正在考虑如何去做。

请闭上你的眼睛，并想象自己可能做出的反应。请注意，你首先想到的是哪种策略并记下来，然后注意你所能想到的其他人的策略。这种想象有助于我们在下面介绍5种常见的谈判策略时，更加深刻地认识作为谈判影响因素的个性。

第一种策略——回避策略。你的反应就是坐着不动，什么也不干，怀疑这只是个恶作剧，或者担心为了拿到这个陌生人的奖励而像个傻子似的在椅子边转来转去。你可能会说："我不喜欢谈判，除非我不得不去面对，否则我是不会去做的。"这是一种回避策略，一些人可能会认为回避谈判只是放弃逃避的行为，不是一种谈判策略。但是许多重要谈判中有一方故意不到谈判桌上来，例如，在西方的总统候选过程中，那些在民意中领先的总统候选人在竞争对手提出增加总统竞选辩论次数时，常常拒绝谈判。总的来说，当你对现状满意时，回避是一种不错的策略，但并不是谈判中的最佳方法。

第二种策略——妥协策略。你的反应可能是，如果坐在你对面的人抢先跑到你椅子后面站着，就给他或者她500元人民币。这是一个妥协办法，每个人都同意平分好处。妥协是一种简单、公正、快速的策略，能够友好地完成很多谈判。但是对于谈判要解决的问题来说，是不是也是一个好的策略呢？你和搭档可能很快就达成平分协议，但是你们两人中谁来跑、由谁坐着不动呢？就在你们正花几秒钟讨论时，其他人已经开始绕着椅子跑起来了。对于你们当中谁来跑的问题，却没有一个妥协的方法，因而简单的妥协并不能够完全解决问题。

第三种策略——迁就策略。你只要站起来，跑到你对面搭档的椅子后面就行了。如果你这么做是由于你的搭档提出平分奖励的承诺,那么你可以将这种承诺作为后面分配奖励的任何谈判议价标准。但是你也可能得不到奖励的钱,因为执行 100%妥协的人一听到陌生人的奖励办法之后就开始跑到其搭档的椅子后面,这样就领先于你。但是这也同样面临一个问题,迁就策略的受益者现在幸运地拿到 1000 元人民币,可是那个跑来跑去的人却一分钱也没有拿到。这些"迁就"的谈判者必须相信拿到钱的搭档会同他们分享,而不需要先前就如何分享做出承诺。请记住:桌子上的每个人彼此是陌生人,他们从不期待将会再次见面。

第四种策略——竞争策略。你的想法是要获得所有的 1000 元人民币,同时有权力决定如何分享这一奖励。一种方法是一开始承诺平分好处,但是后来拒绝这么做,背弃先前承诺。这明显是不道德的,但一些人也可能这么做。毕竟,没有什么法律约束。另一个更为严重的方法就是撒谎,说自己的一条腿有伤,行动不便,求求搭档赶紧跑到自己椅子的后面来。但实际的谈判中竞争策略并非像前面两种方法那样完全没有道德,但既道德又竞争的策略并不能解决谈判上的问题。

第五种策略——协作策略。你跳出椅子,边跑边喊:"我们都到对方的椅子后面去。这样我们每个人都能得到 1000 元人民币。"如果你足够快的话,这样无疑是可行的。这就是协作解决问题策略。这种策略最富想象力,以所提出的奖励为条件,不是通过瓜分 1000 元人民币,而是很有眼光地看到有一种方法可以让双方在既定的情形下获得同样的奖励。

协作策略显然是双赢而且增值的策略,但也是最难执行的策略。它需要通过细致分析,并且公正地谈论双方的利益,寻求发现潜在的问题,还要机智地从想到的许多方案中找到最佳解决办法。许多方面,它代表的只是一种理想。因为有许多因素阻碍协作策略的执行,如各方之间缺乏信任、贪婪、个性、文化差异和缺乏想象力等。

(资料来源:理查德·谢尔.沃顿商学院最实用谈判课 P16-19.整理)

这 5 种策略中你想到了几种?同样重要的是,在这种 5 种策略中你觉得哪一种会最自然地执行呢?接下来我们可以利用这 5 种策略知识,来探讨作为一个谈判者的个性倾向和风格。

(二)谈判者的风格倾向及 5 种谈判风格特征

在讨论不同谈判风格的特征前,首先,请根据附录 D 中提供的谈判风格测试表进行一次自我评估测试,以帮助你决定自己最偏好的谈判风格。等你得到了测试结果,就可以回到这里继续了解不同谈判风格的特征。

根据沃顿商学院教授理查德·谢尔对谈判风格的研究,我们讨论 5 种包含相互矛盾的两方面的风格,即谈判风格测试中得分在 70 分以上的对应风格类型,表示谈判者强偏好,而谈判风格测试中得分 30 分以下的对应风格类型,表示谈判者弱偏好。为了简略表达,将谈判风格本身的称谓分别表示为不同特点的谈判者,如强迁就型谈判者或弱妥协型谈判者。为了讨论方便,下面就 5 种风格,从强或弱两个极端来讨论不同风格谈判者的特点。

1. 迁就型

强迁就型谈判者的特征。有强烈迁就倾向的谈判者十分乐于解决对方的困难。他们通常善于建立关系，对他人的情绪状态、肢体语言和言辞上的暗示比较敏感。他们的特点：适合在团队内部协商解决问题，以顾客关系管理者的身份参加谈判，以及为顾客提供多种服务。强迁就谈判者的弱点：有时他们更多关注谈判关系，而忽视己方的利益，他们在竞争性更强的人面前就显得脆弱不堪。有些经历了那种情景的强迁就型谈判者感到自己的利益被对方剥夺了，也许会心怀怨恨，这进一步削弱了他们的谈判能力。

弱迁就型谈判者的特征。迁就程度低的谈判者有一种倾向，坚持认为谈判中出现的问题能找到"正确"的解决办法。他们在自己的思维坐标系中打转，认为自己的解决方案客观上是正确的。简而言之，有时弱迁就型谈判者考虑更多的是保持"正确性"，而不是说服力。某些场合，弱迁就型谈判者作为专家，对谈判中出现的问题比其他参加者了解得更透彻，他们的特点一定会使本方组织消耗大量时间考虑客观上"最佳"的结果。不过，其他人可能会认为弱迁就型谈判者过于顽固，几乎到了不可理喻的地步。这种认知可能会干扰有效的组织决策过程。此外，迁就型更强的人会误以为，弱迁就型谈判者由于痴迷于"正确"答案而对他人的情感缺乏注意，表明弱迁就型谈判者不注重他人。这也会降低人们的合作意愿。

2. 妥协型

强妥协型谈判者的特征。有强烈妥协倾向的人在谈判中通常急于"弥合差距"，达成协议。他们分析谈判情景，寻找能够帮助他们尽快完成谈判的公平标准和方案。如果时间仓促，或者相关利益不大，妥协倾向可能是优点，其他人会认为强妥协型谈判者是"通情达理之人"，很好相处。但是，强妥协型谈判者常会不必要地加快谈判进程，过快地让步。他们毫不怀疑自己的假设存在问题，也很少向对方提出足够的问题以获取充分的信息。他们也许还满足于以第一份公平标准作为达成协议的基础，不再考虑其他同样公平的标准，而这些标准可能有助于达成更有利的协议。

弱妥协型谈判者的特征。我们认为，妥协倾向弱的人是原则性强的人。当谈判中某些严肃的原则和惯例面临破坏的危险时，弱妥协型谈判者能够投入热情坚守这些原则和惯例，这就是他们巨大力量的来源。他们的主要缺点是，喜欢对任何事情"上纲上线"，认为这些问题涉及原则；而在别人眼里，只有与钱有关或相对方便的问题，不存在原则问题。由于在别人认为次要的事情上争论不休，弱妥协型谈判者很可能被别人视为顽固分子，更关心赢得争论，而不是完成交易。弱妥协型谈判者厌恶平分差距这样随意的分配原则，这也使得他们难以在缺乏时间的情况下达成协议。

对弱迁就型谈判者和弱妥协型谈判者进行比较，可以给我们一些启示。弱迁就型谈判者会比大多数人更快陷入自己偏好的"正确"解决方法而不能自拔。与之比较，弱妥协型谈判者则是沉迷于自己偏好的"正确"原则和公平问题的争论中。他们的共同之处是，都可能激怒别人，招来顽固不化的名声。

3. 规避型

强规避型谈判者的特征。强规避型谈判者善于拖延和避开谈判的矛盾。其他人可能认为规避倾向是一种积极的品质，可作为体面的战术和交际手段运用于谈判中。当谈判各方面对导致组织内部混乱的难以解决的个人分歧时，规避倾向还有助于组织内部更好地运作。强规避型谈判者熟练运用一些减少冲突的方法，如制定明确无误的规则、确定决策权归属和划分决策层次，来替代谈判。强规避型谈判者还擅长通过电子邮件、备忘录、雇用代理人和其他中间人的方式使面对面交锋的必要性降至最低。当个人冲突是组织或群体生活中确实不可避免的部分时，强规避型谈判者便成为一种障碍，限制了关于个人偏好强烈程度的重要信息的传递。当个人冲突加深时，强规避型谈判者有时会加剧形势恶化，导致各种问题的出现。

最后一点是，当别人非常愿意满足强规避型谈判者的需求时，由于他们没有提出要求，会错过许多机会，这些机会可以让他们获得更好的收益，为此，强规避型谈判者可能会在谈判结束后感到不满意。

弱规避型谈判者的特征。弱规避型者几乎不惧怕个人冲突，实际上，在某些情况下他们可能还乐于见到这样的冲突。作为谈判者，他们完全能承受各不相让的坦率的讨价还价。他们会整个白天努力回击谈判对手，到了晚上，又会和同一个人共饮美酒，共享人生。弱规避倾向对某些职业是有帮助的，如处理劳资关系、诉讼及企业合并和收购。但要注意：弱规避型倾向者有时缺乏策略，常常被认为对抗性过强。

4. 合作型

强合作型谈判者的特征。谈判对强合作型谈判者来说是一种享受，因为他们喜欢以融合不同利益的互动方式来解决难题。他们天生擅长通过谈判发现冲突表象后面隐藏的基本利益，找到新的解决方案。他们希望谈判过程保持连续性，鼓励所有人参与。他们过于自信，真诚地致力于为所有人找到最佳解决方案。出于同样的原因，合作倾向强的人有时为了表现他们的能力，会制造不必要的麻烦，使相对简单的形势变得更加复杂。这可能会激怒其他人，这些人中有些想结束谈判，有些没有时间解决新的问题，有些不希望冒险，为了一个小而烦人的问题引发个人冲突。强合作型谈判者面对竞争意识很强的对手时，可以说是羊入虎口。

弱合作型谈判者的特征。弱合作型谈判者讨厌将谈判过程变为发挥创造力的论坛。他们喜欢谈判开始前详细确定面对的问题，一旦谈判开始，就会坚持按议程进行，抓住既定目标不放。他们常常有条不紊，周密计划，每一步行动必定清晰明了。当谈判中出现的问题具有内在的复杂性时，临场应变是推动谈判的最佳方法，此时弱合作型谈判者也许会成为阻碍因素，延缓谈判的进行。但有一个弥补这个缺陷的方法，就是规定谈判过程中可自由暂停谈判过程，以便他们集思广益，重新制定策略。

5. 竞争型

强竞争型谈判者的特征。同强合作型谈判者一样，强竞争型谈判者也视谈判为享受，但他们享受的原因不同，他们认为谈判提供了赢和输的可能，他们喜欢赢。出于这个原因，强竞争型谈判者更喜欢将谈判归入游戏中，他们在游戏中的行动有得有失，这有赖于双方的能力对比状况。强竞争型谈判者对优势、最后期限、如何开局、如何提出最后方案、最后通牒和传统谈判中的其他类似战术有很强的直觉。竞争型谈判者在利益攸关的交易型谈判情景中精力充沛，动力十足。不过，因为具有竞争型风格的人可能操控谈判过程，因此难以同对方建立关系。让谈判的对手感觉被剥夺了利益、受到胁迫或侮辱，这会影响未来的交易。另外，竞争型谈判者本能地将注意力集中在最容易定输赢的定量问题上，如金钱，而可能忽视同样可以产生价值的非定量的问题，如合作关系和合作领域。

弱竞争型谈判者的特征。竞争倾向弱的谈判者并不将谈判视为一种与输赢相关的博弈，而是看成双人舞。双方的目标是相互公平对待、避免不必要的冲突、解决困难及建立互信关系。人们通常认为与弱竞争型人相处特别轻松，容易产生信任，便于谈判双方建立关系。然而，如果涉及重大利益，弱竞争型谈判者将处于劣势。

测试的结果表明你是哪种谈判风格呢？个人谈判风格只不过是你谈判时采取某种行为的倾向或喜好。这些倾向受到孩童时期成长环境、家庭、学校和早期职业经历、导师、道德系统或信念等的综合影响。虽然随着你的谈判知识的增长，对更多方面技能更有信心，这种倾向也会随着时间而改变。但我们大部分人都有一套核心的个性特征，这使得我们基本的谈判偏好难以发生根本性的变化。例如，在父母慈爱、家庭内部从不发生冲突的环境下成长的孩子，长大后在社会和职业中处处表现出息事宁人的个性，在谈判风格评估表上的"规避"类别中得分就非常高。这种规避倾向的个性会隐藏深处，谈判中遇到不同情形、不同对手时，这种本能就会显现出来。不同的谈判风格既有优势，也存在不足，我们如何利用谈判风格优势，而弥补其不足呢？这是下一步要讨论的问题。

（三）如何弥补每种风格固有的不足

以上我们讨论的5种个人倾向可以归结为两个基本的类型：合作风格与竞争风格。根据不同情形，每种风格既可能是高效的，也可能使持此种风格的人在谈判中存不足。下面就如何弥补每种风格固有的不足进行讨论，提供相应的工具，以便改善谈判操作方法。

（一）适合合作者风格的7种工具

如果你本性喜欢合作，通情达理，在谈判中你需要变得更加果断、自信和谨慎，这样才能更加有效地谈判。怎样才能做到这一点？在可能有对抗性的谈判情境中变得强硬起来呢？下面提供7种特别工具帮助你改善谈判操作方法。

1. 不要花过多时间关注你的底线，而是要设定高预期水平的目标

你是合作型性格的人，常常首先考虑他人的需求。你关注自己的底线，试图让最后的结果比底线稍好一些。猜猜结果会如何呢？你的所得恰好相反就是你的底线。相关研究确定了这一事实，即期望更多的人得到的也更多。所以，你要将思维重新聚焦到自己的目标和预期上，花更多的时间考虑你需要什么，为什么需要，设定更高的预期目标。

2. 寻找其他特殊选择，作为谈判失败时的退路

合作型性格的人谈判桌前不给自己留后路，这种情况实际中很多。如果谈判失败，由于事先没有计划好，他们找不到其他选择。当你没有退路时，你就不能说"不行"。但如果事先为失败准备了其他特殊选择，将它带到谈判桌前，你会感到更加自信，敢于提出更高要求，获得属于己方更好的条件。

3. 聘用代理人，委托他为你完成谈判任务

如果你对竞争型谈判者心存畏惧，你就处于劣势。找到竞争意识更强的人担任你的代理人，或者至少让他加入你的团队。这不是承认你的失败或缺乏能力，而是谨慎和明智的行为。

4. 代表他人或组织谈判，而不是代表自己

当人们代表自己利益谈判时，即使是竞争型谈判者也会感到有些力不从心。至于合作型谈判者，如果他们坚持某个有利于自己的要求，更会有自私感。如果设想自己是代表别人谈判，情况就大不一样。例如，你的家人、朋友或者你的公司，依靠你作为代理人，从这次谈判中带回某些利益，这样情形下，你就是为他人谈判。研究表明，当人们担任代理人，为他人的利益谈判时，立场将更加强硬。

5. 创造观众，带给自己责任和勇气

研究显示，当其他人在一旁观看时，谈判者态度更加坚决。这就是为什么劳工谈判者立场如此强硬的原因，他们知道工会的普通成员在注视着自己的一举一动。利用这种效应，告诉某些人，你了解这次谈判；对他们说明你的目标及你打算如何进行；许诺谈判一结束就向他们报告结果，以这样的方式带给自己责任和勇气。

6. 敢于提出异议，向对手说"不行"

合作型性格的人总是准备对他人提出几乎任何看似可行的建议都说"好"。为了改进，你需要练习在对方提出某个建议后略微表示异议。可以这样说："恐怕您不得不做得更好些，因为……"（加上理由）。理由越有说服力，你提出异议时越觉得自然和自信。研究表明，如果你以通情达理的口吻提出要求，并且加上"因为……"这样的话，许多人会以积极的态度做出响应。一位哈佛大学心理学家做过一项研究，她使用图书馆的一台复印机做试验，让试验对象排队等候复印，她则试图插队。当她对排队的人们说"对不起，我有5页书要复印，可以让我先使用复印机吗？"时，大约有60%的人表示同意。而当请求达到20页时，同意的比例下降到了24%。

然后，心理学家在请求后加上这样的话："因为我赶时间。"现在这个请求变成这样："对不起，我有 5（20）页书要复印，因为我赶时间，可以让我先使用复印机吗？"成功率大大增加，5 页请求的成功率为 94%，20 页请求的成功率达到令人振奋的 42%。合作型性格的人请记住，敢于提出异议，并附加说服对手的理由，这样就可以获得更大的利益，当然也可以使用真实理由。

7. 坚决要求承诺，而不是约定

合作型性格的人认为别人也像自己一样好心肠。他们对别人过于信任，认为约定足以确保对方履行承诺。如果你有充分的理由相信对方出言必行，约定就足够了。如果不是很了

解对方谈判者，或者怀疑他们的可信度，那么在约定中加入某些条款，使得对方在未来不执行约定的情况下会遭受一定的损失，或者在公开场合做出承诺，让公众监督其履行约定。

（二）适合竞争者风格的7种工具

如果你本性喜欢竞争，但还算通情达理，你非常需要更多地了解别人及其合理需求。怎样才能做到这一点呢？克服对他人动机的固定疑虑，有时是很难做到的。当你同合作型谈判者打交道时，他们毫无保留地信任你，让你难以抵挡利用这种信任的诱惑。下面提供7种特别工具帮你改善谈判操作方法。

1. 考虑双赢，而不是只有一方赢

通常双赢是说给性格宽容、乐于合作的人听的。对于喜欢竞争的人来说，双赢思想极好地提醒他们注意对方的重要性。努力达成交易的情形下，双方都获得更好利益，而己方的收益最大，如果谈判中一方只顾己方利益而忽视对方利益，没有利益的一方自然会退出谈判，另一方何来赢呢？

2. 抛开自负，通过多提问了解对方需求

竞争型性格的人准备充分，事先获取足够的信息，但有时过于自负，完全不听取对方意见，就简单分析可能存在收益的地方，然后突然发动进攻，企图利用开局为本方建立优势。其实，用不着这么匆忙，其他谈判者的需求多种多样，并不总是与你相同。如果你能理解对他们而言什么才是真正重要的，他们将向你提供更多你所关心的东西。因此，竞争型性格的人要提醒自己，多听听对方的发言，多提问，以便获得更加详细的信息。

3. 依据标准，而不是简单强硬的态度

竞争型性格的人总是喜欢采取强硬的谈判方法，有时候甚至失去耐心和理智。而理智的人很会利用标准和规范来进行谈判，当以标准为基础的谈判方法同样可行时，不要急于采用以优势为基础的方法。对于未来关系不可忽视的双方，以客观标准为论据的方法比强硬手段更加有用。

4. 雇用公关经理，帮助处理双方关系

竞争型性格的人谈判时经常忽视关系，或者不会处理双方的关系。当关系很重要时，如果你将谈判中的关系处理问题委托给比你更善于交际的人，你将获得更好的收益。这不是无能的表示，而是谨慎明智之举。

5. 始终履行承诺，保持他人对你的完全信赖

竞争型性格的人一般言出必行，这样能够增加他人的信任度。但有时胜利在望时，可能会倾向于走捷径，甚至食言，即使很小的事，其他人也会注意到并记在心里。因此，保持完整的可信度记录，别人会更加信赖你。当人们想到信任你时，你的财富会滚滚而来。

6. 如果可以协商，就不要讨价还价

竞争型性格的人经常忍不住在每个问题上讨价还价，试图大获全胜。其实在错综复杂

的谈判中，妥当的方法是把部分利益留给对方。在复杂情境中试试综合式谈判的方法：在小问题上大让步，在大问题上小让步。处理好己方优先考虑的问题，学会"舍与得"，综合考虑如何进行利益交换。

7. 始终承认对方的长处，维持对方的自尊

人们都是有自尊心的，乐于听到你说他们掌握了某些优势，即使他们没有任何优势时也应该这么说。当你处于强势地位时，不要洋洋自得，要向对方谈判者表示适当尊重。这么做不用付出多少代价，而且对方会心存感激。将来某天他们会掌握那种优势，同时他们会带着友好的心情回忆起你。

每种风格或者风格的结合会带来相应的才能。在特定情势下，有很强竞争倾向的人比其他人能更快地看到如何获得权力和影响力。并且在讨价还价的情形中，与那些只是稍微有点倾向于从价格方面来评估成败的人相比，他们能从好的价格中获得更多的满足感。这种人比我们其他人在更多情形下倾向于采用竞争策略。有很强迁就倾向的人具有成为团队参与者、帮助其他人的才能，甚至在发生利益冲突时也是如此。他们关心的是交往中的人际关系，而其他人关注的是钱。偏好于妥协的人与没有这种倾向的人相比，会更经常自动地寻求轮流减少或者平分差异这样简单、公正的方法，以快速、公正地解决谈判差异，其谈判过程也更快。强烈倾向于合作的人在谈判桌上会努力推动谈判进展，询问大量问题，制定不同的看待问题的方法，以满足尽可能多的需求，包括自己的需求。因此，一个优秀的谈判团队，需要各种谈判风格的人才，才能达到优势互补。

三、商务谈判信息的收集与管理

情报信息是谈判的基础，是谈判成功的要素之一。在商务谈判中，谁掌握的信息多，谁在谈判中占的优势和主动权就大。因此，谈判前的信息收集和谈判中的情报管理是商务谈判的一项重要工作。

（一）谈判信息的收集

商务谈判信息资料可以分为一般信息资料和针对性信息资料两类。一般信息资料主要是指政治、经济以及市场发展态势等宏观环境信息，而针对性信息资料则主要涉及谈判议题的商品、目标客户、谈判对手、竞争者等微观环境信息。

1. 一般信息资料的收集

一般信息资料的收集主要通过日常随机获取，企业的信息情报部门或谈判代表日常通过报纸杂志、电视、网络等媒体积累相关信息资料。作为一名商务人员，读书、看报，关注国内外政治、经济发展情况是非常必要的。

2. 针对性信息资料的收集

针对性信息资料的收集主要通过专题调查和委托专门研究机构进行收集，也可以通过企业内部的报告系统和情报系统进行收集。例如，商品方面的信息可以由企业市场部、客

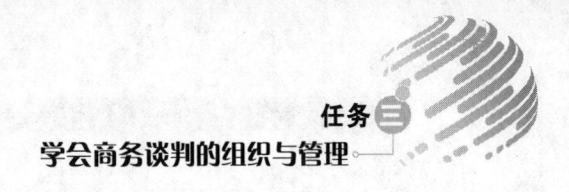

户服务部门提供，谈判对手信息可通过谈判前的调查或接触获取，目标客户信息可通过销售部门提供，成本、利润和投资等财务信息可由财务部门提供，质量、技术、标准方面的信息可由生产技术部门提供。

案例与启示　　　　公开的秘密

在19世纪60年代我国开始大庆油田的建设时，有关大庆的一切信息几乎都是保密的。除少数有关人员以外，一般外界连大庆油田的具体位置都不知道。但日本人不但知道，而且还掌握得非常准确。他们对大庆油田有关情报的收集，既没有派间谍、特务，也没有收买有关人员，完全依靠对我国有关大庆油田公开资料的收集与综合分析。

1966年7月，《中国画报》封面上登出了一张大庆石油工人艰苦创业的照片。画面上，工人们身穿大棉袄，正冒着鹅毛大雪奋力拼搏。日本人根据这一张照片分析后得出，大庆油田可能是在东北三省北部的某个地点。接着，在《人民日报》上日本人又看到了这样一篇报道，说王进喜到了马家窑，说了一声："好大的油海啊！我们要把中国石油落后的帽子扔到太平洋里去。"于是，日本人找来一张旧地图，发现马家窑是位于黑龙江海伦县东南的一个村子，在兆安铁路上的一个小站以东10余公里处。接着，日文版的《人民中国》杂志又报道说，中国工人阶级发扬了"一不怕苦，二不怕死"的精神，大庆石油设备不用马拉车推，完全靠肩扛人抬运到工地。日本人据此分析后得出，大庆的石油钻井离马家窑远不了，远了人工是扛不动的。当王进喜出席了第三届全国人民代表大会的消息见报时，日本人肯定地得出结论：大庆油田出油了，不出油王进喜当不了人民代表。他们进一步根据《人民日报》上的一幅大庆油田钻塔的照片，从钻台上手柄的架式等方面推算出油井的直径，再根据油井直径和政府工作报告，用当时的石油产量减去原来的石油产量，估算出了当时大庆油田的石油产量。在这个基础上，他们很快设计出了适合大庆油田操作的石油设备。当大庆油田向全世界征求石油设备的设计方案时，其他国家都没有准备，唯独日本人胸有成竹，早已准备好了与大庆油田现有情况完全吻合的设备方案，所以在与我国对大庆油田设备招标的谈判中，一举中标。

从这个案例可知，了解和掌握信息并不是我们想象的那么困难，大量的信息其实就存在于公开的资料之中。只要我们有心，平时多加留意，认真分析信息的来源渠道，从许多公开的资料中就能很轻易地得到我们想要的信息。

（二）谈判信息的管理

谈判信息的管理主要是指对于谈判信息的整理和保密。谈判信息对于谈判的成功与否非常重要。正确的信息可为谈判成功提供支持，错误的信息会使谈判处于劣势，导致谈判陷入僵局或破裂。为了保证信息的真实性和可靠性，还必须对信息进行分析、处理，去伪存真。同时，要注意信息的保密，采取相应措施保证信息不被泄露。

1. 客场谈判保密措施

在客场谈判时的保密措施主要有：单线联系；往来的邮件、电话、传真等通信资料不能随意放在旅馆，要随时带在身边；对于一些机密信息可以采取约定密码和暗语进行联络。

2. 谈判班子内部信息传递的保密

谈判桌上经常会遇到对方提出的某个议题很难一时做出回应，或者需要内部协调某些意见和行动，这时谈判组成员间必须进行临时商量和及时进行信息传递，而这种临时商讨和信息传递又处在对手的观察之中，因此，要特别注意信息的保密。最好的办法是提出休会，离开谈判桌，在相对保密的休息室内进行密商。如果必须在谈判桌上进行内部信息传递和交流，应尽量采取暗语形式，或采取事先约定的某些动作或姿态。

> **案例与启示**　　　　　　**隔墙有耳**
>
> 一次 A 公司与 B 公司就一宗货物买卖进行谈判，当一切条件谈妥后，只剩下价格问题时，双方都掌握了市场的行情和竞争情况，各不相让，谈判进入胶着状态，而双方都希望此次合作能够成功。这时 A 方有两人先后去洗手间，在洗手间里这两人用自己的方言猜测对方的心理，并说出己方可以接受的底线。这时正巧 B 方有一办公室人员在厕所里，并能够听懂 A 方两人的方言。等 A、B 双方再回来谈判桌时，可想而知，一切主动权都掌握在 B 方手中，B 方迅速将价格压到 A 方底线以下，等到 A 方再提出要求时，正好上升到 A 方的底线，谈判最终达成。
>
> 由上述案例可见，谈判代表应该培养良好的保密习惯，一是不要在公共场所讨论业务问题，如公厕内、出租车上、候车室等地，防止隔墙有耳；二是不要随意将文件、资料遗留在休息室或谈判桌上，重要资料应随身携带，即使废弃的文件、资料也不能随便丢弃，对方一旦获得就可能成为有价值的情报；三是不要委托对方人员办理己方事情，如复印文件、资料，查询信息或者订购机票等，使对方可能掌握己方行踪信息。

四、商务谈判计划的拟订与实施

美国一位资深的谈判专家——莉娅·蒂普勒将谈判过程比作一次旅行。她说：当你要旅行时，应该清楚从哪里出发，目的地在哪里，才能确定行程。出发点就好比谈判的切入点，目的地就好比谈判的最终目标，而谈判中涉及的一些特殊要求和条件就相当于行程中的某些特殊停靠点，这些地方的确定规定了你旅行的正确路线，而对于一些要求和条件的预设及时间安排则规定了谈判的议程与进度。

从商务谈判的角度来说，首先必须找准旅行的"出发点"和"目的地"，即事先拟订谈判的计划。通过制订谈判计划，明确谈判主题和谈判目标，拟订谈判进程和各阶段的策略，并针对谈判中可能出现的情况制订相应对策。

（一）商务谈判计划的内容与拟订要求

1. 商务谈判计划内容

商务谈判计划内容主要包括谈判主题、谈判成员分工、谈判时间和地点、谈判目标、谈判议程和进度、谈判双方优劣势、谈判各阶段策略、谈判预案这 8 个方面。每部分的具体内容如表 3-2 所示。

表 3-2　商务谈判计划的内容

项　目	内　容　描　述
谈判主题	本次谈判需要解决的主要问题及双方期待的结果
谈判成员分工	确定谈判人员的角色，明确在谈判中承担的任务与职责分工
谈判时间和地点	谈判前双方通过沟通、协商确定的谈判时间和地点
谈判目标	谈判目标分为定量目标和定性目标两类，谈判目标按层次分为最优期望目标、实际需求目标、可接受目标和最低目标
谈判议程和进度	议程是指谈判整体时间长度，谈判的主要内容；进度是指先谈什么，后谈什么，用时多久
谈判双方优劣势	分析双方的优劣势，明确自身需要的利益和可能做出的让步，预计对手需要的利益和可能做出的让步
谈判各阶段策略	开局方式及报价原则与策略选择，磋商阶段策略设计，僵局处理策略和促成交易策略的运用
谈判预案	除了准备启用的谈判方案，还要有其他方案的准备，如应对此次谈判中止或谈判破裂的处理方案

2. 商务谈判计划的拟订要求

（1）谈判前需要制订多种策略方案，以备不时之需；采取合作与竞争相结合的策略会促使谈判顺利结束。

（2）事先计划好可以做出哪些让步，有哪些利益要求。

（3）核算让步的成本，并确定怎样让步，何时让步。在谈判之前要考虑多种可供选择的竞争策略。例如，当对方认为你的合作愿望是软弱的表示或对方提出不合情理的要求，这时改变谈判的策略，可以取得额外的让步。

（4）谈判计划是谈判人员在谈判前对谈判目标、具体内容和谈判步骤所做的安排。

（5）制订谈判计划要遵循 3 条基本要求：文字简明扼要、内容准确具体、方案灵活多变。

（二）明确商务谈判的目标

谈判目标要经过谈判团队充分协商确定，并让谈判成员都知晓。如果在确定谈判目标时遇到超越团队人员决定权问题时，必须向上级领导请示；而有决定权的谈判者也应与参加谈判人员协商，取得一致意见后再加以行动。

谈判者要对谈判目标十分清楚，对谈判目标底线要严格保密，除参加谈判的内部人员外，绝不能向他人泄露任何信息。

1. 谈判目标的内容

谈判目标的内容主要包括：协议的主要方面；希望对方答应哪些条件；对我方来说什么是最重要的问题；我方准备在哪些方面做出让步。

2. 谈判目标的层次

谈判目标要具有灵活性，要制订有弹性的目标，应根据谈判情形选择不同层次的目标，如最优期望目标、实际需求目标、可接受目标和最低底线目标。不同层次目标的具体要求和期望不同。

（1）最优期望目标。最优期望目标是指一般达不到的目标，是为了提高己方心理优势而设定的。

（2）实际需求目标。实际需求目标是指立意达成的目标，即谈判中坚守的最后防线。

（3）可接受目标。可接受目标是指能够满足部分需求，实现部分经济利益的目标。在谈判中应该持有两种态度：一是现实态度，即树立"只要能达到大部分条件就是成功的谈判"的观念，不应该硬充好汉，持有"谈不成、出口气"的想法，这样可能连可接受目标也达不到；二是合作途径多元化，应多交谈判伙伴，这样才有可能获得需求目标下的总体利益。

（4）最低底线目标。最低底线目标是指必须达到的目标，是谈判的最低底线，是作为心理安慰的目标。如果没有最低底线，一味追求高标准目标，这种心理往往会带来僵化的谈判策略。最低底线目标是不允许冲破的，一旦对方的要求冲破了己方的最低底线目标，可以阻止对方进攻，或做出最坏的打算，宣布谈判中止或谈判破裂。

谈判主要是在最优期望目标与实际需求目标之间展开讨价还价，要将谈判控制在实际需求目标与可接受目标之间，这样就可以保证成交目标比较满意。

（三）确定商务谈判的议程与进度

谈判议程是双方在协商情况下确定的，商务谈判议程的内容主要包括谈判时间的安排、谈判地点的选择和谈判进程的安排。

1. 谈判时间的安排

谈判时间的安排，是指在谈判之前谈判双方要就谈判何时举行、为期多长进行协商，并在谈判计划中予以明确。

在谈判时间的安排上，双方都会考虑如何以时间战术来消耗对方资源，以便实现有利于己方的谈判目的。谈判时间的安排与谈判地点的安排涉及气候、环境等问题。如果谈判时间安排在冬天，地点选择在北方，对于南方人来说，可能不适应北方寒冷的天气，希望谈判时间越短越好，越快结束越好。而如果谈判时间安排在夏天，地点选择在南方，北方的谈判代表就不太适应南方炎热的气候，这时，如果谈判时间安排较长，北方谈判代表可能就会失去耐心。因此，谈判最好考虑选择双方都比较适应的时间，或者选择在双方都非常适应的地方进行。

2. 谈判地点的选择

谈判地点的选择，是指谈判选择在主场谈判还是客场谈判以及具体安排在什么环境下进行谈判。

谈判的地点会对谈判代表的生理和心理适应性产生影响。通常情况下，谈判双方都希望将谈判地点选择在己方所在地。如果是国际商务谈判，希望选择本国作为谈判地；如果是国内商务谈判，希望选择在本地作为谈判地；如果谈判双方在同一地方，希望选择在本企业或己方代表熟悉的场所。因为在主场谈判，具有天时、地利、人和的优势。

美国谈判专家泰勒尔和他的助手们曾经做过一个有趣的实验，发现许多人在自己家客厅里与人谈话，比在别人家客厅里谈话更能说服对方。因此，大家都愿意在主场进行谈判。如果双方都希望在主场进行谈判，那么该怎么办呢？首先，可以通过双方充分协商，确定某一方为主场；其次，也可以采取多轮谈判方式，双方轮流作为主场；最后，还可以选定双方都满意的第三方中立场所进行谈判。

当然，客场谈判也并非完全没有优势，如果遇到下列情况，则可以选择客场进行谈判。

（1）必须亲自查看谈判对手的某些资料，了解对手的真实情况。

（2）己方及其产品必须对外开放，寻找新的市场和合作伙伴。

（3）有助于在多轮谈判交锋时，将决定性的一轮谈判放在对己方有利的场所。

（4）即使谈判在客场进行，对于谈判结果也不会有很大的影响。

当然，有主场就有客场，遇到客场谈判只要做好充分准备，也完全可以适应。如果谈判双方利益对立尖锐，关系紧张，则可以选择在中立地进行谈判，以便缓和双方关系，消除双方的紧张心理，促成双方寻找共同点和均衡利益。

3. 谈判进程的安排

谈判进程的安排是指谈判开始后，对于谈判时间的具体分配，即将谈判的整体时间划分为具体的时间段，如先谈什么，后谈什么，分别用时多长，什么时候开谈，什么时候休息，什么时候安排一些参观或娱乐活动。

如果按照谈判的内容来安排，一般应体现"先易后难"的原则，即将双方都认同的条件和愿意接受的要求确定下来，最后来商谈双方关注的核心问题，协调双方的利益。对于谈判进程的安排，我们可以先听取对方的建议，然后，根据己方的计划提出合理意见。先听后说，可以从对方提出的谈判议程中发现对方关注的重点在哪里，谈判的焦点是什么，这样可以调整己方的谈判方案，制订相应的策略，掌握谈判的主动权。

谈判具体时间的安排还要充分考虑人的生理时间，一般人们上午精力充沛，下午相对疲乏，因此，应尽量安排上午谈判，下午休息或进行谈判之外的活动。在时间安排上以互利原则为好，如果对方安排的时机对己方不利，可以采取推迟、延后等策略，切忌在疲劳状态或者主谈身体不适的情况下进行谈判。

在谈判进程的安排上，有时可以实施疲劳战术。例如，在进行主场谈判时，主方可以利用客方的时差或者客方对当地文化、风景名胜的好奇心理，安排一些参观、娱乐活动，紧接着安排正式谈判。这样主方既尽到了地主之谊，热情招待了客方，又让客方在不知不觉中消费了体力和精力，在正式谈判时表现出疲倦，主方就可趁机争取主动权。

（四）分析谈判双方的优势和劣势

分析谈判双方的优势和劣势，是指根据具体的谈判项目进行信息收集和分析，将双方的优势与劣势充分挖掘出来；将己方需要获得的利益与可能做出的让步翔实地列示出来，并对对方可能提出的要求与可能做出的让步进行预测。知己知彼,百战不殆。

以货物买卖谈判项目为例,如果站在卖方角度,要对市场情况进行充分调查,掌握市场行情,分析本企业在行业中的地位、影响力,并从这些方面挖掘优势;也可以从产品自身,如质量、品牌、品种、功能、外观和包装、价格、售后服务等方面寻找优势;还可以从交易条件,如折扣率、交货期、付款方式等方面寻找优势。

同时也要认识本企业与竞争对手相比所存在的劣势,尽量以己方的优势去攻克竞争对手的劣势。认真分析对方在谈判项目中的优势和劣势,可以从对方企业在行业中的地位、影响力,对竞争对手的吸引力等方面进行分析,也可以从对方的财力、付款时效、合作信誉等方面进行分析,还可以从产品需求的批量、合作时间的长远等方面进行考虑。总之,对本企业及竞争对手企业和谈判对手企业的优势和劣势都了如指掌之后,就可以为谈判提供可靠的依据,增强谈判成功的信心。

(五) 设计商务谈判各阶段的策略

在制订谈判计划时,小组成员要进行认真的讨论,确定各阶段的谈判策略,并分析、比较各阶段策略的可行性和优势。设计谈判各阶段的策略涉及以下5个方面。

(1) 开局方式的选择:在开局阶段拟运用哪些策略;预测对方会采取何种方式开局,己方如何回应;对方会如何应对己方的各种策略。

(2) 报价应遵循哪些原则:是选择先报价还是后报价;如果先报价,是报高价还是报低价以吸引对方;报价时运用什么策略,对方会提出哪些问题;己方应如何进行价格解释和说明。

(3) 磋商阶段运用哪些策略进行讨价还价:如何迫使对方让步;如何阻止对方进攻;团队内部如何配合使用白脸-黑脸策略。

(4) 预计在哪些条件上会出现僵局:分析产生僵局的主要原因;出现僵局后如何处理。

(5) 结束阶段己方采取什么形式向对方发出成交信号;对方可能发出哪些成交信号;接到对方的成交信号后,己方应该在最后时刻争取哪些利益;如何有效促成交易。

(六) 准备好谈判预案

商务谈判的目标是达成交易,但谈判的结果并不能完全掌握在某一方手中,因此,谈判前必须做好各种可能的准备。谈判结果通常有3种情况,即成交、中止和破裂。

(1) 成交。如果通过谈判能够顺利成交,当然是一个理想的结果,接下来的工作是准备好要签订的合作协议。

(2) 中止。如果谈判双方的要求虽然合理但差距太大,可能只得暂时中止谈判,等到双方条件接近时,再相约进行谈判。虽然此次合作不成功,但并没有破坏双方的关系,为将来的合作留下了空间。

(3) 破裂。不是所有的合作都能尽如人意,如一些索赔项目,由于双方矛盾较大,可能通过协商无法解决,导致谈判破裂。这时就必须启动仲裁程序,甚于法律程序。这些都必须在谈判前做好预案,以免当在谈判中出现类似情况时束手无策。此外,如果遇到货物

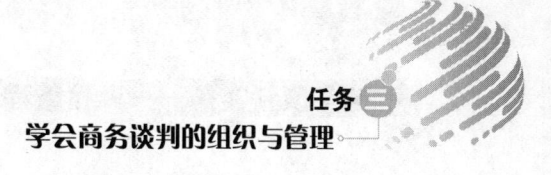

买卖、投资合作和技术贸易等谈判的破裂，应该备有其他可选择的合作伙伴。事先准备好多种选择，可避免受制于对手。

五、商务谈判物质条件的准备

商务谈判的物质条件准备，是指希望有一个良好的谈判环境，因为谈判环境将直接影响谈判人员的心情和谈判的效率。

案例与启示　　　　　谈判环境设计技巧

在埃及和以色列关于西奈半岛争端的谈判中，美国总统卡特为了使中东和平谈判能够早日达成协议，成功地在戴维营运用了可使情感产生动荡的谈判环境设计技巧。

在戴维营，生活单调、枯燥，环境糟糕，令人厌倦。有人曾经这样描述当时戴维营谈判的生活场景：那里最刺激的活动就是捡捡松果，闻闻松香。卡特为了促成这次中东和谈，唯一的娱乐方式就是他安排的供参与谈判的各方人员共14人使用的2辆自行车。每天晚上，住在那里的埃及总统和以色列总理可以从3部电影中任选一部欣赏，以作为娱乐调剂。到第六天，每个人都把每部电影看了两次，并感到十分厌烦。每天早上8点，卡特都要去敲埃及总统和以色列总理的房门，并用他那单调的声音说："嗨，我是卡特，咱们准备再过内容同样无聊、令人厌倦的10小时吧。"

在这种境遇下，过了13天这样的生活，只要签约不至于影响自己的前途，谁都想立即签字离开那个鬼地方。卡特的一番良苦用心终于换来了此次中东和平谈判的圆满成功。

可见，谈判的物质条件对谈判人员情绪的影响是很大的。一般情况下，我们都希望让谈判双方在一个较好的环境下谈判。因此，对于谈判地点的选择、谈判室的布置、谈判住宿的安排，东道主一方应予以特别重视。

（一）谈判地点的选择

谈判地点一般选择在东道主所在地，或者主客双方协商确定好的某个特定地方。例如，韩朝的军事谈判选择在板门店这个地方，因为板门店是美朝签订停战协议的地方，其地理位置特殊，正好处于韩朝两国的军事分界线上，也就是所谓的"三八"线。板门店谈判大厅内的谈判桌中线正好与"三八"线重合，这一特殊谈判地点赋予了谈判特别的意义。

谈判地点的选择还要考虑周边的环境，一般应将谈判地点选择在交通方便、通信发达、相对安静的区域，以便谈判双方出行方便，与外界联系快捷，使谈判处于一种良好的外部氛围中。否则，如果将谈判地点选择在闹市区或周围嘈杂的环境中，通常会影响谈判人员的情绪和谈判技巧的发挥。

案例与启示　　　　　　忠犬八公

1924年，秋田犬八公被它的主人上野秀三郎带到东京。每天早上，八公都在家门口目送上野秀三郎出门上班，然后在傍晚时分便会到附近的涩谷火车站迎接他下班回家。一天晚上，上野秀三郎并没有如往常一样回到家中，他在大学里突然中风，抢救无效去世了，再也没有回到那个火车站，可是八公依然忠实地等着他，直到死在火车站。火车站的工作人员被八公的忠诚所感动，为它在这个火车站立了碑，并刻上了"忠犬八公"字样。

20世纪80年代初，中日双方有一个大型的贸易合作项目，中方应日方邀请来到日本进行合作项目的商务洽谈。当时正置中国改革开放初期，中国在国际上的地位还不高，国际商誉也没有完全建立起来。中日之间由于历史的原因，在信任方面存在一些隔阂，日方担心刚刚改革开放的中国存在信誉问题。于是，他们特意将谈判地点选定在涩谷火车站附近的一家酒店。我们可以体会到日方想借这个特别的谈判地点，暗示双方合作必须建立在诚实守信的基础之上。

（二）谈判场所的布置

谈判场所是双方谈判的主战场，谈判场所的布置会直接影响谈判人员的情绪。一般要求谈判场所内必须整洁、明亮、宽敞，通风设备良好，并且要有良好的通信设备，谈判人员能够方便打电话和上网；同时还应配备投影仪、计算机等视频设备，供谈判双方进行资料展示和数据分析。谈判场所还应设有双方单独的休息室，以便双方休谈时能够放松和临时进行内部商讨。

谈判场所的选择也具有一定技巧。在一次中美谈判中，中方选择在一个南北朝向的谈判室进行谈判，根据商务谈判的礼仪，正好让客方朝南而坐，正对阳光的一面。当天阳光强烈，很刺眼，谈判进行一段时间后美方谈判人员感到莫名的烦躁，但又不知道是什么原因。由于情绪激动，因此谈判很快在美方的大幅让步中结束，中方因此而获得了较大利益。

谈判场所内的布置也很重要，包括谈判桌椅的选择，谈判桌上双方旗帜的摆放，灯光、温湿度的调节，饮料、茶水的配备等。一般谈判桌分为圆形和长方形两类。对于大型、重要的双方初次会面，通常选择长方形谈判桌。双方代表各居一方，面面而坐，无形中增加了双方谈判的分量，使谈判显得更为正式。在规模较小、双方关系密切、谈判人员相互比较熟悉的情况下，多采取圆桌进行谈判，这样可以消除双方的距离感，融洽双方关系，使谈判更容易进行。谈判场所内的灯应选择比较柔和的白炽灯或黄色光线的灯，温度和湿度一般应控制在人体比较适宜的水平。

案例与启示　　　　　最适宜的 17.8℃

20世纪70年代，日本首相田中角荣为恢复中日邦交正常化来到北京。他怀着等待中日最高首脑会谈的紧张心情，在迎宾馆休息。迎宾馆内气温舒适，田中角荣的心情也十分舒畅，与随从的陪同人员谈笑风生。他的秘书仔细看了一下房间的温度计，是"17.8℃"，这正是田中角荣平常最习惯的温度。这个温度让他身体舒适、心情舒畅，为谈判的顺利进行创造了条件。

可见，中方对这次谈判是非常重视的，做了充分的准备，就连谈判对手最适宜的气温这样的细节问题都考虑到了，真可谓对谈判对手了如指掌。

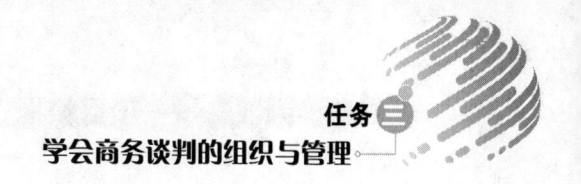

（三）谈判人员的食宿安排

商务谈判是一项复杂而紧张的工作，费时长，精神高度紧张，因此需要良好的食宿来保证充足的精力。东道主一定要妥善安排谈判人员的食宿问题，做到细致周到，方便舒适。根据谈判客方的饮食习惯，应尽量安排可口的饭菜，提供安全、方便、舒适的住宿条件，方便出行的交通工具，让谈判客方有宾至如归的感觉。通过谈判桌外的这些细心安排，可为双方建立良好的合作关系奠定基础。

经典阅读　　商务谈判计划书的一般格式

一、明确谈判的主题

本次谈判主要解决什么问题？期望达到什么目标？

二、谈判时间与地点

（1）什么时候开始谈判？谈判多久？

（2）在哪里谈判？

东道主要将谈判的具体地点通知客方，以便对方提前做好准备。因为时间和地点与气候有很大关系，如果谈判时间较长，客方则要考虑做好出行生活方面的准备。

三、谈判成员与分工

（1）首席代表（也称主谈，通常是谈判组长）：主要负责谈判团队的管理、对谈判局势的控制和谈判的最终决策。

（2）技术代表：负责谈判项目的技术问题，如质量、设计、检验、交货时间、包装条款、售后服务和培训等。

（3）商务代表：负责市场行情、竞争分析，以及价格条款、优惠条件、违约责任、合作期限等商务方面内容的谈判。

（4）财务代表：负责成本、收入、利润、投资、投资回收、结算方式、支付货币和支付方式、保险购买等财务方面内容的谈判。

（5）法律顾问：负责违约处罚、协商、调解、仲裁和上诉法院条款，不可抗力的规定，合同签订时的合法性等问题的谈判和把关。

（6）其他成员：翻译人员、谈判秘书。

四、谈判目标

（1）谈判的定性目标：是指通过谈判双方建立什么样的关系或者改善双方的合作关系等。

（2）谈判的定量目标：是指本次谈判双方需要实现的交易数量、金额、价格等指标。

五、谈判议程与进度

（1）本次谈判的具体内容有哪些？

（2）本次谈判中的核心问题是什么？

（3）我方需要获得的利益是哪些？

（4）我方可以做出的让步是哪些？

（5）对方需要的利益可能是哪些？

（6）对方可能做出哪些方面的让步？
（7）根据先易后难原则，明确先谈什么，后谈什么？
（8）开局和报价用时多久，磋商用时多久，休会期间安排什么活动？

六、谈判双方的优势和劣势分析
（1）我方优势与劣势分析。
（2）对方优势与劣势分析。

七、谈判各阶段策略的设计
（1）开局阶段的策略及开场阐述。
（2）磋商阶段的策略及让步方式。
（3）分析可能出现僵局的时机和原因。
（4）处理僵局的方式和策略描述。
（5）如何发出成交信号，促成交易。

八、谈判预案
（1）如果谈判桌上出现意外情况，不能继续谈判下去应如何处理？
（2）除了对方，还有没有其他合作对象？

商务谈判计划书评价的内容与标准如表 3-3 所示。

表 3-3　商务谈判计划书评价的内容与标准

评价内容与相应的分值	考核点	分值	评价标准
职业素养 （3分）	书面格式	1	封面名称、时间清晰，文字编排工整清楚
	文字表达	2	内容完整，文字表达流畅，逻辑性强
谈判计划 （7分）	谈判主题	0.5	谈判主题明确，陈述了双方谈判需要解决的关键问题及预期
	时间、地点	0.5	谈判的开始与结束时间，谈判具体地点位置
	谈判人员及分工	0.5	有谈判角色名单，分工明确、职责清晰
	谈判目标	1.5	谈判目标层次分明，定性和定量目标具体
	谈判议程与进度	0.5	谈判的主要条款或议题，每个议题什么时候谈？时间多长？双方期待获得的利益、可能做出的让步预期
	谈判双方优劣势分析	1	针对谈判主题及谈判目标，分析双方优势和劣势 分析透彻，为采取谈判策略奠定基础
	谈判各阶段策略	2	开局策略具体、巧妙，能够为后续谈判做好铺垫，有报价方式选择策略，报价策略运用描述，有磋商策略的设计、讨价还价的幅度、次数设计、出现僵局的策略设计，谈判结束策略设计
	谈判预案	0.5	谈判过程中出现意料之外情况的处理，谈判破裂或谈判中止的处理

任务三 学会商务谈判的组织与管理

模块二 技能训练

一、训练目标——制订模拟谈判计划

根据训练背景材料，制订明确的模拟谈判计划。

二、训练实施——布置任务和成立小组

（1）组建模拟谈判小组，以 5~6 人为一组；分成偶数组，便于配对。
（2）提供附录 C 商务谈判技能测试题库中 20 道题为谈判背景资料。
（3）采取抽签方式决定谈判对手，并由一方代表抽取谈判背景资料。
（4）互为谈判对手的两组，采用抽签方式决定谈判甲方和乙方。
（5）各小组按甲方或乙方的情景，认真组织与准备，制订模拟谈判计划。

三、训练形式——小组讨论，形成文本

（1）各组拟定谈判人员角色，明确各自的职责。
（2）认真分析训练背景材料，拟订谈判计划。
（3）利用网络和实地调查收集谈判信息资料。
（4）根据训练背景材料，可以适当虚拟谈判数据信息，但要有可行性分析。
（5）打印模拟谈判计划和信息资料文稿，以备之后模拟开局时使用。

经典阅读　　高效谈判的 6 个基本要素

高效谈判的 6 个基本要素，即谈判风格、目标与期望、权威的标准与规范、关系、对方的利益和优势。

第一个基本要素：谈判风格

所有的谈判都是从人开始，因此，高效谈判的第一个基本要素就是谈判者偏好的谈判风格，即当你面对谈判时最有信心地与他人沟通的方式。你的成功取决于能够坦率地评估自己作为一个沟通者的优势和劣势。

在开始学习谈判前，要好好地认识一下自己，通过谈判风格测试，确认个人谈判风格。了解不同谈判风格的偏好，利用个人谈判风格倾向中的优势，弥补其不足，使自己成为最佳谈判者。

第二个基本要素：目标与期望

高效谈判的第二个基本要素主要在于你的目标和期望。如果你首先不知道你要实现的

目标是什么，那么就不知道何时说"可以"，何时说"不行"。

首先，一个具体的、具有挑战性的目标将激发你的情绪。你常常会把低于自己目标的提议看做"损失"。这将激发你为实现目标而不断想出新的策略和方法，坚持到底直至目标达成。

其次，如果你目标明确，对方能感受到你的自信和决心。你将向对手传达这样的信息：你对自己及此次交易有很高的期望。对于那些知道自己想要什么和为什么应该得到这些结果的人来说，可能没有其他人格属性比源于自身的信心、自尊和执着的从容心态在谈判中更加重要的了。

最后，当你制订目标时，应该大胆而乐观地评估你希望得到的结果。在谈判中，高期望的人比那些目标适中或者持有尽我所能想法的谈判者表现得更好，最终得到的结果也更好。

第三个基本要素：权威的标准与规范

除了目标明确之外，人们常倾向于以权威的标准和规范来进行谈判。例如，全球金融市场为借贷资金设定了利率，货物买卖中市场的平均价格及国家质量标准等。这些标准限定了谈判的范围，使所有谈判方在给定范围内能够谈论他们偏好的结果，而不是显得不合情理。

找出你谈判中采用的标准，认真思考如何最大限度利用这些标准，这将使你在谈判过程中"说话有分量"。当你主张的标准、规范和谈论的话题在对方看来是正当的，并且与解决你们之间的分歧有关时，就表现出与对方的一致性，这更容易被接受。但如果你将自己的需要、标准和权利作为谈判唯一合理依据，将无法达成协议。因此，最好的做法是预测对方偏好的标准，并将自己的建议限定在那些标准内。

第四个基本要素：关系

谈判是人和人之间关于目标、需求和利益的活动，因而在谈判桌上培养并处理好人际关系是高效谈判的第四个基本要素。好的人际关系可以提高相互之间的信任和信心，减少不安，便于更好地沟通。

首先，良好的关系必须建立在互惠基础上。互惠表现为三个层次：第一，你应该总是让别人觉得可以相信和信赖，如果你自己做不到这一点，就没有权力要求别人如此。第二，你应该公平地对待那些公平对待你的人，这个简单的规则能够维持大部分颇有成效的谈判关系。第三，当你认为其他人对你不公正的时候，你应该让他们知道：不公正的对待带来的就是彼此的憎恶和关系的彻底瓦解。

其次，良好的工作关系建立在友好的私人关系上。研究证实，两个谈判者之间的私人关系越紧密，就越有可能根据一些简单的、大致平等的妥协，来最小化彼此的冲突而达成交易。因此，建立工作关系之前，要有意识地建立好私人关系，利用好私人关系。

最后，利用心理战略建立工作关系。一是利用相似性原则，一个简单的心理事实：我们更趋于相信那些与我们行为相似，有大致相似的利益和经验，并与我们共同认同于相同群体的人。谈判前要深入了解对手，寻找个性和利益相似点。二是发挥礼物和善意的作用。谈判开始前或谈判僵持时，送给对方某些作为善意象征的礼物。特别是送陌生人礼物，常常是愿意为未来关系投资的一种信号。三是通过关系网络建立信任。例如，通过双方朋友的引荐，之前有过交换的名片，这些关系网络都有助于我们增加彼此的信任度。

第五个基本要素：对方的利益

高效的谈判者表现出一个非常重要的特点：具备从对方的角度看待问题的能力。如果想要在谈判桌上取得胜利，你必须学会反问自己，什么样的立场才能符合对方的利益，以便有助于你实现自己的目标。并且，你应该找出对方拒绝你的立场原因，尽可能地排除对方的反对，理解对方真正需要的东西。另外，还要确定对方决策者的身份、自尊和自我实现的利益，尽量满足决策者的个人需要，这将会推动谈判。

第六个基本要素：优势

优势是谈判的关键变量。你可以通过多种不同途径增加优势，例如，找到谈判桌之外好的替代方案来实现目标，控制对方所需要的资源，组建联盟（新合作伙伴），使局势向着如果未达成协议对方要失去面子的方向发展，向对方谈判者表明你有能力使其现状恶化等。关于优势存在一些误解。有人认为，实力弱小的企业或个人就没有优势，其实，在任何既定的情境中，即使实力弱小的人也能获得优势。另外，在组织内部，个人可以通过热情而不是满不在乎来获得优势，而在多数市场交易中优势要发挥作用，恰好是通过与之相反的方式实现的。

（资料来源：[美]理查德·谢尔. 沃顿商学院最实用的谈判课（第2版）. 整理）

任务小结

（1）商务谈判是一项复杂的经济活动，对谈判人员的选拔必须有严格的标准和明确的要求。在进行商务谈判人员的选拔时，要考虑形象、经验、个性、机智、口才和意志等因素。

（2）商务谈判班子配备根据谈判主题决定，一般4人为宜，即首席谈判代表、技术主谈、商务主谈和法律顾问，根据需要则可增设文秘人员。

（3）商务谈判是一项团队协作活动，对于谈判班子的管理必须坚持民主集中原则、权力有限原则、分工协作原则和单线联系原则。

（4）情报信息是谈判的基础，也是谈判成功的要素之一。商务谈判信息管理工作包括两个方面，一是谈判信息的收集，二是谈判信息的管理。

（5）谈判信息收集主要分为一般信息收集和针对性信息收集。一般信息可以从报纸、公开刊物、媒体等渠道进行收集，而针对性的信息可能要进行专门的市场调查，并采用一些特殊方法才能获得。

（6）谈判信息的管理主要涉及整理和保密两个方面。为了保证信息的真实性和可靠性，必须对信息进行分析、处理，去伪存真；同时，要注意对信息的保密，采取相应措施保证信息不被泄露。

（7）商务谈判计划是指导商务谈判顺利进行和实现谈判目标的指南。商务谈判计划的主要内容包括谈判人员的分工、谈判目标的确定、谈判双方的优势和劣势分析、谈判议程和进度安排、谈判各阶段的策略设计和谈判预案设计等。

复习与思考

一、关键术语

谈判班子；主谈人；谈判主题；谈判信息；谈判目标；谈判计划

二、单选题

1．商务谈判团队人员选拔时，需要考虑团队的整体形象，以确保谈判的整体实力。整体形象包括谈判人员的年龄结构，还有（　　）。

　A．学历结构　　　　B．专业结构　　　　C．性别搭配　　　　D．性格搭配

2．商务谈判班子的管理是一项重要工作，能否调动团队整体积极性和智慧，不仅依靠主谈的驾驭能力，同时也要求谈判人员严格遵守各项原则，如谈判中的民主原则、权力有限原则、分工协作原则和（　　）。

　A．相互尊重原则　　　　　　　　　B．副谈服从主谈原则
　C．单线联系原则　　　　　　　　　D．随时沟通原则

3．商务谈判信息资料收集是谈判准备阶段的一项重要工作，谈判信息资料分为一般信息资料和针对性信息资料两类。其中，针对性信息资料主要是涉及谈判议题、谈判对手及竞争环境等的（　　）。

　A．主观经验信息　　　　　　　　　B．客观事实信息
　C．宏观环境信息　　　　　　　　　D．微观环境信息

4．商务谈判准备阶段必须拟订商务谈判计划，并进行模拟谈判，以预测正式谈判可能遇到的困难。商务谈判计划中必须明确谈判的目标，包括最理想目标、最可接受目标、立意达到目标和（　　）。

　A．最低目标　　　　　　　　　　　B．最高目标
　C．最现实目标　　　　　　　　　　D．最具竞争目标

5．商务谈判的目标是希望能够达成交易，但谈判的结果并不完全掌握在某一方谈判者手中，因此，在拟订商务谈判计划时，必须做好各种谈判结果的预案，包括谈判成交预案、谈判中止预案和（　　）预案。

　A．谈判成功　　　　B．谈判失败　　　　C．谈判延期　　　　D．谈判破裂

三、多选题

1．商务谈判人员的要求包括（　　）。

　A．形象与个性　　　B．口才与机智　　　C．意志与经验　　　D．学历与人脉

2．在企业内部的职能部门中挑选商务谈判人员进行培养，以备不时之需。选拔商务谈判人员的主要方法有（　　）。

　A．经历跟踪法　　　　　　　　　　B．交流观察法
　C．应对对手法　　　　　　　　　　D．谈判能力测验法

3. 按照谈判团队的人数，商务谈判类型可分为（　　）。
   A．个体谈判　　　　　　　　　　B．双方谈判
   C．集体谈判　　　　　　　　　　D．多边谈判
4. 以货物买卖为例，一般谈判团队的角色包括（　　）。
   A．首席代表　　　　　　　　　　B．技术代表
   C．商务代表　　　　　　　　　　D．财务代表
5. 谈判通常需要团队协作才能完成，因此，对于谈判团队的管理必须有一定的原则。谈判代表必须遵守以下原则（　　）。
   A．民主集中制原则　　　　　　　B．权力有限原则
   C．分工协作原则　　　　　　　　D．单线联系原则
6. 在进行商务谈判前必须做好充分准备，特别要做好对于谈判所涉及的相关信息资料的收集。谈判所涉及的主要信息分为（　　）。
   A．一般信息　　　　　　　　　　B．针对性信息
   C．调研收集信息　　　　　　　　D．报纸杂志公开信息
7. 信息对于谈判十分重要，因此必须加强对于信息的管理。谈判信息管理工作主要包括对信息的（　　）。
   A．整理　　　　　　　　　　　　B．处理
   C．保密　　　　　　　　　　　　D．存档
8. 商务谈判的准备工作最终要落实在商务谈判计划上。商务谈判计划内容主要包括以下方面（　　）。
   A．确定谈判目标　　　　　　　　B．拟定谈判议程
   C．制订谈判策略　　　　　　　　D．安排谈判时间
9. 商务谈判计划中的谈判目标分为（　　）。
   A．最优期望目标　　　　　　　　B．实际需求目标
   C．可接受目标　　　　　　　　　D．最低底线目标
10. 商务谈判物质条件的准备包括（　　）。
    A．谈判场所的布置　　　　　　　B．谈判食宿安排
    C．谈判进度安排　　　　　　　　D．谈判期间活动安排

四、思考题

1. 谈判人员应该具备哪些基本素质？你已经具备了其中的哪些素质？
2. 谈判班子应该配备哪些专业人员？其主要职责是什么？
3. 怎样选拔和管理商务谈判人员？
4. 谈判前的信息收集与分析对谈判成功具有什么意义？
5. 在谈判过程中如何开展对于信息的管理和保密工作？
6. 商务谈判中的物质条件需要注意哪些事项？
7. 商务谈判计划具体包括哪些主要内容？

内容为任务三选择题
互动题库

中 篇

商务谈判实施阶段

任务四　商务谈判开局
任务五　商务谈判报价
任务六　商务谈判磋商

任务四

商务谈判开局

任务目标

知识目标：
- 了解商务谈判开局的程序
- 掌握商务谈判开局的方式
- 明确商务谈判开局的任务
- 掌握商务谈判开局的策略与技巧

能力目标：
- 能够营造恰当的谈判气氛
- 能够巧妙地运用开局策略
- 能够充分协商好谈判议程

模块一 知识储备

情景案例 　　松下幸之助在寒暄中失去先机

日本松下电器公司创始人松下幸之助先生刚"出道"时，曾被对手以寒暄的形式探测到了自己的底细，因而使自己产品的销售大受损失。

当他第一次到东京找批发商谈判时，刚一见面，批发商就友善地对他寒暄说："我们是第一次打交道吧？以前我好像没见过你。"批发商想用寒暄托词，来探测对手究竟是生意场上的老手还是新手。松下先生缺乏经验，恭敬地回答："我是第一次来东京，什么都不懂，请多关照。"正是这番极为平常的寒暄答复却使批发商获得了重要的信息：对方原来只是个新手。批发商问："你打算以什么价格卖出你的产品？"松下又如实地告知对方：

"我的产品每件成本是 20 元,我准备卖 25 元。"

批发商了解到松下在东京人地两生,又急于要为产品打开销路的愿望,因此趁机杀价。批发商对松下幸之助说:"你首次来东京做生意,刚开张应该卖得更便宜些。每件 20 元,如何?"结果没有经验的松下先生,由于对东京市场不了解,只好按成本价将产品销售给了批发商,在这次交易中吃了亏。

案例点评

松下幸之助在寒暄中过多地透露了个人信息和产品信息,结果中了对手的圈套,让批发商了解到了他在东京没有市场开发经验,又急于销售产品的情况。使得自己一开始就处于被动局面,让批发商占了先机。松下幸之助这次吃亏在于没有谈判经验,不了解谈判开局阶段应该做什么。

内容为任务四情景案例
互动电影

谈判的开局阶段是在谈判准备阶段之后,谈判双方进入面对面的正式接触时期。谈判开局阶段对于谈判双方来说尚无实质性的认识,许多工作千头万绪,无论准备工作做得多么充分,也难免出现新情况,遇到新问题。因此,在开局阶段双方代表的心情都比较紧张,态度比较谨慎,都处于试探对手的心理状态时期。所以,这一阶段一般不进行实质性谈判,而只是进行见面、介绍、寒暄等礼节性接触。

从时间分配上看,开局阶段仅占整个谈判过程的很小一部分。开局阶段虽然时间很短,但却很重要,因为它将为整个谈判定下一个基调。有人把谈判比喻成一次航行,要出色完成一次航行就必须开好船、掌好舵、撑好帆、靠好岸。开局就好比大船起航,首先航向要对,其次要借风使舵,最终才能顺利到达成功的彼岸。可以说,良好的开局是谈判成功的一半。开局的主要任务是营造恰当的谈判气氛,探测对方虚实,巧妙地运用开局策略,双方充分协商好谈判议程。

一、营造恰当的谈判气氛

许多谈判教材都提出要营造一个良好的谈判气氛。其实,并不是所有的谈判都是在一种和谐、友好的气氛下开始的。例如,一次讨债的谈判,明明知道对方有钱,可对方不讲信誉,欠钱不还,这时可能开局就不那么和谐了。讨债方至少要在开局时就给对方一些压力,让其知道欠债不还是不对的,以引起对方的重视,进而在气势上占据上风。因此,要想获得谈判的成功,应该提倡根据谈判目的和谈判双方的关系营造一种恰当的谈判气氛。

(一)注意开局礼仪

谈判开启,主客双方见面,双方都应采取积极主动的态度,迅速打破陌生感,拉近距离。主方要提前恭候在谈判室门口,热情地迎接客方代表的到来,并主动与客方代表真诚握手,互致问候。有经验的谈判人员还会主动询问对方的一些情况,或者向对方成员中自己认识或接触过的熟人主动打招呼,为双方的初次见面进行热情洋溢的介绍,叙说旧情,等等。

营造谈判气氛绝非是做"表面文章",因为友好热烈的气氛有助于谈判的顺利进行。

在谈判开始的瞬间，谈判人员的大脑神经十分活跃。首先是外部刺激信号的接收，即对方走进谈判场所的情景、目光、姿态、手势、动作、态度、语气、声调等都会对谈判人员的大脑产生影响；其次是对这些信号的反应，比较典型的情况是谈判双方或某一方会表现出对谈判感到紧张、信心不足、猜疑，甚至有防范心理。所以，在谈判开局时，每个谈判人员都要把自己看作谈判环境的一部分，做好充分的思想准备，巧妙地以恰当的信号刺激对方或接收信号，争取在短暂的时间内营造出积极、融洽的谈判气氛。

（二）做好开局入题

谈判开始的前几分钟是一个彼此熟悉场景和融洽感情的阶段，一般不谈具体的谈判话题，而是运用可以引起双方感情共鸣、交流的轻松话题和语言来开启谈判之门。可供开局入题的话题有以下几类。

1. 以中性话题入题

中性话题是指谈判主题之外的话题，如新闻、体育、娱乐和时尚等流行的话题；气候、旅游和饮食等日常性的话题；还可以回忆往日双方合作成功的历史，以密切关系，甚至幽默得体地开开玩笑，以缓解谈判开始的紧张气氛，达到联络感情的目的。

我国一代伟人毛泽东就善于在寒暄中发挥他独特的魅力，缩短与谈判对手的心理距离，并让对方自然产生一种受到尊重的快感。1949年4月，在"国共和谈"期间，毛泽东接见了国民党方面的代表刘斐先生。刘斐开始非常紧张，见面后，毛泽东和刘斐寒暄起来。毛泽东问刘斐："你是湖南人吧？"刘斐答道："我是醴陵人。"醴陵与毛泽东的家乡是邻县，是老乡。毛泽东高兴地说："老乡见老乡，两眼泪汪汪哩。"听了这话，刘斐紧张的心情很快就放松下来，拘束感完全消失了。

2. 以双方感兴趣的话题入题

如果开局阶段能够引出双方感兴趣的话题就很容易产生共鸣。要想找到双方共同的话题，必须在谈判前做好充分准备，收集有关对方谈判代表的信息资料，了解对手的谈判风格和个性，以及个人专长和兴趣爱好。

被美国人誉为"销售权威"的霍伊拉先生就很善于这样做。一次他要去梅依百货公司谈一笔广告业务，他事先了解到这个公司的总经理会驾驶飞机。于是，他在和这位总经理见面互做介绍后，便随意说了一句："您是在哪儿学会开飞机的？"一句话，触发了总经理的谈兴，他滔滔不绝地讲了起来，谈判气氛显得轻松愉快。结果不但广告业务有了着落，霍伊拉还被邀请去乘坐了总经理的自用飞机，和他交上了朋友。

3. 以介绍己方谈判代表入题

由谈判小组负责人适当介绍己方谈判代表的姓名、经历、学历和年龄，以及在谈判中担任的角色等。介绍时可以适当提高被介绍人的位势，让对方了解己方代表的基本情况，显示己方谈判团队实力，提高己方代表在对方心目中的地位。

例如，当你介绍一位年轻的谈判代表时，可以这样说：这位是我们公司的技术工程师小张，毕业于中南大学，是中科院院士某某先生的爱徒，我们公司的技术骨干，年轻有为啊！这次我们双方的合作项目有关技术方面的事由他全权负责。这一简单介绍，一方面提高了小张在谈判中的地位，使之在以后的谈判中说话有分量；另一方面也提高了整个团队的位势，因为连这么年轻的代表都是技术骨干，可见整个谈判队伍实力不容轻视。

4. 以介绍己方基本状况入题

开局阶段也可以向对方介绍一些有关本企业生产经营、企业规模、企业文化、企业在行业内的影响等基本情况。要做好基本情况介绍，最好事先准备好资料复印件或幻灯片放映图片，生动形象地展示企业发展历史和获得的各种荣誉，企业的文化和经营理念，合作的标杆性企业，以显示己方雄厚实力和良好的品牌形象。通过介绍让对方了解己方实力，并坚定合作的信念。如果双方比较熟悉，而且谈判之前已经充分交往过意见，也可以直接以谈判目的、议事日程安排、进展速度和谈判人员组成情况介绍等话题入题。

一位有经验的谈判者，能透过相互寒暄时的那些应酬话语掌握谈判对象的背景材料，其性格爱好和处事方式，谈判经验及作风等，进而找到双方的共同语言，为相互间的心理沟通做好准备，这对谈判成功有着积极的意义。

案例与启示 浓浓乡情感动台商

一位湘籍台商宋某准备来湖南投资建厂，经过多次电话和邮件接洽，最终确定于2009年秋天正式来长沙进行谈判。2009年10月26日下午，宋某带领公司谈判代表团队人员乘坐飞机抵达长沙黄花机场，湖南省外资引进办主任亲自到机场迎接，并安排入住长沙华天大酒店。

为了让客人适应环境，融洽谈判气氛。10月27日，即台商来湘第二天，主方并没有立即安排谈判，而是先安排客方代表团游览和参观了历史伟人毛泽东和刘少奇故居，并由我方谈判代表部分人员陪同游览。双方在谈判桌外的接触，为接下来的正式谈判营造了一种良好的气氛。

10月28日开始正式谈判，谈判地点就选择在客人入住的华天酒店二楼的会议室。早上8点谈判如期举行，主客双方一见面，主方主谈就用家乡话问候客人。浓浓的乡音感动了在场各位代表，很快拉近了双方距离。接着客方对主方安排参观伟人故居致以感谢，并发表了许多感慨。主方谈判负责人亲切地问道："各位台湾朋友，你们大概都是第一次来湖南吧，不知道昨日休息得还好吗？吃、住是否习惯？有什么不便和要求，一定要告诉我们，千万不要客气呵！"

谈判就在这样充满浓浓乡情的友好气氛中开场了。正因为良好的开端和自始至终保持了友好合作的基调，这场谈判最终取得圆满成功，双方签订了投资2亿元人民币合作建厂的协议。

（三）开场阐述

谈判入题后，双方要阐述各自的观点和立场。开场阐述是谈判的重要步骤。开场阐述必须注意以下要点。

1. 尽量让对方先谈

为了探测对方情况，争取主动，一般在开场阐述时，尽量让对方谈判人员先谈。而己方先保持沉默，不说明自己的交易意图，即使心中有明确的计划和安排，也不妨先听听对方对交易的想法、立场及利益所在。这样有利于争取谈判的主动权，使己方的阐述有针对性、灵活性和调整余地。

2. 只谈原则，不谈具体内容

开场阐述自己的观点和看法时要采取"横向铺开"方法，只需要阐明所要解决的主题、立场和利益即可，而不需要深谈某一具体问题及理由。

例如，关于布料延期交货索赔谈判的开场阐述，索赔方只要表明本次谈判的主题是解决违约赔偿问题，双方以合同为依据，本着继续合作的愿望，务实地解决延期交布给买方带来的损失就行了，而不需要讨论索赔的金额及双方责任等具体问题。这些具体问题是在报价后，磋商阶段进行深入洽谈的内容。

3. 独立阐述己方的观点和立场

所谓独立阐述己方的观点和立场是指不受对方阐述的影响。在听取对方阐述后，不要受到对方观点、立场的影响或左右，也不需要对对方观点和立场进行回应；即使听到对方阐述中有明显漏洞，也无须做任何评论，阐述己方的观点和立场即可，即将注意力放在己方的利益方面，不必阐述双方的共同利益，也不要试图猜测或假设对方的立场。

4. 注意开场阐述的表达方式

开场阐述应采取诚挚和轻松的方式进行表达，以协调洽谈气氛。阐述时要避免言之无物、以我为中心和不礼貌用语，同时要注意语调、声音和语速。谈判者应该通过声音和语调的变化显示自己的信心和决心，表达自己诚挚的愿望。在发言中可巧妙地利用停顿和重复以引起对方的注意，有时能够收到很好的效果。

案例与启示　　原材料买卖的开场阐述

买方：我们对贵方所能提供的原材料很感兴趣。我们准备大宗购进一批，生产一种新产品。我们曾与其他厂家打过交道，但关键的问题是时间，我们想以最快的速度在这个问题上达成协议。为此，我们希望开门见山，并简化谈判的程序。虽然我们以前从未打过交道，不过据各方面反映，贵方信誉好，一向很合作，相信本次我们的交易也能够顺利达成。

卖方：我们非常高兴贵方对我们的产品感兴趣，并愿意向贵方出售我们的产品。但是，我们的产品数量有限，而目前市场上这类产品又比较紧缺。当然，这一点是灵活的，我们关心价格问题。正因为如此，我们才不急出售数量有限的产品。

从上述关于原材料采购开场阐述来看，双方都表明了己方观点和态度。从中我们可以了解到一些主要信息，一是买方对于谈判时间限制很严格，二是买方将大批量采购，而且买方是新客户；卖方阐述的内容合作态度明确，但产品数量有限，不急于出售；但卖方的阐述留有余地，表明只要价格合适，就有合作的空间。

> **经典阅读**　　　　开场阐述注意事项

1. 树立形象

开场阐述时首先要注意自我介绍应自然大方，真实诚恳，不可表现得态度傲慢；应始终面带微笑，缓解紧张气氛，给对方留下亲切友好的印象。介绍者在进行介绍前，一定要征求被介绍双方的意见，以免唐突，也是对被介绍人的尊重。介绍完毕后，被介绍双方应微笑点头致意或握手致意，必要时可进行名片交换。

初次见面或不很熟悉的朋友经介绍认识时，应在寒暄过后继续就一些话题进行交谈。在这种场合谈话的内容应尽量涉及双方感兴趣的一些中性话题，避免涉及政治、宗教等可能立场不同的敏感话题；也不要谈论个人隐私话题，切勿形成小圈子窃窃私语。当主人或宾客发言时应立即安静下来以示尊重。

认真倾听各位代表的发言，观察其举止表情，以便于摸清对方底细，同时也是表示尊重。

利用开场阐述，我们可以收集对方的信息，同时也给对方提供"情报"。这时可以采取"声东击西，虚实参半"的阐述技巧，同时也要辨识对方阐述意图的真实性。

2. 明确态度

开场阐述时还要注意双方各自在陈述己方的观点和愿望时，也要陈述己方对问题的理解，即陈述己方认为谈判应涉及的问题以及问题的性质、地位，己方希望取得的利益和谈判的立场。陈述的目的是使对方理解己方的意愿，既要体现一定的原则性，又要体现合作性和灵活性。然后，双方各自提出各种设想和解决问题的方案，并观察双方合作的可靠程度，设想在符合商业准则的基础上寻求实现双方共同利益的最佳途径。

在阐述的基础上进行报价。报价是指双方各自提出自己的交易条件，所以报价是各自立场和利益需求的具体体现。

二、探测对方虚实

在谈判开局阶段，不仅要为转入谈判正题创造气氛，做好准备；更为重要的是，谈判双方都会利用这一短暂时间，进行事前的相互探测，以了解对方的虚实，为及时调整己方的谈判方案与策略提供依据。

在这一期间，主要是借助感觉器官接收对方通过行为、语言所传递的信息，并对其进行分析、综合，以判断对方的实力、风格、态度、经验、策略以及所处的地位等。如果谈判者不想在谈判之初就暴露己方的底细，那就不要急于发表过多的己见，遵循少说多听原则，尽量启示对方先说，然后察言观色，把握动向。此外，可以通过巧妙提问来探测对方虚实。例如，要探测对方出价有没有水分，可以问："这个价格变化了吧？"要探测对方的诚意，可以问："你们的合作伙伴应该不止我们一家吧？"

除了通过提问来探测对方的虚实，也可以通过出示某些资料，或者要求对方出示某些资料等方法来探测对方的虚实。在商务谈判中，关于对方的底价、什么时间签合同以及谈判人员的权限等都是非常重要的信息。因为这些内容都属于商业机密。谁掌握了对方的底牌，谁就能在谈判中掌握主动。如何利用探测的技巧，尽量多地了解对方的一些情况，可以参考下面介绍的4种方法。

（一）火力侦察法

所谓火力侦察法就是先主动地抛出一些带有挑衅性的话题，刺激对方予以表态，然后再根据对方的反应判断虚实。运用火力侦察法时可以采取以下适当的方法，让对方主动表述自己的观点。

1. 征询对方意见

采取征询对方意见的方式可启发对方发表观点。例如，"贵方对此次合作的前景有何评价？""贵方认为这批冰箱的质量如何？""贵方是否还有新的方案？"

2. 诱导对方发言

诱导对方发言是一种开渠引水的启示对方发言的方法。例如，"贵方不是在传真中对这一方案提到过新的构想吗？""贵方对市场进行过深入调查和了解吧？""贵方价格变动的主要理由是什么？"

3. 使用激将法

激将法是一种诱导对方发言的特殊方法，即故意用语言激怒对方，使对方不由自主地说出真实想法以进行反驳和防卫。例如，"贵方的销售情况不太好吧？""贵方迟迟不肯报价，是对自己产品没有信心吗？"谈判一方希望通过这些话语，刺激对方讲出销售的真实情况和报出价格。

火力侦察法好比对准"敌人"抛出"炮弹"。当把"炮弹"打过去时，可以看看对方的反应在哪里，借此可以判断"敌人"在哪里。把问题抛过去，看看对手的反应在哪里，就知道对方关注的焦点在哪里。

（二）迂回询问法

迂回询问法一般用于谈判桌之外，即双方谈判前相互接触阶段。例如，主场的谈判代表陪同客方谈判代表吃饭、游玩和进行娱乐活动时，双方都很放松，降低了防范心理，这时相互都可以试探对方情况。

例如，主方可以关心地询问客方代表："现在机票不好订，而我们公司有专门人员负责这项工作。你们返程的机票需要我们帮忙预订吗？"如果对方回答说"可以"，这无意中就透露了对方的返程时间。我方至少就知道了一个底牌，这就是他们的时间结点。在这一时间结点之前，也就是客方返程之前，他们肯定希望谈出一个结果，这样我方就可以据此控制谈判的节奏。

再如，若希望探测对方的诚意，可以这样询问对方："据说贵方有意寻找第三方合作？"希望探测对方是否有决定权，可以这样询问对方："据说贵公司的老总很开明，制订了公司权力逐级下放的管理政策，所以副总可在其分管的业务范围内完全有权自主做出决定，是这样吗？"

（三）聚焦深入法

聚焦深入法是指就某一方面的问题进行一个扫描式的提问，即先大面积地提问，得到回复之后，再对我方最关心的，也是对方的隐情所在进行深入的询问，这样不断地提出问题，最终把问题的症结所在找到。

例如，首先提问："贵公司所在行业的市场竞争情况怎样？"接下来提问："贵公司的竞争力如何？"或"贵公司在行业中有哪些显著优势？"通过这些问题的答案，或对方回答时的态度，可以评估对方公司的实力和市场竞争力。

（四）试错印证法

试错印证法是指在与对方的谈判中有意地犯一些错误，比如念错一个字，或用错词语，或把价格算错、报错，这样诱导对方表态，然后再根据对方的表态借题发挥，最后达到己方的谈判目的。

例如，假设我方是卖方，在报价时可以故意把运费1 000元不加到总价中，使得总价少算了1 000元。对方是一个谨慎的账务人员，很容易发现这个错误。但他发现价格便宜了1 000元，认为有空子可钻，便希望在我方没有发现之前，尽快达成协议。

利用对手这种贪小便宜心理，在达成协议前，我方可以把这个错误的数据拿给对方领导看。然后，告诉对方领导我方看出来少算了1 000元。这时对方领导可能会说既然谈好了，怎么可能错呢，或者干脆耍赖。这时，我方可以使用权力有限策略，告诉对方，如果由于谈判人员算错了，这1 000元是要从个人工资里扣的。人一般都会有同情心，他会让你再去与总经理谈谈，再优惠一点，而不希望从你工资里扣。这时由于对方将精力集中在我方犯的这个错误上，而忽视了其他大的方面的讨价还价，只要妥善解决计算错误，给对方适当让利，就很容易成交。

三、巧妙运用开局策略

谈判开局策略是指谈判者谋求谈判开局有利形势和实现对谈判开局控制而采取的行动方式或技巧。营造适当的谈判气氛实质上就是为实施谈判开局策略打下合适的基础。商务谈判的开局策略主要包括五大类：一致式开局策略；坦诚式开局策略；慎重式开局策略；进攻式开局策略；挑剔式开局策略。

（一）一致式开局策略

一致式开局是指谈判双方的态度和意见在开局时能够保持一致性。在这种状态下，双方代表都用协商、肯定的语言进行开局陈述，使对方对己方产生好感，以便创造一种和谐、友好的谈判气氛。

一致式开局策略比较适用于谈判双方实力比较接近，双方过去没有商务往来经历，而第一次接触又都希望有一个好的开端。此时应多用外交礼节性语言和中性话题，使双方在平等、合作的气氛中开局。例如，谈判一方以协商的口吻征求谈判对手的意见，然后对对方意见表示赞同或认可，双方达成共识。在表明充分尊重对方意见的态度时，语言既要友好礼貌，又不要刻意奉承对方；姿态上应该不卑不亢，沉稳中不失热情，自信但不自傲，把握适当的分寸，顺利打开局面。

案例与启示　　　　美丽的亚美利加

1972年2月，美国总统尼克松访华，中美双方将要展开一场具有重大历史意义的国际谈判。为了创造一种融洽和谐的谈判环境和气氛，中国方面在周恩来总理的亲自领导下，对谈判过程中的各种环境都做了精心而又周密的准备和安排，甚至对宴会上要演奏的中美两国的民间乐曲都进行了精心的挑选。

在欢迎尼克松一行的国宴上，当军乐队熟练地演奏起由周总理亲自选定的《美丽的亚美利加》乐曲时，尼克松总统简直听呆了，他绝对没有想到能在中国的北京听到他如此熟悉的乐曲，因为这是他平生最喜爱的并且指定在他的就职典礼上演奏的家乡乐曲。敬酒时，他特意走到乐队前表示感谢，此时，国宴达到了高潮，而这种融洽而热烈的气氛也同时感染了在场的美国客人。一个小小的精心安排，赢得了和谐融洽的谈判气氛，这不能不说是一种高超的谈判艺术。

美国总统杰弗逊曾经针对谈判环境说过这样一句意味深长的话："在不舒适的环境中，人们可能会违背本意，言不由衷。"而英国政界领袖欧内斯特·贝文则认为，根据他平生参加的各种会谈的经验，他发现，在舒适明朗、色彩悦目的房间内举行的会谈，大多比较成功。

（二）坦诚式开局策略

坦诚式开局策略是指以开诚布公的方式向谈判对手陈述自己的观点或意愿，尽快打开谈判局面。坦诚式开局策略通常适用于双方过去有过商务往来，而且关系很好，相互了解也较深，这时可将这种友好关系作为谈判的基础。运用坦诚式开局策略时，在陈述中可以真诚、热情地畅谈双方过去的友好合作关系，适当称赞对方在商务往来中的良好信誉；由于双方关系比较密切，可以省去一些礼节性的外交辞令，坦诚地陈述己方的观点以及对对方的期望，使对方产生信任感。

坦诚式开局策略有时也可以用于实力不如对方的谈判者。本方实力弱于对方，这是双方都了解的事实，因此没有必要掩盖。坦率地表明己方存在的弱点，可使对方理智地考虑谈判目标。当然，这种坦诚也要表达出实力较弱的一方不惧怕对手的压力，以及充满自信和实事求是的精神，这比"打肿脸充胖子"要好得多。

案例与启示　　　　"土朋友"对"洋先生"的真诚告白

通常，国外的企业对中国的企业，特别是对中国国有企业的管理体制不是非常了解，而且还存在一些偏见，认为中国企业是党委书记领导下的厂长负责制。虽然，企业是党委书记领导，但党委书记一般不懂业务，只管路线和思想工作，类似商务谈判这类业务事项都是厂长说了算，因此不认为党委书记具有业务决策权。

有一次，北京某区一位党委书记在同外商谈判时，发现对方对自己的身份持有强烈的戒备心理。这种状态妨碍了谈判的进行。于是，这位党委书记当机立断，站起来对对方说道："我是党委书记，但也懂经济、搞经济，并且拥有决策权。我们摊子小，并且实力不强，但人实在，愿意真诚与贵方合作。咱们谈得成也好，谈不成也好，至少你这个外来的'洋'先生可以交一个我这样的'土'朋友。"寥寥几句肺腑之言，一下子就打消了对方的疑惑，使谈判很快顺利地向纵深发展。

（三）慎重式开局策略

慎重式开局策略是指以严谨、凝重的语言进行开局陈述，以表达对谈判的高度重视和鲜明的己方态度。采取慎重式开局策略的目的在于，使对方放弃某些不适当的意图，达到把握谈判的目的。

慎重式开局策略一般适用于谈判双方过去有过商务往来，但对方曾有过不太令人满意的表现，己方要通过严谨、慎重的态度，引起对方对某些问题的重视。

例如，可以对过去双方业务关系中对方的不妥之处表示遗憾，并表明希望通过本次合作能够改变以往的不愉快状况；可以用一些礼貌性的提问来考察对方的态度、想法，不急于拉近关系，注意与对方保持一定距离。

这一策略也适用于己方对谈判对手的某些情况存在疑问，需要经过简短的接触予以摸底。当然，慎重并不等于没有谈判诚意，也不等于冷漠和猜疑，采用这种策略的目的正是为了取得更有效的谈判成果。

案例与启示　　　　委婉拒绝对方要求

闻女士有一套二室一厅的房子，出租给了余女士，并签订了一年期的租赁合同。由于是新房子，所以水电和一些室内的装修出现了一些小小的返修，双方协商修理费用直接从租金里扣除。但是在后来的修理费中有一笔比较大的数额，那就是余女士自作主张将热水器换成了一个大容量的新热水器。闻女士考虑到当时二手房空置率较高，出租情况并不是很好，尽管心中不快，还是答应将这笔费用从租金中扣除。

一年合同期到了，余女士准备续租房子，两人又坐到一起谈判租赁事宜。闻女士吸取了上一租期合作的经验教训，一开始谈判就采取谨慎态度，先是对室内的电器和设施进行了全面清查，逐项登记。余女士续租时又提出了新的要求，要增装一台空调，但租金维持现状。

闻女士听到余女士的要求并没有否定，而是说："你的要求很有道理，天气热，应该每个房间都有空调。但现在3间房子已有2台空调，你可以将就一下，克服点困难。余女士则认为，现在租房子都必须每个房间都安装空调。闻女士告诉她说："安装空调并不是问题，如果每月租金增加200元，安装空调的费用可直接从租金中扣除。如果还是原来的租金，那安装空调的费用就只好由你自己承担了。"余女士了解周边租房的行情，加上她已经住过一年，对这里环境也比较熟悉了，最终在闻女士的坚持下双方签订了续租合同。

由于有了以往不愉快的经历，以及闻女士对余女士的了解，本次续谈的开局成功地采取了慎重式开局策略，既维护了余的面子，没有直接回绝她的合理要求；又提出了增加房租的条件可与其提出的安装空间的要求进行互换，委婉地拒绝了对方的不合理要求。最终在双方都能接受的条件下合作成功。

（四）进攻式开局策略

进攻式开局策略是指通过语言或行为表达己方强硬的姿态，从而获得谈判对手必要的尊重，并借以制造心理优势，使谈判顺利地进行下去。这种进攻式开局策略通常只在特殊情况下使用。例如，谈判对手居高临下，以某种气势压人，有某种不尊重己方的倾向。这时如果任其发展下去，对己方极为不利，因此要变被动为主动，不能被对方气势压倒。采取以攻为守的策略，可以捍卫己方的尊严和正当权益，使双方站在平等的地位上进行谈判。

对于进攻式策略一定要把握好运用的时间和力度，必须做到有理、有利、有节，不能使谈判一开始就陷入僵局。陈述时要切中问题要害，对事不对人，既表现出己方的自尊、自信和认真的态度，又不能过于咄咄逼人，使谈判气氛过于紧张。一旦问题表达清楚，对方的态度也有所改观时，就应该及时进行调节，使双方重新建立一种友好、轻松的谈判气氛。

案例与启示　　　　如何变被动为主动

日本一家著名的汽车公司在美国刚刚"登陆"时，急需找一家美国代理商来为其销售产品，以弥补他们不了解美国市场的缺陷。经过沟通双方约定好，由日方汽车公司派代表赴美国与美方代理商进行谈判。

当日本汽车公司准备与美国的一家公司就此问题进行谈判时，日本公司的谈判代表因为路上塞车迟到了。美国公司的代表抓住这件事紧紧不放，想要以此为手段获取更多的优惠条件。日本公司的代表发现无路可退，于是站起来说："我们十分抱歉耽误了您的时间，但是这绝非我们的本意，我们对美国的交通状况了解不足，所以导致了这个不愉快的结果。我希望双方不要再为这个无所谓的问题耽误宝贵的时间了，如果因为这件事怀疑到我们合作的诚意，那么我们只好结束这次谈判。我认为，我们所提出的优惠代理条件是不会在美国找不到合作伙伴的。"

日本代表的一席话说得美国代理商哑口无言，美国人也不想失去这次赚钱的机会，于是谈判顺利地进行了下去。

在本案例中，日本谈判代表采取进攻式的开局策略，阻止了美方谋求营造低调气氛的企图。进攻式开局策略可以扭转不利于己方的低调气氛，使之走向自然气氛或高调气氛。但是，进攻式开局策略也可能使谈判一开始就陷入僵局。

（五）挑剔式开局策略

挑剔式开局策略是指在谈判开局时，对对手的某项错误或礼仪失误严加指责，使其感到内疚，从而达到营造低调气氛，迫使对方做出让步的目的。挑剔式开局策略与进攻式开局策略是两种针锋相对的策略，如同进攻与防守一样。当一方用挑剔式开局策略开局，并不依不饶时，另一方可以采取进攻式策略，阻止对方继续进攻。挑剔式开局策略的运用同样必须谨慎，应采取对事不对人的原则。在指出对方错误时，既要让其感到压力，又不能使压力过头，以免激起对方的反攻，甚至使双方在开局阶段就陷入僵局。

案例与启示　　　　　　　迟到的代价

巴西一家公司到美国去采购成套设备。巴西谈判小组成员因为上街购物耽误了时间。当他们到达谈判地点时，比预定时间晚了45分钟。美方代表对此极为不满，花了很长时间来指责巴西代表不遵守时间，没有信用，表示如果这样下去的话，以后工作很难合作。浪费时间就是浪费资源和金钱。

巴西代表由于感到理亏，只好不停地向美方代表道歉。谈判开始以后，美方似乎还对巴西代表来迟一事耿耿于怀，一时间弄得巴西代表手足无措，说话处处被动。巴西代表因为无心与美方代表讨价还价，对美方提出的许多要求也没有静下心来认真考虑，匆匆忙忙就签订了合同。

等到合同签订以后，巴西代表平静下来，头脑不再发热时才发现自己吃了大亏，上了美方的当，但为时已晚。

在这个案例中，美国谈判代表抓住巴西谈判代表迟到一事，成功地使用挑剔式开局策略，迫使巴西谈判代表自觉理亏，而理亏的补偿就是在利益上让步。结果在美方紧逼之下，巴西谈判代表来不及认真思考，就连连让步，并匆忙签下了对美方有利的合同，为自己不守时的行为付出了巨大的代价。

四、明确商务谈判议程

开局阶段的最后一项工作，也是一项非常重要的工作，就是通过双方协商共同确定谈判议程。各方在谈判准备阶段都制订了明确的谈判计划，其中包括谈判的目的、主要议题、议事日程安排、进展速度和谈判人员组成情况等。但双方在谈判计划中拟订的谈判议程和进度并不一定会完全一致，因此，在开始正式谈判之前，双方必须坐下来协商谈判议程。

谈判议程主要包括：谈判主题的确定，谈判各项议题的确定；谈判进度的确定，即先谈什么，后谈什么；谈判时间的安排，如总时间长度，开场和续场的具体时间；谈判具体地点的安排。此外，还有谈判期间各种活动安排等内容。

双方对谈判议程的设计在一定程度上也会透露其关注的利益和重要问题，以及议题重要性顺序。因此，在协商谈判议程时，尽量让对方先发表意见，陈述其对谈判议程的设计，以便了解对方的谈判意图，并根据对方的方案对己方原来的计划进行调整，争取谈判的主动权，使整个谈判议程按有利于双方合作的方向发展。

如果双方都不想先发表看法时，一般可让东道主先发言。但是这并不意味着客方处于被动地位。实际上双方的地位是平等的，享有均等的发言机会，且在商议时双方一定要有合作精神，给对方足够的机会发表不同意见，提出不同设想，这样最终才能使双方达成一致的意见。

经典阅读　　　　　　　商务谈判七大禁忌

一、忌欺诈隐骗

有些人把商务谈判视为对立性的你死我活的竞争,在具体洽谈时,不顾客观事实,欺、诈、隐、骗,依靠谎言或"大话"以求得自身的谈判优势。例如,在一次货物买卖谈判中,卖方代表在介绍自己的产品时,说自己的产品获得了国家某某奖项。后来买方在谈判桌外一查实,这个产品根本就没有获得过这种荣誉。通过这点,买方对卖方产生了信任危机,所以虽然这种产品市场竞争激烈,但是买方还是找了一个理由选定了其他卖主。因此,谈判语言可以有艺术,但陈述的内容一定要符合实际,尤其是一些有据可查的事实更不能有虚假,否则就会失去对手的信任。

二、忌盛气凌人

有的谈判者由于自身的地位和资历高人一等,或者谈判实力较强,所以在谈判中往往态度盛气凌人,居高临下。这种盛气凌人的行为容易伤害对方感情,使对方产生对抗或报复心理。为此,在谈判时应该遵守平等互利原则。谈判桌上只有谈判角色的不同,没有行政职务的高低之分。

三、忌道听途说

有的谈判者由于与社会的接触面大,外界联系较多,各种信息来源的渠道较广,在谈判时往往利用一些未经证实的信息作为向对方讨价还价的依据。由于这些信息缺乏确凿的证据材料,其结果不但很容易让对方抓住把柄向你进攻,而且还给对方以不认真、不严谨,准备不充分的感觉。其结果,可能导致对方对己方所有的谈判内容产生不信任。因此,在商务谈判中,应避免使用"据说"、"可能"、"大概"之类的字眼。谈判之前,可将证据资料打印出来,查实其真实性,并标明出处。

四、忌攻势过猛

某些谈判者在谈判桌上争强好胜,一切从"能压住对方"出发,说话尖酸刻薄,不留余地,在一些细枝末节上也不示弱;还有的人以揭人隐私为快事。在谈判中攻势过猛的做法是不可取的,极易伤害对方自尊心,使得整个谈判出现不必要的僵局,破坏了整个谈判气氛;甚至可能遭到对手的强力反抗,反而使自己处于不利的尴尬境地。因此,在谈判中应该注意语言使用的艺术和技巧,尽量以比较委婉的语言进行陈述和说服,并且一定要做到尊重对方的意见和隐私。

五、忌含混不清

有的谈判者由于事前缺乏对双方条件的具体分析,加之自身不善于表达,当阐述立场、观点或回答对方提问时,就有可能出现含混不清,模棱两可,或自相矛盾的现象。这样就给对方留下了素质不高、准备不充分或对谈判不重视等不良印象。因此,企业对于谈判代表要进行认真选拔,并有针对性地进行培养。谈判前,谈判代表要根据谈判计划要求,做好充分的准备,对于对方可能的提问要进行模拟应答。总之,商场就像战场,商务谈判也不例外,绝不能打无准备之仗。

六、忌以我为主

在商务谈判中，有些人随意打断别人的讲话；有些人在别人说话时不够专注；有些人只顾自己，讲话滔滔不绝，根本不注意其他代表的反应和感受；有些人不考虑谈判的基本原则，只顾争取己方利益，而对于对方提出的要求分毫不让：这会使得整个谈判出现非常不和谐的气氛，不仅很容易引起对方的反感，而且也不利于双方平等互惠的合作。

谈判中切记少说多听，在需要表达时应注意分寸；要学会察言观色，看到对方有不耐烦表情时，立即停止或停顿表述；说话要留有余地，留下让人思考的空间。这样才能体现一个谈判者的良好素质，也能够避免言多失误的风险。

七、忌枯燥呆板

一些谈判者在谈判时经常会出现紧张的心理，表现在说话方面不流畅，思路不清晰，而且表情呆板，过分讲究各种姿势，缺乏灵活性。商务谈判不同于政治、军事类对抗性谈判，而是一种友好、合作性谈判，因此在谈判桌上可以适当放松，语言可以诙谐幽默，姿态也可调整变换，不要表现得过分严肃。否则，整个谈判气氛死气沉沉，不利于谈判双方建立良好的合作关系。

模块二 技能训练

一、训练目标——掌握开局程序和策略的运用

根据任务三技能训练拟定的模拟谈判计划进行开局模拟，营造适当的开局气氛，掌握开局程序和相关策略的运用。

二、训练实施——谈判角色分工准备

（1）各小组首先熟悉任务三的模拟谈判计划。
（2）收集开局阶段所需要的信息资料。
（3）熟悉模拟谈判流程及各阶段的时间分配。
（4）根据上次抽签的配对情况，做好谈判前主方与客方的沟通。
（5）各组对谈判背景资料进行认真分析，制订详细的开局方案。
（6）将需要展示的信息资料制作成PPT文件，增强谈判的说服力。
（7）召开模拟谈判预备会议，落实开局见面礼仪和介绍顺序。
（8）准备好开场的寒暄话题，做好内部的分工与协调。

三、训练形式——模拟开局，评价分享

（1）布置谈判场所：模拟谈判的主方提前10分钟到达谈判现场，做好谈判室的布置。

（2）宣讲谈判计划：采取背对背演讲方式，即主方派一名代表宣讲其谈判计划时，客方在谈判室外回避；当主方宣讲完毕，再由客方宣讲，此时主方回避。

（3）模拟谈判开局：注意见面礼仪，握手、问候、寒暄后阐述并协商谈判议程。

（4）同学互评：旁听小组每组派一名同学对场上小组进行评价，全班共同分享。

（5）老师点评：老师根据各组同学的表现，按评分标准给各组及个人打分。

经典阅读　　模拟商务谈判开局流程（50分钟）

第一部分：双方演讲及主持人提问与陈述（共10分钟）

1. 背对背演讲（各方3分钟）

一方首先上场，利用演讲的方式，向观众和评委充分展示己方对谈判的前期调查结论、对谈判案例的理解，提出谈判的切入点、策略。所希望达到的目标，同时充分展示己方的风采。一方演讲之后退场回避，另一方上场演讲。对演讲的具体要求如下。

（1）必须按演讲的方式进行，控制时间，声情并茂，力求打动观众和评委。

（2）A方先上场演讲，B方后上场演讲。

（3）每一方的演讲时间都不得超过3分钟，还剩1分钟时应有人提示。

（4）演讲由上场队员中的1位同学来完成，但演讲者不能是己方主谈。

（5）在演讲中，演讲者应完成以下几个方面的阐述：介绍本方代表队的名称、队伍的构成和队员的分工（每个队取一个有特色的名字）；本方对谈判案例的理解和解释；本方对谈判案例进行的背景分析，初步展示和分析己方的优势和劣势；阐述本方谈判的可接受的条件底线和所希望达到的目标；介绍本方本次谈判的战略安排；介绍本方拟在谈判中使用的战术；最后大家一起喊出一句最能体现本队特色的口号。

2. 主持人提问及陈述（4分钟）

（1）主持人提问（双方提问及回答都不得超过2分钟），演讲队员必须用最简短的话语进行回答。

（2）主持人引导性陈述：主持人提问结束以后，进行开局前的引导性陈述，强调并扩大双方的差距和分歧；然后介绍各谈判队员入场，进入下一阶段。

第二部分：进入正式模拟开局阶段（25分钟）

此阶段为谈判的开局阶段，双方面面而坐；一方发言时，另一方不得抢着发言或以行为进行干扰。开局可以由一位选手来完成，也可以由多位选手共同完成。发言时，可以展示支持本方观点的数据、图表、小件道具和PPT图片等。

1. 开局阶段双方应完成的任务

（1）注意见面礼仪，热情大方，亲切融洽。

（2）注意座次礼仪，介绍礼仪，准确到位。

（3）寒暄得体，营造良好的谈判气氛。

（4）陈述己方的观点和态度和期望。

（5）试探对方的谈判条件和目标。

（6）协商此次谈判的议程和进度安排。

2. 开局阶段双方应注意的事项
(1) 少说多听，注意观察对方的言行和举动。
(2) 不要轻易暴露己方底线，但也不能隐瞒过多信息而延缓谈判进程。
(3) 在开局结束时最好能够获得对方的关键性信息。
(4) 可以先声夺人，但不能以势压人。
(5) 选择恰当的开局方式，运用正确的开局策略和技巧。

第三部分：课堂分享（15分钟）
(1) 旁听小组各派一名代表对场上谈判小组及代表进行评价。
(2) 场上谈判小组各组长对本组谈判经验与不足进行总结。
(3) 老师对各谈判小组的整体表现和典型谈判代表进行点评。

第四部分：模拟商务谈判开局评价内容与标准

模拟商务谈判开局评价的内容与标准，如表4-1所示。

表4-1 模拟商务谈判开局评价的内容与标准

评价内容与相应的分值	考核点	分值	评价标准
职业素养 （共3分）	谈判纪律	1	按要求提前布置谈判环境，在教室谈判时应该先摆好桌椅，谈判结束后桌椅归位
	职业道德	1	遵守模拟谈判规程，尊重谈判对手，无恶意磋商
	商务礼仪	1	见面握手、问候，亲切热情，座次正确
谈判过程 （共7分）	谈判准备	2	制订了明确的谈判计划书 团队角色分工明确，各负其责 收集了开局需要的相关信息，准备充分
	模拟开局	1	宣讲谈判计划时表达流畅，谈判目标明确，思路清晰，开局策略设计恰当
		2	寒暄入题自然得体，营造了良好的谈判气氛
		2	探测对方虚实，设问巧妙； 阐述己方观点、态度和期望时思路清晰； 双方协商了此次谈判的议程和进度安排； 为报价做好了铺垫
分值小计		10	

任务小结

（1）谈判的开局阶段是继谈判准备阶段之后，谈判双方进入面对面的正式接触时期。在开局阶段双方代表心里都比较紧张，态度比较谨慎，且都处于试探对手的心理状态时期。开局的主要任务是营造恰当的谈判气氛，探测对方虚实，应巧妙地运用开局策略，通过双方协商确定谈判议程。

内容为商务谈判模拟开局视频

（2）对于营造恰当的谈判气氛，首先必须做足表面工作，即注意开局的礼仪；其次是选择恰当的话题入题，打开局面；最后则是阐述己方的观点、态度和期望。

（3）开局阶段处于双方试探期，可采取火力侦察法、迂回询问法、聚焦深入法和试错印证法进行巧妙设问，从对方的回答和反应中探测虚实。

（4）开局策略直接影响开局气氛，根据谈判主题和双方位势，可选择一致式开局、坦诚式开局、慎重式开局、进攻式开局和挑剔式开局等策略。

（5）在开局阶段结束转入报价阶段之前，还要协商此次谈判的议程和进度安排，即此次谈判整体时间多长，谈判的主要内容是什么，先谈什么，后谈什么，分配的时间进度等。双方在各自的谈判计划中对这些内容都有预计，但开局后必须通过双方协商确定下来。

复习与思考

一、关键术语

火力侦察法；迂回询问法；聚焦深入法；试错印证法；一致式开局策略；坦诚式开局策略；慎重式开局策略；进攻式开局策略；挑剔式开局策略

二、单选题

1. 开局阶段双方为了营造良好的谈判气氛，要借用各种话题来入题。例如，有关天气、体育比赛、当地特色等之类话题，这些属于（　　）话题。

　　A. 个人感兴趣　　　　B. 引起共鸣　　　　C. 中性　　　　D. 公关

2. 在谈判的开局阶段，双方都不十分了解。为了避免出现不和谐的谈判气氛，一般不宜谈论（　　）话题。

　　A. 对方感兴趣　　　　B. 宗教或政治　　　　C. 娱乐及饮食　　　　D. 风景名胜

3. 商务谈判开局阶段的一项重要工作就是确定谈判议程，谈判议程通常由（　　）确定。

　　A. 主方单独　　　　　　　　　　B. 客方单独
　　C. 主客双方协商　　　　　　　　D. 主客双方各自

4. 一家私营纽扣加工企业在与一家大型服装生产企业进行合作谈判时，私营企业谈判代表陈述道："我们摊子小、实力不强，但成本低、人实在；关键是我们的产品符合贵企业要求，合作成功也好，合作不成也罢，至少做小弟的可以向你们老大哥学习经验"。私营企业采取的（　　）策略

　　A. 坦诚式开局　　　　　　　　　B. 协商式开局
　　C. 挑衅式开局　　　　　　　　　D. 迂回式开局

5. 一家采购商长期拖欠一家供应商货款，供应商希望通过正式谈判来解决这个老大难问题。供应商谈判代表可以采取（　　）策略。

　　A. 坦诚式开局　　　　　　　　　B. 协商式开局
　　C. 进攻式开局　　　　　　　　　D. 一致式开局

三、多选题

1. 开局入题后，双方阐述各自的观点与立场时，必须注意以下要点（   ）。
   A．尽量让对方先谈
   B．只谈原则、不谈具体内容
   C．独立阐述己方观点和立场
   D．表达要诚挚和轻松

2. 开局入题很重要，影响整个谈判的趋势，根据谈判双方的关系及需要洽谈的议题，可以选择的开局策略（   ）。
   A．一致式
   B．价值式
   C．进攻式
   D．慎重式

3. 谈判开局后选择中性话题入题，可以缓解谈判初期的紧张气氛，又不容易出现触碰对方的各种忌讳，以下属于中性话题的（   ）。
   A．旅游与餐饮
   B．娱乐和时尚
   C．健康和疾病
   D．政治和宗教

4. 谈判开局后，如果双方比较熟悉和了解，可以选择双方感兴趣的话题入题，接近距离，双方产生共鸣，以下属于双方感兴趣的话题（   ）。
   A．某经理您的高尔夫打得很好
   B．您儿子很优秀，向我们传授经验呵
   C．我们两企业今年都入围中国100强企业
   D．听说某经理最近身体不好，现在怎样了

5. 谈判开局阶段要尽量启示对方先说话，以探测对方的底细和虚实，为接下来的实质性谈判做好铺垫，探测对方虚实的方法有（   ）。
   A．火力侦察法
   B．迂回询问法
   C．聚集深入法
   D．试错印证法

6. 商务谈判开局阶段，双方就谈判议程要进行充分协商，达成一致之后，才能开展实质性洽谈，议程的内容包括（   ）。
   A．谈判主题确定
   B．谈判议题的确定
   C．谈判进度的确定
   D．谈判时间的安排

7. 商务谈判应该建立在平等互利、相互尊重和双赢的基础上，可以采取各种策略来为己方争取最大利益，但切忌以下行为（   ）。
   A．欺诈隐骗签订合同
   B．始终盛气凌人
   C．制造竞争获取利益
   D．走马换将拖延时间

8. 谈判中利用谈判桌外的接触，试探对手的虚实，称为迂回询问法，下列属于此种方法的情况有（   ）。
   A．贵方迟迟不肯报价，是对自己的产品没有信心吗
   B．现在机票紧张，我们帮贵公司订返程机票行吗
   C．贵公司这次合作应该不只找我们一家合作伙伴吧
   D．贵方代表对我们的提议有什么意见吗

9. 探测对方虚实，也可以采取聚焦深入法，即就某一方面问题先进行广泛提问，得到回复后，再集中焦点，对己方关心的问题深入询问。以下属于聚焦深入探测的方法是（   ）。
   A．在了解对方介绍行业竞争情况后，提问对方公司的行业竞争力怎样

B．在听取对方介绍其行业竞争力后，提问对方的竞争中取得的成绩
C．贵公司目前生产情况不太好，急需寻找合作伙伴吧
D．贵方来之前一定对市场进行过深入的调查研究吧

10．商务谈判开局的见面礼仪很重要，直接影响整个谈判的气氛，主要礼仪包括（　　）。

A．着装礼仪　　　B．介绍礼仪　　　C．座次礼仪　　　D．握手礼仪

四、思考题

1．如何才能营造恰当的谈判气氛？
2．通常有一些什么话题可供开局入题时使用？
3．开场阐述时必须注意哪些问题？
4．通常可使用哪些方法来探测对方的虚实？
5．开局阶段的策略有哪些？适应条件分别是什么？
6．谈判的议程和进度应该如何确定？
7．谈判开局前必须做好哪些准备？
8．谈谈你参加模拟谈判开局训练后的体会。

内容为任务四选择题互动题库

任务五
商务谈判报价

任务目标

知识目标：
- 了解商务谈判中报价的基本内容
- 了解报价的两种形式及特点
- 掌握报价的基本原则和方法
- 掌握报价时运用的策略和技巧

能力目标：
- 能够为谈判项目制订明确的报价表
- 能够运用恰当的报价策略和技巧进行报价

模块一　知识储备

情景案例　爱迪生的专利获得了意外巨款

美国著名发明家爱迪生在某公司当电气技师时，他的一项发明获得了专利。公司经理向他表示愿意购买这项专利权，并问他要多少钱。当时，爱迪生对此发明的价值并不很清楚，心想：只要能卖到5 000美元就很不错了。但他没有说出来，只是对经理说："您一定知道我的这项发明专利权对公司的价值了，所以，价钱还是先请您说一说吧！"经理报价道："40万美元，怎么样？"还能怎么样呢？谈判当然没费周折就顺利结束了。爱迪生因此而获得了意想不到的一笔巨款，为日后的发明创造提供了资金。

内容为任务五情景案例
互动电影

案例点评

爱迪生在对自己的专利价值不是很明确的情况下，当对方要求其报价时，他巧妙地采取后报价策略，故意让对方先出价。因此他掌握了对方价格底线，获得了较大的溢价利益。试想，如果爱迪生在并不能确定专利权的真正价值的情况下，先将自己的心理价报出来，那将会造成多大的机会损失。因此，报价在商务谈判中是一个非常重要的环节，不仅要了解报价的内容，更重要的是要掌握报价的原则，巧妙地运用报价策略和技巧，这样才能在兼顾对方利益的同时，为己方争取到最大利益。

商务谈判中的报价，也称开盘价，它是一个广义的概念，并不单指价格的高低。报价的内容包括价格、交货期、付款方式、数量、质量、保证条件等。报价是开局后的第一个重要环节，开盘价的高低决定成交价及整个谈判价格的走势。价格是商务谈判的焦点之一，因此双方在报价上都应该特别慎重，必须认真选择报价方式，遵循报价原则，巧妙地运用各种报价策略和技巧。同时，希望通过报价首先为己方树立信心，争取谈判中的主动权。

一、报价方式的选择

目前，在商务谈判中，有两种比较典型的报价方式，即欧式报价方式和日式报价方式。欧式报价和日式报价分别属于不同区域和国家选择的报价方式，其报价的作用和特点不同。在实际商务谈判中可根据对手的报价风格进行选择。

（一）欧式报价

欧式报价主要是指西方一些国家习惯采取的报价方式，其一般模式是，首先报出具有较大余地和谈判空间的价格，然后根据买卖双方的实力对比和该笔交易的外部竞争状况，通过给予各种优惠，如数量折扣、价格折扣、佣金和支付条件上的优惠，逐步达到成交目的。

欧式报价的开盘价通常比较高，但留下讨价还价的空间也较大，只要能够在报价后稳住买方，往往由于让步较大，条件优惠，会有一个不错的结果。欧式报价采取高报价往低走，符合一般人的心理。

（二）日式报价

日式报价是指以日本为代表的亚洲人喜欢采取的一种报价方式。例如，作为卖方其通常的做法是将最低价格列于价格表中，以低价吸引买方，让其产生兴趣。但是，实质上报出的这种低价是以对卖方提供最有利的结算条件为前提的，而与此低价相对应的各项条件买方实际上是很难满足其要求的。只要买方提出改变交易条件，卖方就可以随之提出更高价格，因此，买卖双方的成交价格，往往高于卖方最初的报价。

低报价的目的是为了吸引那些价格敏感型的买方，挤走竞争对手。当买方选择了与低报价一方作为合作伙伴，放弃了与其他竞争对手的合作之后，低报价者可能提出许多外加条件，使得买方不得不提高价格。这时买方才发现自己落入了一个低价陷阱。因此，对于那些没有经验的谈判者来说，要特别弄清楚低报价所包含的交易及价格内容，千万不要被低报价所迷惑。

日式报价虽然最初提出的价格较低，但它却在价格以外的其他方面提出了最利于己方的条件。对于买方来说，要想取得更好的条件，他就不得不考虑接受更高的价格。因此，低价格并不意味着卖方放弃对高利益的追求。实质上，欧式报价与日式报价是殊途同归的。两种报价只是形式上的不同，没有本质上的区别。日式报价更有利于竞争，欧式报价则更符合人们的价格心理。

案例与启示　　　　存货也能卖个好价钱

我国有一家经营床单出口业务的外贸公司，由于金融危机，许多外商都减少了进货量，因此，原来采购的出口商品开始出现积压。为了迅速处理库存，加速资金周转，我方外贸公司积极与外商联系，并改变报价策略。近期与外商洽谈一批床单出口业务时，有意识地采取低报价策略，将市场价格150美元一打的商品报价为140美元一打。这一报价引起了外商的极大兴趣，也击溃了竞争对手。

在谈判中，我方表示如果外商希望扩大零售销路，我方可把原来的简装改为精装，但每打要增加5美元。外商深知该商品精装要比简装畅销许多，便欣然答应。在谈到交货期时，外商要求我方在两个月内完成5万打的交货任务。我方表示，因数量大，工厂来不及生产，可能要考虑分批装运。外商坚持要求两个月全部装运完，并且按时发货。我方表示，如果需要两个月全部装运完，必须与厂方进一步商量。

几天后，我方答复：厂方为了满足外商的要求愿意加班加点完成任务，但考虑到该产品出口利润很低，希望外商能支付一些加班费。外商表示愿意支付每打3美元的加班费，而我方经过讨价还价，争取到了每打增加5美元的加班费。最后，我方表示这批货物数量较大，厂方需要大量流动资金来采购原材料，而且贷款有困难，希望外商能预付30%的货款。最终，外商同意预付20%的货款。协议就此达成。

其实，这批货是我方的库存品，为尽快清仓，我方成功地使用低报价策略，使这笔交易超出了预期利润。

经典阅读　　　　影响商品价格的因素

商品价格主要受到商品成本、供求关系、市场竞争环境和相关服务的影响。下面针对这些影响因素进行具体分析。

1. 商品成本

一般情况下，商品成本是成交价格的最低界限。成交价低于商品成本，供应商不仅无利可图，而且还会亏损。因此，报价前必须进行成本核算，由财务部门提供准确的成本资料和可靠的数据作为报价的重要参考依据，即商品成本是价格的最低限。

2. 供求关系

在市场经济条件下，价格是由供求关系决定的。某种商品如果市场上供求平衡，则商品的价格趋于稳定；如果市场上供大于求，则商品价格会下降；如果市场上商品供不应求，则商品价格会上升。因此，谈判前谈判代表应该对市场进行深入调查，了解商品供求关系，掌握市场供求的发展趋势。

3. 市场竞争环境

市场竞争环境可分为完全竞争、完全垄断、垄断竞争和寡头垄断 4 种形式。不同的市场竞争环境对价格的形成会产生不同的影响。在完全竞争市场环境下，价格是不断变化的，成交价格是谈判双方在多次交易中形成的。而在完全垄断市场环境下，交易的价格和数量完全由垄断者决定，基本上无须谈判。垄断竞争是介于完全竞争与完全垄断之间的一种市场环境，其市场特点是：有许多买主和卖主，不同卖主所提供的商品存在差别，少数卖主在一定时期内处于优势地位，买卖各方在市场中都受到一定限制，因此，双方需要进行谈判，在价格上讨价还价。寡头垄断是指少数几家大企业控制并操纵某种商品生产和销售的一种市场环境，商品价格不是由市场供求状况决定的，而是由大企业以其共同利益为基础通过协议和契约来决定的。

4. 相关服务

商品的销售一般都伴有相关的服务，如设备安装调试、人员培训、产品维修、零部件供应和技术咨询等。另外，影响价格的因素还包括消费者的心理，如有的消费者很看重品牌的价值，因此，品牌效应好的商品价格就高。

总之，价格是一个很复杂的问题，关系交易双方的利益，是双方谈判的核心和焦点，双方都将考虑各种影响因素，然后进行综合平衡。

二、报价应遵守的基本原则

报价是一个非常复杂的环节，价格表面上是一串简单的数字，实质包含了品质、规格、交货期、付款方式及交易量和交易关系等许多丰富的内容，如果考虑不周，稍有不慎就有可能陷自己于不利境地。大量的谈判实践告诉我们，报价必须遵守以下几项基本原则。

（一）报价的首要原则

报价的首要原则是指卖方报出的第一口价一定是最高价，而买方报出的第一口价一定是最低价。第一口价又习惯地被称为开盘价。

（1）作为卖方，最初的报价即开盘价，实际上是为谈判的最终结果确定了一个最高限度。一般买方不会接受第一次报价，只是将此价格作为还价的一个起点，要求对方做出让步。一般情况下，买方最终成交价一定在开盘价以下。从这一点来说，卖方的首次报价应尽量往高走。

（2）作为买方，最初的报价即底盘价，实际上是为谈判的最终结果确定了一个最低限度。一般卖方也不会接受买方的第一次报价，最终卖方的成交价通常在这个价格之上。从这一点上来说，买方的首次报价应尽量往低走。

（3）开盘价的高低会影响对方对本方的评价，从而影响对方的期望水平。例如，卖方报价的高低，不仅反映其产品的质量，而且还反映其产品的市场竞争情况。买方由此可对卖方形成一个整体印象，并据此来调整或确定己方的期望值。开盘价越高，成交价越高；

相反，开盘价越低，成交价也会越低。这其实就是买卖双方的一种博弈，看谁的胆识更大。

（4）开盘价越高，通常在磋商过程中的回旋余地也越大。报价过后，紧接着就是一个讨价还价的磋商过程。如果开盘价报得较高，为接下来的让步留下了一个较大空间，可以面对对方的各种要求，做出积极的回应。开盘时报出的最高期望价，实质上为整个后续的交易磋商留出了充分的余地。

案例与启示　　一则关于"狮子大开口"的寓言

从前，在一个遥远的太平洋小岛上，住着一对老夫妻，他们住在一间破旧的茅草屋里。一天，飓风席卷了整个村庄，茅草屋被刮倒。这对老夫妻年事已高，也没有什么积蓄，没法重修茅草屋，只好搬去与女儿、女婿住在一起。女儿家并不宽敞，她和丈夫与4个孩子住一起，本来就很拥挤，这对老夫妻的到来使得整个家顿时拥挤不堪。很快，家庭关系变得紧张起来。

无奈之下，女儿只好去求教于村子里的智者。她向智者讲述了自己的处境，然后问道："我们该怎么办呢？"

智者慢慢地举起烟斗，抽了一口烟，轻轻地吐了出来，然后问道："你养了一些鸡，对吧？"

"是的，"她说，"我们养了10只鸡"。

"那就把这些鸡领到屋子里养吧。"

这个建议听起来非常可笑，可女儿还是听从了。毫无疑问，家里变得更加糟糕了。每天屋子里遍地都是鸡毛，家人之间恶言相向，一家人都觉得难以忍受，女儿只好再次到智者那里求救。

"你养了几头猪，是吧？"

"是的，我们养了3头猪。"

"那把3头猪也领进屋子里养吧。"

这个建议听起来简直荒谬，可对智者的建议提出质疑简直是无法想象的，所以女儿只好又把3头猪领进了屋子里。这样，情况变得更加糟糕了，日子简直没法过了。想想看，一间又小又吵的房子里居然挤满了8个人、10只鸡、3头猪。丈夫开始大发牢骚，说他连收音机都听不清楚了。

这下女儿也无法忍受了，于是她最后一次来到智者面前。她哭诉道："求求您，我们不能再这样过下去了。告诉我，我该怎么办？请您一定救救我们。"

这次智者的回答虽然有些让人费解，但却很容易做到。"把那些鸡啊、猪啊都赶出去吧！"女儿很快照办。从此以后，一家人快乐地生活在一起，再也没有发生过任何争执。

这则故事告诉我们一个道理，人们的满意感或愉快感是一种相对感受，就像故事里老夫妻的女儿，还是一样大小的房子，可牲口入住前后给他们一家的感受完全两样。

商务谈判中双方的满足感也是一种相对感受，对于报价高低并没有太多关注，更在意的是成交价在报价基础上做出了多大让步，让步幅度越大，双方合作机会越大。因此，开盘价一定要高，回旋余地才大。当双方都从对方那里获得较大让步时，就都会感觉自己赢了。

（二）报价的合理原则

报价的首要原则强调的是，开盘价卖方要尽量往高报，而买方则要尽量往低报。但无论是报高还是报低，都要有度，这个度就是要以合理为原则，即报出的价格既能使己方获得最大利益，同时又要兼顾对方的利益。

如果违反市场价格的普遍规律和行情，漫天要价，被对方认为价格高到难易接受的程度，就可能直接否定其合作的诚意，接下来的磋商也就无法进行下去，甚至会让对手知难而退。在确定报价水平时，只要能够找到足够的理由证明己方报价是合理的，报价就应尽量往高走。例如，一些奢侈品的目标人群，由于收入高，消费水平高，他们重视品牌和质量，对价格并不敏感，对于产品质量的认识也往往依据价格高低来定位。因此，对于奢侈品的价格就可以报高一些，甚至可以大大超出其商品本身的价值，以优质优价的认识来满足高消费人群的心理需求和精神需求。

（三）报价的明确原则

谈判者报价时，首先必须对己方报出的价格充满自信，这样才有可能得到对方的认可。因此，报出本方的价格时要坚决果断，表达要清晰、明确，不能含糊，否则就会引起对方的怀疑。为了保证报价明确、清楚，应该事先制订报价单，将报价的主要内容明确列示出来，以辅助口头报价。

（四）报价的解释原则

谈判人员对己方的报价一般不应附带任何解释说明。如果对方提问，也只宜进行简单的答复。如果在对方提问之前，己方对报价做出主动解释，不仅不能增加对方对己方报价的可信度，反而泄露了己方最关注的问题。而且，过多的解释还有可能被对方找出漏洞和破绽，找到进攻的突破口，即应遵循"不问不答，有问必答，能问不答，避虚就实"的原则。

1. 不问不答

不问不答，是指报价后不进行主动解释。在实际谈判中，一些谈判人员由于对于己方的报价没有信心，或者担心对方对己方的价格提出疑问，往往伴随报价的同时做出过多的说明和解释。例如，有的报价者会这样解释：我们这个价格是很合理的，包含了税费、运输费等。而对方本来以为这个价格只是商品单价，没想到还包含了其他费用。这样一来，由于己方的主动解释，反而让对手得到了意外收获。

2. 有问必答

有问必答，是指如果一方对对方的报价提问时，要具体明确，以便让对方必须回答。例如，如果你想了解对方的价格是如何构成的，那么就可以这样提问："请问，贵方报价包含了商品的税费、包装费及运输费吗？"这样具体的问题，对方无法回避，必须回答。而不要提出类似"你们的商品价格为什么这么贵？"的问题。

3. 能问不答

能问不答，是指当对方提出一些敏感问题时，如果一时无法回答时，可采取反问的方式，尽量把问题抛向对方，这样既可以为己方争取思考的时间，也能够探测对方的虚实。例如，对方问："贵方的报价太高了？"你不用解释为什么高，而是可以这样反问："那你认为高在哪里"？或者"你认为多少才不算高呢？"

4. 避虚就实

避虚就实，是指在对方提出价格方面的疑问时，重点解释实在的、无争议的部分，而对于虚的部分则一带而过。例如，这种商品的原材料涨价了，人工工资也在不断提高，这些都是实实在在看得见的事实，可以重点解释，而那些品牌知名度、广告费用等虚的部分就不要过多地进行解释。

应对策略　客户开盘采取高报价时的应对策略

当客户开盘采取高报价策略时，你应当立刻做出判断并告诉对方，你希望双方能够保持公平立场。然后，用更高权威或黑脸—白脸策略加以应对，可以告诉对方："当然，你可以狮子大开口，我也完全可以随心所欲地提条件。可问题是，这样做对我们双方都没有好处。所以，为什么不干脆告诉我你所能承受的最低价格呢？我会征求上司的意见，看看我们能为你做些什么。"

经典阅读　如何界定报价目标

报价的首要原则分析了为什么开盘价卖方一定要高，买方一定要低，即报价时要开出高于自己预期的条件。那现在的问题是，我们到底应该如何确定报价的具体条件呢？要想解决这个问题，我们首先需要清楚地界定自己的目标。通常情况下，最终成交条件应该是介于双方开出的条件之间的。

例如，一位买方客户的报价是每件 1.6 美元，而己方能够接受的条件是每件 1.7 美元。这时如果使用"界定策略"，己方的报价就应该从 1.8 美元开始。这样即便双方采取折中方式，也仍然可以实现自己的目标。

当然，双方最终可能并不会采取折中方式，但在己方获得更多信息之前，这样似乎是一个不错的假设。事实上，这种情况出现的频率的确非常高，无论是商务谈判还是日常生活中都是如此。例如，在日常生活中，你向父亲要零花钱。这个周末班级郊游，你想要 30 元与同学一起出去玩。父亲告诉你："不可能，我不会给你 30 元的。你知道吗？我像你这么大时，每星期的零花钱只有 5 元，而且还要洗碗、扫地才能得到。最多给你 10 元，多一毛都没有了。"你说："可 10 元根本不够，老爸。"这时，双方已经界定了谈判范围，你要 30 元，老爸只愿给 10 元。

通常情况下最终的结果可能是 20 元。

在中国的文化中，双方各让一步，折中似乎是一种相当公平的做法。通过界定报价范围,优势谈判高手就可以保证得到自己想要的条件。而想要界定目标范围,你就要学会让你的对手首先亮出自己的条件,这也可以看作谈判过程中的潜规则。总而言之,一定要让对方首先说出自己的条件,反过来说,千万不要让对方诱使你先开出条件。一些有经验的谈判高手非常善于使用这种策略。

三、报价的基本策略

(一)报价的时间策略

在任何一项商务谈判中,谈判双方在报价的时间上都有一个先后次序,而且报价的先后可能对最终的谈判结果产生较大影响。

许多谈判代表都会提出这样的疑问:到底是先报价好呢,还是后报价好呢?

首先我们来分析一下先报价的优势,先报价的好处是能先行影响和制约对方,把谈判限定在一定的框架内,然后在此基础上达成最终协议。例如,你报价10 000元,那么对手很难还价到1 000元。所以,许多个体商贩,大多采用先报价策略,而且报出的价格一般超出顾客拟付价格的一倍或几倍。一件衬衣成交的最低价为60元,商贩却报价160元,许多顾客不好意思砍价到60元。因此,只要有人在160元报价的基础上讨价还价,成交的可能性就会比较大,商贩就能盈利赚钱。当然,先报价也得有个"度",不能漫天要价,否则将把客户吓跑。假如你到市场上问小贩,鸡蛋多少钱1斤?小贩回答300元钱1斤,你还会费口舌讨价还价吗?因此,报价无论先后,合理原则仍然是必须遵守的。

先报价虽然占领先机,但也存在一些不足。先报价可能会透露己方的情报,而对方在了解了我方的报价后,可与自己心理价格进行比较,调整自己的价格策略,合适就拍板成交,不合适就利用各种手段进行杀价。甚至可能因为对对方的价格接受界限低估,报出的价格大大低于对方心理可以接受的价格,从而导致失去本可轻易获得的利益。

报价的先后应视具体情况而定。一般来说,如果准备充分,知己知彼,就要争取先报价;如果你不是行家,而对方是这个领域的专家,那你要先沉住气,采取后报价策略,这样就能从对方的报价中获得信息,及时修正自己的方案;如果你的谈判对手是个外行,那么无论你是"内行"或"外行",你都要先报价,力争牵制、诱导对方。如果预计谈判一定会竞争得十分激烈,那么我方就争取先报价,以争取更大的影响。

自由市场上的老练商贩,大都深谙此道。当顾客是个精明的家庭主妇时,他们通常采取先报价的技术,准备着对方来压价;当顾客是个毛手毛脚的小伙子时,他们多半先问对方"你出多少?",对方很可能报出一个比商贩期望值更高的好价格。

如果遇到双方都不愿意先报价的情况,那么就只能按照惯例,由发起谈判者先报价。投标者与招标者之间应由投标者先报价,卖方与买方之间应由卖方先报价。

> **案例与启示**　　后报价获得的意外收益

美国加州一家机械厂的老板哈罗德准备出售他的3台更新下来的数控机床,有一家公司闻讯前来洽购。哈罗德先生十分高兴,准备开价360万美元,即每台120万美元。当谈判进入实质性阶段时,哈罗德先生正欲报价,却又突然停住,暗想:可否先听听对方的想法?结果,对方在对这几台机床的磨损情况做了一系列的分析评价后说:"我公司最多以每台 140 万美元买下这 3 台机床,多一分钱也不行。"哈罗德先生大为惊喜,竭力掩饰住内心的喜悦,还装着不满意的样子,讨价还价了一番,最后自然是顺利成交。

(二)报价的时机策略

价格往往是商务谈判的核心,按照谈判规律,一般应采取先易后难的原则。因此,谈判议程中通常将价格这样的核心问题放在谈判的中期或后期阶段,以避免在谈判初期因报价过早而使双方陷入僵局。

商务谈判中应该先让对方充分了解商品的使用价值和能给对方带来的利益,使对方对此产生兴趣后再报出价格。当对方对商品产生兴趣,主动提出报价要求的时机是报价的最好时机。当对方询问价格时,说明对方对商品产生了购买欲望,此时报价往往水到渠成,成交率比较高。

如果遇到对手在谈判开始时就要求己方报价,这时可以采取转换话题或听而不闻的策略。例如,在货物买卖中,买方一上来就说:"请贵方报个价吧。"买方可以这样转换话题:"当然,价格无疑是双方关注的利益焦点,是非常重要的问题,因此,我们想放在最重要的时刻讨论。还是先让贵方了解一下我们的商品品质、功能和竞争力等情况吧。"

如果能够在谈判初期陈述商品或项目的功能、作用以及为交易者带来的好处和利益,让对方对商品或项目有一个比较深的了解并产生兴趣,一旦交易欲望被调动起来,这时报价就比较合适了。

(三)报价的差别策略

报价的内容包含了价格、数量、质量、付款方式、交货期限以及交货地点等条款,同一商品对于不同的交易条件,其报出的价格也不同。对于购买数量较大、付款期限短的老客户,价格可以适当优惠;对于交易数量少、付款时效性不强的客户可以报价高一点;而对于一些新客户,为了开拓市场,也可以适当降低价格。

(四)报价的心理策略

1. 用小单位报价

对于一些价格昂贵的商品,为了让购买者在心理上消除对高价格的敏感性,可以采用小单位报价方式。一方面,以小单位报价,从价格的数字看似乎不贵;另一方面,以小单位报价,显示商品的珍贵和高价值。例如,天麻的报价是每 10 克 8 元,因为以克为单位报价,所以 10 克与 8 元相比,显得价格并没有多高。人们购物时,习惯于论斤两,而对于克这一重量单位没有概念,所以不能准确感受商品的价格。如果给天麻报价为每千克 800 元,则感觉上应该大不一样吧!

2. 化整为零报价

有些成套设备或者可组装的商品如果以整体为单位报价会显得价格很高,足以将客人吓跑。这时，不妨将整体商品分成几部分或者按零部件报价。例如，客人要组装一台计算机，可以按主板、显卡、内存条等进行报价。对于一些配套商品可以将主机与附件分开报价。当购买者以比较优惠的价格购买了主机后，自然需要配套的附件，这时附件的报价就可以高一点。因此，作为买方在谈判时必须保持冷静的头脑，确定价格包含的内容，不要被这种低报价所迷惑。

案例与启示　　捆绑报价的妙用

某公司是帮台商做半导体代工的，台商付给他们的代工价钱一直很低。有一天，该公司的总经理发现台商公司生产打印机的部门缺一种芯片，后来台商的部门主管就来大陆找合作生产商。这位总经理得到这一信息，就开始生产这种芯片。台商找到他后很高兴，觉得东西做得好，而且交货的期限很短，就问价格怎么样。总经理终于找到机会了，说价格好谈，只要你回去帮我把代工那部分的价格提高一些即可。台商说这是别的部门的事，我做不了主。总经理说那我不管，我帮你，你也得帮我。在双方的努力下，果然后来代工的价格提高了。

这位总经理将芯片与代工两个毫不相干的商品放在一起进行报价，实质上是一种利用对方对某种商品的急需而提高其他项目价格的捆绑报价方式。这种方式很容易想到，关键是总经理怎么知道台商缺芯片这件事的呢？后来总经理透露，由于他们长期与台商合作，因此，在台商的企业里已经有了几个内线，自然，对台商企业的一些情况就比较了解。可见，报价也得靠情报。

经典阅读　　谈判高手如何报价

一、大胆开价

谈判报价的第一条规则就是：一定要报出高于自己预期的条件。正如世界上最伟大的国际谈判高手亨利·基辛格说的："谈判桌上的结果完全取决于你能在多大程度上抬高自己的要求。"想想为什么应该开出超出自己预期的条件呢？不妨问问自己：

即便你坚信对方会分散业务，为什么还提出要对方把所有业务都交给你呢？

即便你知道自己的报价已经超出了对方的心理价位，为什么还要提出呢？

即便你知道对方的预算追加不会投入那么多资金，为什么还会建议对方投资顶级设备呢？

即便你知道对方以前从来没有购买过附加服务，为什么每次还会建议对方这样做呢？

答案非常明显，你之所以这样做的主要原因如下。

（1）让你有一些谈判的空间。

（2）对方有可能会立刻接受你的条件。

（3）可能会提高你的产品或服务在对方心目中的价值。

（4）可以有效避免谈判双方发生冲突，从而使谈判陷入僵局。

（5）只有通过这种方式，你才能创造一种有利于让对方感觉自己赢了的谈判氛围。

二、绝对不接受第一次报价

谈判报价阶段的另一个原则就是：永远不要接受对方的第一次报价。之所以如此，是因为一旦接受了对方的第一次报价，你就会在对方心目中自动引发两个反应。

反应1：我本来可以做得更好。有趣的是，这种反应并不一定与价格有关，而只是对方接受太快。例如，你在买车时报价7万元，而对方二话没说，一口答应了下来，你会有怎样的反应呢？你一定会想如果我只报6万元呢，对方也许能够接受，我本来可以报得更低的。

反应2：一定是哪里出了问题。当出售那辆汽车的销售人员接受你的第一次报价时，你的第二个反应肯定是：一定是哪里出了问题。一天我去一家商场购买衣服，对方报价160元，我还价60元，结果对方二话没说就同意了。我想，还价这么多，他都同意了，是衣服质量有问题还是其他摊位的衣服更便宜呢？所以我决定看看其他摊位的衣服再说吧。

所以，有经验的谈判高手一定会非常小心，他们一般不会接受第一次报价，也不会主动降价，以免让客户立刻产生以上两种反应。

三、装着大吃一惊

有经验的谈判高手知道，一旦听到对方报价之后，你的第一反应通常应该是大吃一惊。例如，你来到一个度假胜地，停下来看一位画家作画。他并没有标明价格，于是你问他多少钱一幅，他告诉你15美元。如果你并没有表示吃惊，他就会接着告诉你："上色另收5美元。"如果你仍然没有感到吃惊，他就会继续说："加框还需要收3美元。"

而另一位游客同样问画家："你这幅画多少钱？"画家同样回答15美元。而此时游客装出大吃一惊的样子说道："我没听错吧，刚从前面景点过来，一模一样的画，只要5美元呢！"画家说："你说的5美元，是这种没有上色的素画吧。"游客说："不是的，是上了色的彩画。"画家说："那是没有加框的这种吧。"游客说："正是因为他不加框，我没法带走，所以才没有买呢。"画家与游客再进行了一番讨价还价，最终这幅彩色、加框的画以6美元买走了。所以装着大吃一惊非常重要，因为大多数人都相信"耳听为虚，眼见为实"。

四、扮演不情愿的卖家

有一位非常成功的地产投资商，每次他在认真地读完对方的报价单后，就会抬起头来看着对方，一边挠着耳朵一边说："我不知道在我所有的产业当中，我为什么对这块地产有着特殊的感情。我想把它保留下来，留给我的女儿作为毕业礼物。所以除非你给的报价非常合适，否则我想我是不会出手的。你知道，这块产业对我来说有着特殊的意义。不过还是要感谢你的报价。为了公平起见，同时也为了不浪费双方的时间，我想请问，你最多可以出到什么价钱？"

有经验的谈判高手总是会在谈判开始之前就把对方的报价空间调整到一个对自己有利的位置。

（资料来源：罗杰·道森.绝对成交.改编）

模块二 技能训练

一、训练目标—掌握报价原则，运用报价策略

根据任务三提供的谈判背景资料，在任务四已经完成模拟开局的基础上，进行模拟报价训练。

二、训练实施—收集价格信息，制订报价方案

(1) 召开预备会议。各组组长召集本组成员总结在任务四模拟开局训练中取得的成绩和存在的问题。

(2) 制订报价方案。各组在认真分析谈判背景资料的基础上，讨论报价方式、报价策略和报价技巧，明确报价目标，制订报价方案。

(3) 收集价格信息。各组根据给定的谈判背景资料，根据网络资料及实地市场调查收集有关报价的信息。

(4) 制订报价清单。各组根据谈判资料和价格信息分析，制订报价清单，在模拟报价时呈现给对方。

(5) 准备价格提问。各组可以对对方的报价进行预测，设计对方可能的提问和己方准备如何应答。

三、训练形式—回顾开局议程，展开模拟报价

(1) 模拟谈判的主方应在课前 10 分钟到达谈判场所，布置好谈判场景。
(2) 模拟报价是在模拟开局的基础上进行的，续谈仍然需要注意礼仪。
(3) 各组开始进行报价前的陈述，然后切入主题。
(4) 巧妙地运用报价原则，根据事先的设计选择报价方式。
(5) 报价时特别要注意对方报价的内容，少说多听。
(6) 报价后不对报价进行解释，做到不问不答，能问不答。
(7) 对方报价后应及时询问价格的具体内容，提问要明确，使对方有问必答。
(8) 运用报价的心理策略说服对手接受己方报价。
(9) 模拟报价要体现团队力量，注意分工明确。

经典阅读　　　　　日化商品供货报价表

某日化用品股份有限公司的商品报价，如表 5-1 所示。

表 5-1　某日化用品股份有限公司的商品报价

供应商名称（全称）：某日化用品股份有限公司

供应商负责人：王大全　　　　　　　　　　　　　　　　　　投诉电话：8008303618

地址：湖南省长沙市香樟路××　　　　　　　　　　　　　　货币单位：人民币（元）

编号	品牌	型号	主要技术参数	市场价	供货价	优惠率	备注
1	力士（爽肤沐浴乳）	净含量：1升	卫生许可证号：（2004）卫妆准字09-XK-0171号 产品标准号：Q/YQXA 101；合格	30	27	10%	采购批量增加时价格优惠可商谈
	力士（爽肤沐浴乳）	净含量：500毫升	卫生许可证号：（2004）卫妆准字09-XK-0171号 产品标准号：Q/YQXA 101；合格	20	18	10%	采购批量增加时价格优惠可商谈
2	沙宣（水润去屑洗发露）	净含量：200毫升	卫生许可证号：（1997）卫妆准字02-XK-0289号 生产许可证号：XK16-1081147 产品标准号：Q/GZBJ2；合格	30	25.5	15%	采购批量增加时价格优惠可商谈
	沙宣（修护水养润发乳）	净含量：400毫升	卫生许可证号：GD-FDA（1990）卫妆准字29-XK-0020 生产许可证号：XK16-1081147 产品标准号：Q/GZBJ1；合格	40	34	15%	采购批量增加时价格优惠可商谈
3	欧珀莱（臻白抗斑赋弹系列醒活柔肤乳）	净含量：130毫升	卫生许可证号：（1993）卫妆准字01-XK-0205号 生产许可证号：XK16-1080058 产品标准号：QB/T2660；合格	80	64	20%	采购批量增加时价格优惠可商谈
4	露华浓（修复再颜面膜）	净含量：15毫升	卫生许可证号：（1997）卫妆准字06-XK-0322 生产许可证号：XK16-1082758； 产品标准号：Q/YQKB17；合格	60	42	30%	采购批量增加时价格优惠可商谈
5	香颂本草（抗损修复洗发乳）	净含量：500毫升	卫生许可证号：GD-FDA（2004）卫妆准字29-XK-2607号 生产许可证号：XK16-1086444 产品标准号：QB/T1974；合格	150	105	30%	采购批量增加时价格优惠可商谈

注：1. 以上表格中的品牌、型号、主要参数、市场价格、供货价格和优惠率等内容需要详细填写。

　　2. 每个品牌项目后面都要附售后服务承诺书。

> **经典阅读** 模拟商务谈判报价流程（50分钟）

第一部分　续场（10分钟）

1. 续场白

一般由双方的主谈准备一段开场白，可以是主方先发言，也可以是客方先发言。说一些问候的话，了解双方休谈这段时间的情况。例如，主方可以这样发表续场白：贵方代表今天精神抖擞，春风满面，看来已经很适应我们这里的环境了。近期这边的天气很好，如果能够早些达成一致，希望能陪几位到处走走。客方回应：感谢贵方细致周到的安排，加上这边气候确实不错，我们都很喜欢这里，相信双方的商谈会有一个好的结果。

2. 回顾开局议程

上次开局已经介绍了双方的基本情况，因此双方对此次谈判的主题和具体议题都已经有所了解。报价前可先进行简短回顾，特别可介绍一下今天报价涉及的内容有哪些，先介绍哪些，后介绍哪些，使得双方都有明确的时间概念。

第二部分　进入模拟报价阶段（25分钟）

1. 报价陈述（10分钟）

（1）介绍商品或服务（项目）的质量、品种、规格及相关信息。

（2）如果是索赔议题，则要翔实陈述损失计算的依据，并呈上损失清单和财务报表。

（3）报价陈述要注意少说多听，摸清对方底细，判断信息的真实性。

（4）通过陈述让对手对产品质量、服务及条件产生信心，为报价做好铺垫。

2. 探测虚实（10分钟）

（1）根据谈判背景资料选择报价方式。

（2）根据对方报价及报价陈述，详细询问价格的内容，如价格是否包含运费、包装，价格与数量是什么关系，以及多购优惠如何计算等。

（3）根据己方收集的信息，判断价格的虚实，巧妙设问。

（4）报价后遵守不问不答、有问必答、能问不答原则。

（5）报价提问时注意小组内部的分工协作。

3. 讨价还价（5分钟）

（1）不要随便暴露己方价格底线。

（2）讨价还价时要把握好节奏和幅度，不能太快，幅度一次不要太大。

（3）记录好本次价格结论，为下次深入磋商做好准备。

第三部分　分享与评价（15分钟）

（1）自我评价：各谈判小组分别派一名代表对本组模拟报价的准备情况和现场表现谈一谈个人体会，与大家分享。

（2）相互评价：旁听小组每组都派一名代表对现场模拟报价进行评价，要求中肯地提出个人的观点和意见。

（3）老师评价：指导老师进行总结性评价，并为参加本次模拟报价的学生打分。

（4）模拟商务谈判报价评价标准：模拟商务谈判报价评价的内容与标准，如表5-2

所示。

表 5-2 模拟商务谈判报价评价的内容与标准

评价内容与相应的分值	考核点	分值	评 价 标 准
职业素养 （共3分）	谈判纪律	1	按要求提前布置谈判环境，如在教室谈判，应该先摆好桌椅，谈判结束，桌椅归位
	职业道德	1	遵守模拟谈判规程，尊重谈判对手，无恶意磋商
	商务礼仪	1	见面握手、问候，亲切热情，座次正确
谈判过程 （共7分）	谈判准备	2	制订了报价方案和报价清单 团队角色分工明确，各负其责 收集了报价的相关信息，准备充分
	模拟报价	1	续场白得体自然，回顾了开局时双方形成的良好印象和议程
		2	报价方式选择恰当，遵守报价原则
		2	报价时机选择正确，报价策略和技巧运用灵活；遵循少说多听，不问不答，有问必答的报价解释原则 开始进行讨价还价
分值小计		10	

任务小结

（1）目前，在商务谈判中，有两种比较典型的报价方式，即欧式报价方式和日式报价方式。欧式报价主要是指西方一些国家习惯采取的报价方式，其一般模式为高报价往低走，因此符合一般人的心理。日式报价是指以日本为代表的亚洲人喜欢采取的报价方式，其通常做法是低报价往高走，以低价来吸引买方，挤走竞争对手，但可能存在价格陷阱。

（内容为商务谈判模拟报价视频）

（2）报价必须遵循的主要原则有：报价的首要原则、报价的合理原则、报价的明确原则以及报价的解释原则。报价的首要原则是指开盘价一定要高，还盘价一定要低；报价的合理原则是指报价必须坚持客观标准，报价要有依据，不能冲破谈判对手的底线；报价的明确原则是指报价的内容必须明确、具体，报价的方案可行；报价的解释原则为不问不答，有问必答，能问不答，避虚就实。

（3）报价策略主要有时间策略、差别策略、时机策略和心理策略。报价的时间策略是指谈判双方对报价先后次序的选择，先报价与后报价并没有优劣之分，主要以双方对价格及相关信息掌握的情况来决定。报价的差别策略是指针对不同的客户和不同的交易量及双方的关系，应区别报价。时机策略是指在谈判的哪一阶段报价比较合适，价格是谈判的焦点，通常选在谈判的中期或后期报出，或者在双方对对方情况很了解，提出报价要求时报出价格最合适。报价的心理策略是指利用人们对价格的感知进行报价，如分割报价和小单位报价等。

复习与思考

一、关键术语

开盘价；欧式报价；日式报价；报价的时间策略；报价的差别策略；报价的时机策略；报价的心理策略

二、单选题

1. 商务谈判的核心是（　　）。
   A. 交易价格　　　　　　　　B. 商品质量
   C. 交易条件　　　　　　　　D. 支付方式
2. 卖方报出的开盘价一定是（　　）。
   A. 最低价　　　　　　　　　B. 最高价
   C. 合理价　　　　　　　　　D. 中间价
3. 买方报出的开盘价一定是（　　）。
   A. 最低价　　　　　　　　　B. 最高价
   C. 合理价　　　　　　　　　D. 中间价
4. 欧式报价一般采取（　　）。
   A. 高报价　　　　　　　　　B. 低报价
   C. 中间价　　　　　　　　　D. 欧洲价
5. 日式报价一般采取（　　）。
   A. 高报价　　　　　　　　　B. 低报价
   C. 中间价　　　　　　　　　D. 日本价

三、多选题

1. 报价解释原则的主要内容包括（　　）。
   A. 不问不答　　　　　　　　B. 有问必答
   C. 能问不答　　　　　　　　D. 避虚就实
2. 报价时应该遵循的原则有（　　）。
   A. 报价的首要原则　　　　　B. 报价的解释原则
   C. 报价的合理原则　　　　　D. 报价的明确原则
3. 报价策略主要包括（　　）。
   A. 报价的时间策略　　　　　B. 报价的时机策略
   C. 报价的心理策略　　　　　D. 报价的差别策略
4. 以下报价属于心理策略的是（　　）。
   A. 人参以克为单位报价　　　B. 机票以座舱不同报价
   C. 成套设备分为主机报价和配件报价　　D. 商品按不同客户报价

5. 报价的时间策略通常包括（　　）。
   A．先报价　　　　　　　　　　B．后报价
   C．开场报价　　　　　　　　　　D．中场报价
6. 商务谈判选择恰当的报价时机非常重要，下列属于时机策略的情况有（　　）。
   A．报价选择在谈判进入关键的中期阶段
   B．报价选择在对方对商品产生兴趣的阶段
   C．报价时选择先报价策略
   D．报价时选择后报价策略
7. 以下属于差别报价策略的是（　　）
   A．同一品牌不同品质商品报价不同
   B．同一品牌相同品质新老客户报价不同
   C．不同品牌商品报价不同
   D．同一品牌相同品质不同采购量报价不同
8. 能问不答的策略是指在对方提出问题不明确时，可以采取将问题抛向对方不做回答，争取主动，以下可以运用能问不答策略的情况有（　　）。
   A．贵公司报价太高了吧
   B．贵公司报价中是否包括了运输费用
   C．贵公司报价大大超出了市场行情吧
   D．贵公司报价水分太多了吧
9. 报价明确原则主要表现在（　　）。
   A．报价时要有明确的价格清单　　B．报价时态度要坚决、果断
   C．报价后不问不答　　　　　　　D．报价时采取避虚就实策略
10. 商务谈判中典型的报价方式包括（　　）。
    A．欧式报价　　　　　　　　　　B．美式报价
    C．日式报价　　　　　　　　　　D．英式报价

四、思考题

1. 欧式报价与日式报价有什么区别，分别适用于什么样情况？
2. 报价首要原则的意义是什么，商务谈判中为什么要遵循这一原则？
3. 报价的主要内容除了商品或服务的价格，还包括哪些内容？
4. 报价的时间策略和时机策略对于谈判结果有什么影响？
5. 在商务谈判中，什么时候需要使用心理报价策略，如何运用？
6. 报价解释必须遵循怎样的原则？
7. 如何运用报价的差别策略？举例说明。
8. 如何运用报价的心理策略？举例说明。
9. 如何运用报价的时机策略？举例说明。
10. 先报价与后报价各有什么优势和劣势？

任务六

商务谈判磋商

任务目标

知识目标：
- 了解商务谈判磋商的一般步骤
- 掌握商务谈判磋商的常用策略
- 了解商务谈判磋商的让步方式
- 了解商务谈判磋商中僵局产生的原因

能力目标：
- 能够按照谈判磋商的原则开展模拟谈判
- 能够在模拟谈判中运用各种策略进行有效磋商
- 能够准确分析产生僵局的原因并正确处理僵局
- 能够把握谈判节奏，驾驭整个谈判局势

模块一 知识储备

情景案例 出言不逊引爆谈判气氛

意大利 A 公司与青岛一家纺织 B 公司签了一个窗帘的订单，这个订单总金额为 77 万美元，约定 4 个月后交货。

订单确认之后，A 公司多次要求更换面料。B 公司都按对方要求更换后进行投产。由于前期投产延期，后又因"非典"全公司停了半个月的工。交货期到时，只有一半产品通过海运可以顺利抵达意大利，其他产品必须在完工后空运才能如期送到意大利公司。空运使得成本增加，加上库存费用使得这批货物总额高达 700 万元人民币。按当时美元对人民币汇率 8.65 计算，远远超过 77 万美元，这对于 A 公司而言是个赔本的生意。于是 A 公司要求 B 公司分担这些损失，坚持来中国谈判。

B 公司知道这是一场恶战，心中设好的底线是损失由双方对半负担。在 B 公司看来，合同确认后面料就不应该更改，你要求改，我同意了，这样一折腾，再加上碰到"非典"这种天灾，谁也没办法。

结果没想到，A 公司的人到机场后，表情非常严肃。B 公司负责外销的副总经理秦小姐伸出手来，A 公司的人却不和她握手，就直接奔工厂去了。到了工厂后，刚好碰到工人下线吃午餐，A 公司总经理更加气恼，因为他认为大家应该连饭都不吃，积极赶工才对。其实，B 公司在"非典"期间还加班加点，非常辛苦，而且吃午饭也是正常的啊。

从工厂出来以后，A 公司总经理直奔会议室开始谈判，坐下以后开始发难，将一切责任推给 B 公司一方，并且表示他们不会承担任何损失。

A 公司总经理说所有商店的广告都打出去了，到时候如果没货上架，后果不堪设想。其实这句话一出，B 公司一方抓到了机会，"后果不堪设想"证明他们没有退路。所以从表面上看 A 方气势很强，其实优势已经不在他那边，而是转移到了 B 方。A 公司总经理越讲越怒，情急之下还说了一句脏话，表达自己的愤怒。

这一句脏话被 B 方的秦小姐抓住了，因此找到了一个反击的最佳时机。秦小姐一拍桌子站起来跟 A 公司总经理说："某某先生，你可以不对我微笑，可以不跟我握手，可以无视我们所有的努力，可以毫不讲理地把过失推给我们，可你们不能侮辱我们！我们在场的所有中国女性都是淑女，我们只跟绅士讲话，你这个样子，我们决定暂不发货！"

正是这个恰到好处的反击，迅速使 B 方化被动为主动。然后她接着说："我们可以把这批窗帘卖给沃尔玛公司！沃尔玛公司有消化廉价货物的能力，可能我们还能争取到比你们更好的价格！"这时，意方真正开始急了，连忙说道："我们广告已经打出来了，一定要出货！"接下来的谈判结果可想而知。

秦小姐继续保持严肃的态度说："我可以想办法赶给你，总经理先生，但是你们必须承担所有加订面料的空运费用；而且因为你们的粗鲁表现，我没有把握你们货到以后会付款，所以要先付款我才出货。"在这种情势下，意大利 A 公司只得答应了。秦小姐立刻嘱咐同事打印协议，要意大利总经理签字，10 分钟就顺利完成了签约。

内容为任务六情景案例
互动电影

案例点评

意大利 A 公司在谈判开始阶段采取挑剔式开局，给 B 公司施加压力。B 公司感到不能按期交货，改变运输方式增加成本，己方有一定责任。A 方人员正是看出对方这种内疚的心理，加上参观工厂时没有看到工人赶工而是下线吃饭，更是借题发挥，认为 B 公司没有尽力来补救损失。到这里为止，意方完全占领了主动，为谈判赢得了巨大胜算。

然而这时，意方谈判人员不懂得适可而止，对中方女性代表出言不逊，让中方代表找到了反击的最佳时机。中方代表变被动为主动，采取乘胜追击策略，使得合作很快达成一致。

谈判磋商是斗智斗勇的过程，应注意少说多听，从对方的陈述中抓住对方的漏洞，做出相应的回应。谈判人员要具备良好的心理素质,面对强势对手和僵局时,要冷静应对,坚持己方的谈判思路,把握好谈判节奏,不被对方牵着走,这样才能获胜。

一、磋商的一般步骤

报价之后,双方就进入了一个讨价还价阶段。讨价还价时,一定不能性急。谈判高手的经验是:"慢者胜,急者败。"谈判磋商要把握好节奏,控制好进度,使用好策略,做到有理有节,分利必争,按照一定的磋商步骤徐徐推进。

(一)捕捉信息,探明依据

谈判者对于对方的报价要能够准确把握其内容,了解其报价的依据,探究对方的真正意图。而要了解这一切,谈话的技巧和敏锐的洞察力是非常重要的。

例如:"谢谢你们刚才的阐述,看来,我们很容易在贷款数额、贷款条件和法律责任上取得一致意见。我们能不能对此再谈得详细一些呢?"

这段话实质上是对对方阐述内容表示赞同的方面进行了回复,希望进一步就这些方面进行探讨。以征求意见的口吻来取得对方的详细资料和信息。这样设问,有利于消除对方的防范,使对方感到真诚和友好。

磋商过程中要认真倾听对方的陈述,注意谈话的每一个细节,可以通过以下3个方面捕捉对手信息。

1. 仔细检查,逐项询问

仔细检查对方提出的每一项条件并逐项详细询问其理由。在可能的情况下,应尽力引导对方就各个条件可变动的灵活性发表陈述,而不要根据主观推测去任意改变己方的原定计划与对策。

2. 认真倾听,做好记录

认真倾听并记录好对方的回答。在对方回答问题时,切忌过多插言,更不要对对方的讲话或回答做出过激的评论。应在倾听对方的陈述时,捕捉对方言谈中透露的信息,探究对方的真实意图。在对方采取避实就虚或避重就轻的含糊技巧对问题不做正面回答的场合下,应尽量引导对方对问题做正面回答,并指出含糊其辞回答问题的弊端。

3. 少说多听,控制底线

当对方想了解我方报价或还价的理由时,原则上应尽量把自己回答的内容限制在最小的范围内,只告诉对方最基本的东西即可,不必多加说明与解释。遵循"不问不答,有问必答,避虚就实,能言不书"的原则。

(二)了解分歧,归类分析

磋商的过程中出现分歧是正常的,不要害怕出现分歧或出现僵局现象,因为通常情况下僵局过后就是成交。谈判中产生分歧的情况是各种各样的,原因也是千差万别的,归类起来大致有以下 3 种情况。

1. 想象的分歧

想象的分歧之所以会产生，主要是因为沟通不够，一方对另一方陈述的内容不理解或持怀疑态度。解决的办法就是要掌握沟通技巧。

2. 人为的分歧

人为的分歧之所以会产生，主要是因为报价太高或砍价太狠，有意设置各种关卡，造成一方难以接受另一方的要求。解决的办法是采取拖延策略，通过多轮反复磋商和说服，使得对方条件逐步降下来。

3. 真正的分歧

真正的分歧则是由于双方合理要求差距较大，可能短期内没法协调。解决的办法就是寻找新的伙伴或等待机会成熟后重新启动谈判。

通过了解双方分歧的原因，掌握对方提出异议或不同意见的真正意图，可使接下来的让步心中有数。

（三）掌握意图，心中有数

在了解双方的分歧之后，接下来就要分析对方的真正意图，对对方可能提出的要求和做出的让步，做到心中有数。谈判者对下列问题必须做到心中有数。

1. 对方可能接受的条件

对于我方的报价或还价，其中哪些条件对方可能会接受，哪些条件对方可能难以接受，应做到心中有数。例如，从对方对我方的报价或还价所做出的评价，或者通过观察对方言行，推测对方对一些问题所持反对意见的坚定性。

2. 对方讨价还价的实力

我们应该对对方在每一项议题上的讨价还价实力，做到心中有数。例如，对方在哪些方面具有优势，行业竞争情况如何，可以从对方提供的商品质量、企业经营现状和竞争地位，以及现有的合作伙伴等方面做出判断。

3. 双方可能成交的范围

我们应该对双方可能成交的范围，做到心中有数。例如，我方和对方都可以接受的最佳交易条件将是什么，双方可能在哪些领域最先达成一致。

如果能够提前准备，了解各种可能，当磋商中出现类似问题时，就可以根据设计好的谈判计划进行应对，从而争取到磋商中的主动权。

（四）对症下药，做出决策

磋商进入中期后，双方经过了激烈的讨价还价，达成了一定目标。但是为了各自利益的最大化，双方还要进行最后博弈。此时一般会做出以下 3 种决策。

1. 全盘让步，接受条件

采取这种决策时一般是出现了以下情况。

（1）本次交易对我方将产生重大影响，而我方如果不做出全盘让步，接受对方的条件，交易就不可能达成。

（2）竞争十分激烈，我方处于劣势，如果不做出全盘让步，竞争者就会趁机而入。

（3）我方即使做出全盘让步，也仍然是有利可图的。采取全盘让步方案一定是对于让步的一方仍有利可图，否则宁愿中止谈判。

2. 继续磋商，达成一致

采取这种决策时一般是出现了以下情况。

（1）双方分歧不是太大，只要进一步磋商就有可能达成一致。

（2）目前除了对方，没有更好的合作伙伴。

（3）如果中止谈判，双方损失更大。

3. 终止谈判，迫使让步

采取这种决策时一般是出现了以下情况。

（1）双方出现较大分歧，这时处于有利地位一方提出中止谈判，迫使对方做出让步或阻止对方继续进攻。

（2）双方矛盾焦点所涉及的交易条件确实非常重要，如果一方不改变立场，另一方宁愿交易落空。

（3）磋商僵持了许久，如果不提出中止谈判，对方就不会改变立场。不过即使符合这3个条件，采取中止谈判这一行为也必须谨慎。

（五）控制议程，驾驭全局

商务谈判是一个复杂的过程，涉及内容广泛，参与的人员也较多，各方都必须有一个中心人物驾驭整个谈判局势，控制议程，使整个谈判朝有利于己方的方向发展。为了控制好谈判议程，谈判负责人必须做好以下工作。

1. 适时进行归纳总结

谈判分为开场、中场和终场3个主要阶段。每个阶段完成后，主谈或负责人都应对这一阶段完成的议题、达成的意向进行适时总结，以帮助双方认识谈判进行到了哪一个阶段，明确谈判议程。

2. 检查洽谈的进展情况

依据开局阶段双方协商确定的谈判议程，双方主谈要控制好谈判节奏和进度，驾驭好谈判局势，使整个谈判朝着设定方向发展；必须及时对照原定谈判计划，检查己方主要议题完成情况和谈判目标实现程度。东道主一方还可以根据对方的行程安排情报资料，采取拖延战术，安排一些活动，消耗对方的精力和时间，缩短用于谈判的时间。由于时间的限制，迫使对方让步，使己方能够获得更多的利益。

3. 及时架设磋商桥梁

当双方谈判处于僵持和分歧状态时，谈判中心人物可以通过适当的引导，在双方之间架设磋商桥梁。例如，当在价格及折扣问题上陷入僵局时，其中一位一直没有发言的谈判代表突然说了一句："我们是否先考虑一下付款方式呢？"也就是这一句话改变了整个洽谈的方向，在双方谈判之间架起了继续向前的桥梁。

案例与启示　　　　谈判桌外的引导

这是一个快餐加盟项目。招商方为了吸引投资方加盟快餐业，利用非正式谈判前的交流沟通，为正式谈判取得成功做好了铺垫。以下是招商经理与投资商的交流沟通结果。

招商经理：经济危机弄得人心惶惶，很多投资商也不知道在什么方面投资更好。前几天，餐饮协会召开了一个年会，许多餐饮行业巨头都来到现场，探讨餐饮业的发展及目前存在的危机。大家一致认为，2009年一部分 800～1 000 m^2 的中等偏上餐厅会面临较大危机。

投资商：啊？为什么？我们觉得投资餐饮比投资其他行业可靠，民以食为天嘛，所以才想加盟餐饮行业的，没想到也是这样啊！

招商经理：您分析得太对了，这个时候投资餐饮比投资别的行业风险要低得多。你看啊，经济危机不影响吃饭，但是吃饭也有个吃法吧。老百姓吃普通的，8～10元一份的快餐没问题；而对于有钱人经济危机对他们吃什么并没有什么影响，他们该吃什么还吃什么；但经济危机影响了中产阶级的生活水平，他们以前可以偶尔小资一把，所以选择中等偏上的餐厅吃饭或家庭聚餐，但经济危机的到来使得他们的收入明显缩水，消费结构发生了变化，他们自觉降低了对奢侈生活方式的消费，所以外出吃饭自然减少了。于是中等偏上规模餐厅的正餐就受到了影响。

投资商：你分析得有道理，但是他们也要吃饭啊，而且太差了也不行，一是卫生没法保障，二是营养也无法达到啊。中产阶级，一般是白领，生活上追求一定品位，也愿意花费一定的钱在吃的方面。

招商经理：是的，这些中产阶级的人，他们愿意一餐花费20～35元，但还要吃得体面、卫生和营养。能够满足这些人要求和情结的，那就只有中、高档的快餐厅。

因此，现在好的快餐厅和主题餐厅已经开始火起来了，明年将会有更大的发展。

（资料来源：方琪．商务谈判—理论、技巧、案例．改编）

谈判桌外的闲谈，看似毫无目的，实际上却有很多益处。因为在非正式场合的交流中，人们没有什么防备，容易对他人产生信任。招商经理与投资商这一席不经意的谈话，实质上是招商经理有意透露餐饮协会的专家对于餐饮业发展的一些危机分析，以便影响投资商的观念，引导投资商向中高档快餐投资，这为后面的中高档快餐招商加盟谈判奠定了良好基础。可以想象，接下来投资中高档快餐厅的谈判会对招商方肯定有利。

二、让步的原则与方式

让步或妥协,在谈判上并非是失败的表现。相反,妥协在某种情况下也是一种行之有效的谈判策略,懂得在适当的时机做出让步来换取己方利益,恰恰是谈判成功的先决条件。但妥协并不是无原则的退让,商务谈判中必须坚持正确的让步原则,选择恰当的让步方式,才能做出有效让步。

(一)让步的基本原则

1. 让步的时机原则

让步时机的选择会影响让步的效果。如果让步过早,会使对方误认为是"顺带"得到的小让步,这将会使对方得寸进尺;如果让步过晚,对方可能失去耐心和信心,使得谈判容易陷入僵局,当陷入僵局后才做出让步,这对控制谈判结果不利。一般来说,让步的主要部分应放在成交之前,以影响成交条件;而处于次要的、象征性的让步则放在最后时刻,作为最后的"甜头",以促成交易。

让步也可能选择在双方最需要的时候做出。让步通常意味着妥协和某种利益的牺牲,因此,不是迫不得已,绝不要轻易让步。让步应有明确的利益目标,让步的根本目的是保证和维护己方欲得利益。通过让步从对方那里可以获得利益补偿,或者是"放长线钓大鱼",换取对方更大的让步;或者是巩固和保持己方在谈判全局中的有利局面和既得利益。无谓的让步,或者是以让步作为赢得对方好感的手段都是不可取的。

2. 让步的节奏原则

让步必须控制好轻重、频率和幅度。让步是一种极有分寸的行为,不可"眉毛胡子一把抓",要分轻重缓急。有经验的谈判人员,为了争取主动,保留余地,一般不首先在原则问题、重大问题,或者对方尚未迫切要求的事项上做出让步。明智的做法是尽量让对方在原则问题、重大问题上首先做出让步,而己方则在对方的强烈要求下,在非原则的次要的较小的问题上适当让步。

让步次数不宜过多,过多不仅意味着利益损失加大,而且也影响信誉、诚意和效率;让步频率不宜过快,过快容易鼓舞对方的斗志和志气;让步幅度不可太大,太大反映了己方条件"虚头大,水分多",会使对方进攻欲更强,进攻更猛烈。

3. 让步的对等原则

让步的对等原则是指谈判双方在磋商中应强调利益的"交换"。也就是说,以己方的让步换取对方的让步。"交换"让步要保证交换的现实性和必要性。

(1)现实性。现实性是指在己方做出让步后,一定要等待和争取对方有相应的回报,在没有得到对方回报前,不要做出第二次让步。

(2)必要性。必要性是指"交换"让步是以利益和必要性为依据的,不可因为对方让步,我方就一定要让步。要评估对方的让步是不是我方真正需要的条件,如果对方做出的让步并不是我方所需要的，那么就不必做出相应的让步来回应。

在谈判磋商中，只有双方都付出了自己艰苦努力，用了较长时间，花费了巨大精力，使出了浑身解数，才会对所获得的结果更加珍惜。因此，谈判让步不要轻易做出，即便对方提出的要求在我方谈判计划规定的让步范围之内，也要进行多个回合的讨价还价，拖延答应的时间，在对方觉得几乎不可能的情况下才做出让步。

经典阅读　　　　　磋商准则

磋商是指谈判各方对手面对面讨论、说理、讨价还价的过程，它包括诸如价格解释与评论、讨价、还价、小结等多个阶段。而在各个具体的阶段之中有各个阶段的特有技巧和准则。同时磋商作为一个总的过程，也有其准则。一般而言，磋商有五大准则，即条理准则、客观准则、礼节准则、进取准则和重复准则。

1. 条理准则

所谓条理准则，是指磋商过程中要做到议题有序，表述立场有理，论证方式易于理解。在磋商中除了要注意内含议题先后的客观逻辑，以及谈判目标的启动先后次序与谈判进展的层次，还要表述在理，论证方式明白，以做到论者言之成理，听者才会感到信服。

2. 客观准则

所谓客观准则，是指磋商过程中的说理与要求应具有一定的实际性。只有具备实际性的说理才具有说服人的效果，只有符合实际的要求才会有回报的可能。在磋商过程中，说出的道理要有真实感和可靠性，利用一切可供运用的真实资料说明问题，任何要求均应具备合理性与可能性。

3. 礼节准则

所谓礼节准则，是指谈判磋商过程中要求谈判者保持礼貌的言行举止。谈判磋商既是争论也是协商，在激烈争论的同时，应该相互尊重，谅解妥协，不要带有感情色彩和个人偏见，要重利益轻立场。这一准则要求谈判者始终保持沉毅律己、尊重对方、松紧自如的良好心态。

4. 进取准则

所谓进取准则，是指顽强争取于己有利的条件，千方百计说服对方接受己方要求的精神和行为。谈判中需要有勇气、耐心和毅力，遇到僵局或挫折不应轻言放弃。

5. 重复准则

所谓重复准则，是指在磋商中对某个议题和论据反复应用的行动准则。在磋商中不要怕重复。重复的谈判是深入的准备，也是下一步的过渡。有些谈判内容可多次安排进议程之中。重复安排议题时，其次数与时机应得当。一般只针对对方尚未改善的条件，反复申诉自己的观点，以推动对手改变立场。这是一种"自卫策略"，因为它是对手不听、不采纳自己观点与论证材料的自然反应，也是谈判者耐心与意志的反应。如果不等对方响应即自动放弃自己的观点和论证，等于退却与让步。

（二）让步的一般方式

谈判的让步原则，强调要正确地控制让步的次数、频率与幅度，即不可让步过多、过快、过大。而在实际谈判中，其"量"的概念是无法具体规定的，让步方式也不可能有成规可循。因为让步方式会受到交易特性、市场需求状况、谈判策略以及谈判时的客观环境等系列因素的影响。

案例与启示　　　　　　　让步方式分析

假如你准备出售一辆二手车，刚开始的报价是 55 000 元，而你的心理底价是 45 000 元。所以，谈判空间是 10 000 元。然而让出这 10 000 元的方式却非常关键。例如，本案例可能出现的 8 种让步方式，如表 6-1 所示。

表 6-1　本案例可能出现的 8 种让步方式

单位：元

让步方式	让步尺度	第一次让步	第二次让步	第三次让步	第四次让步
1	10 000	0	0	0	10 000
2	10 000	2 500	2 500	2 500	2 500
3	10 000	1 500	2 000	2 500	4 000
4	10 000	3 500	3 000	2 000	1 500
5	10 000	4 500	3 500	1 500	500
6	10 000	5 500	4 000	0	500
7	10 000	5 500	4 500	-500	500
8	10 000	10 000	0	0	0

表 6-1 中的 8 种让步方式在实际中都有可能出现，而其中的几种错误让步方式可能会给谈判带来许多障碍，谈判者要慎重使用。

一、错误的让步方式

1. 最后一次让步的幅度过大

在表 6-1 中的让步方式 4 中，双方经过反复磋商，然后你告诉对方："这是我的底线，我不可能再让 1 分钱了。"可问题是，总额为 10 000 元的让步空间，你第一次让步 3 500 元，第二次让步 3 000 元，第三次让步 2 000 元，最后一次让步 1 500 元。对方认为 1 500 元绝对不是最后一次让步，可能会断定至少还有 1 000~500 元的让步。他会告诉你："好了，看来我们没什么好谈的了。如果你能再让 1 000 元的话，我想我们还可以继续谈。"你却一口拒绝，告诉对方，你连 50 元都不会再让了，因为你刚才给出的已经是自己的底线了。这时候对方可能真的会拂袖而去，因为他可能会想"你刚刚让了 1 500 元，现在居然连 50 元都不肯让。为什么这么不讲情面呢？"所以，最后一次让步的幅度千万不能太大，因为很可能会让对方对你产生敌对情绪。

在表 6-1 中列示的 8 种让步方式中，让步方式 1~4 都存在这样的问题，特别是让步方式 1，前面三步都没有丝毫让步，而最后一步却让出全部，金额达到 10 000 元。如果对方能够坚持到第四步，而且获得了这样大幅度的让步，一定会继续提出让步要求的。

2. 等差让步

在表 6-1 中的让步方式 2 中，采用的是等差让步方式，即你通过每次让步 2 500 元的方式分 4 次让出了 10 000 元。想象一下，如果你这样做的话，你的对手会怎么想。对手并不知道你到底会把价格降到多少，他只知道一点，你每让一步，他就可以省下 2 500 元。所以他会要求你不断让步。事实上，千万不要进行两次幅度相同的让步。

3. 一开始就全让出去

在表 6-1 中的让步方式 8 中，是一种需要避免的一次让步到位方式，即谈判一开始就把 10 000 元全部让掉。你可能会想："我怎么会做出那么愚蠢的事情呢？"其实这完全有可能。

例如，一位昨天刚看过你汽车的人给你打电话："我们从 3 家二手车经营者那里选了 3 辆二手车，都很喜欢，所以现在最关键的就是价格。我们想，最公平的做法就是让你们 3 家同时出价，然后我们挑选价格最低的那家。"除非你是一个非常有经验的谈判高手，否则你会大为震惊，并立刻把价格降到最低。即便如此，对方也并没有保证你不会再次遭遇竞价。

再如，对方还有一种方法也可以让你把价格一降到底。他们会告诉你："我们不喜欢谈来谈去，给个痛快价吧！"

又如，你正在争取一名新客户，只见你的对手一脸认真地告诉你："告诉你我们是怎么做生意的吧。在我们公司刚成立时，公司的创始人就说过：'一定要认真对待我们的供应商，千万不要讨价还价。让他们报上最低价，然后告诉他们我们是否接受'。这么多年来，我们一直是这么做的。所以你只要告诉我们最低价格就可以了，我们会痛快地告诉你答案。因为我们不喜欢讨价还价。"

这位采购商是在撒谎，他很喜欢讨价还价。事实上，当他和你说这番话时，本身就是在砍价，想看看能否在一开始就把价格降到最低。所以你千万当心，不要被对手一脸的诚意所迷惑，一定要坚持己方最初设计好的让步策略，把握好让步节奏。

4. 让步幅度由小变大

在表 6-1 中的让步方式 3 中，因为对对手不是很了解，先进行小幅让步来试水，看看对方会有什么反应，这是谈判桌上常用的让步策略。例如，当对方提出让步要求时，你可能告诉对方："好吧，我可以把价格降低 1 000 元，但不能再降了。"如果对方表示反对，你可能会想："看来这场谈判并不像我先前想得那么容易。"接着你再降了 2 000 元。对方还是不满意，于是在下一轮谈判中，你又降低了 3 000 元。最后，你干脆将剩下的空间 4 000 元全部降了。

看看你都做了些什么，一开始还是小幅让步，可慢慢地，你让步的幅度越来越大。按照这样的方式谈判，你永远都不可能与对方达成交易，因为他们每次要求你降低价格时，你都给了他们更大的惊喜，所以他们就会不停地要求你降价。之所以会出现这样的问题，就是因为你一开始就在对方的心目中确立了一种让步的模式。

对于以上错误的让步，一定要避免。那么，哪些正确的让步方式是可以采取的呢？

二、正确的让步方式

1. 让步幅度由大变小

做出让步的最佳方式之一就是在开始时，首先答应做一些有利于达成交易的合理让步。例如，在表6-1中的让步方式5中，让步空间为10 000元，开始是让5 500元还是让4 500元呢？应该都可以，这没有统一的规定，占到整个让步空间的40%~50%就可表明让步一方合作的诚意了。但一定要记住，在随后的让步中，一定要逐渐减少让步幅度。减少让步幅度实际上是在告诉对方，这已经接近你所能让出的最大限度了。

为了检验一下这种方法到底有多大的效果，我们可以回想一下小时候向家长要零花钱的经历。当你是个孩子时一定以各种理由向家长要过零花钱吧。例如，跟同学一起去郊游，你对妈妈说："妈妈，你能不能给我100元。"妈妈则告诉你："没门儿，我像你这么大时，一周只有5元零花钱，而且还要帮家里扫地、洗碗才能获得。你一次就要100元，不可能，最多给你50元。"

你开始讨价还价，说："50元根本不够，要跟同学一起去郊外野炊，现在东西好贵呢。"此时，妈妈与你之间确立了一个谈判范围，你要100元，妈妈只给50元。谈判还在继续，数目逐渐提高到60元，然后是65元、67.5元。当妈妈把数目提到67.5元时，你就知道这已经是极限了。妈妈通过逐步减少让步幅度，在潜意识里已经告诉你，她已经不可能再继续增加了。

关于让步幅度的应对策略

在谈判的过程中，一定要时刻保持警惕。要留意对手对你做出的让步幅度，并仔细记录下来。但千万不要因为对方让步的幅度缩小而感觉对方已经接近底线。他可能只是在对你使用这种策略而已。你必须明确报价的依据，明确对方的起点价是否有水分；然后必须进行深入分析，找出要求继续让步的理由。

2. 收回让步

如果你正在向客户推销一种商品，你的报价是每件18元，而客户还价为每件12元，你们经过多个来回的磋商，最后双方都认为14.5元的价格比较合理。这时客户可能会想："我从18元降到了14.5元，我想还有可能降到14元。"于是说道："你看，现在生意很不好做，我想除非你能把价格降到14元，否则我实在没法做这笔生意。"

然而，他可能只是在引诱你，想看看你是否有可能把价格再降一点。千万不要害怕，更不要为了保住这笔交易而立即做出让步。你可以告诉他："我也不能确定能否答应你的要求。这样吧，我先向销售经理请示一下，看看能否接受你的条件，明天再回答你。"第二天，你告诉客户："非常不好意思，我们商量了一整晚，结果发现，我们的一位工作人员犯了一点小错，我们当初的成本估算出了点问题。现在我对我们昨天商定的价格14.5元恐怕都无法答应，我们现在所能接受的最低价格是15元。"这其实是使用了典型的权力有限和让步收回的黑脸—白脸策略，虚构了销售经理这样一个更高层次的权威，而自己仍然是站在客户这边的，只是权力有限，没有办法。

这时客户会做出何种反应呢？他很可能会大发雷霆："什么？昨天谈的可是14.5元，我们只能接受14.5元。"这样，客户再也不提14元了。这正中己方下怀，有效地阻止了对方的进攻。

当然收回让步必须谨慎，如果对方在谈判过程中始终抱有善意，则不应使用这种诡诈方式来结束谈判。只有当你感觉对方一直在通过谈判榨取你的所有利润，直接把你逼到底线，或者虽然对方也想与你达成交易，可他心里却在想"如果我多花一点时间和他谈下去的话，不知道一个小时可以赚到多少钱"时，才可以考虑使用这种策略。收回让步，不只是一味地纠缠于价格，也可以通过收回其他交易条件来达到同样的目的。

1）收回让步的技巧

下面介绍如何运用收回其他条件，阻止对方进攻的 4 种情形。

（1）我知道我们正在讨论安装费用问题，可昨天向领导汇报后，领导告诉我，按照这种价格，我们不可能提供安装。

（2）我知道我们讨论的价格包括送货费，但财务部门的成本核算人员告诉我，就这种价格来说，如果还免费送货，我们不仅完全没有利润可言，而且还要亏损。

（3）我知道你需要 60 天账期，可如果是这种价格的话，我们希望你能够把账期缩短到 30 天。

（4）是的，我的确承诺过能调整培训费用，但请示公司领导后，领导告诉我，如果你们只能接受这种价格的话，我们就必须另收培训费。

但是必须记住，千万不要收回那些比较重要的条件，因为这样很可能会惹怒对方，使得可能的合作破裂。收回已经做出的让步就像是一场赌博，但它可以督促对方做出决定，而且通常可以决定一笔生意的成败。

2）关于收回让步的应对策略

你可能会遇到这种情形，一位服装销售人员告诉你："这样吧，我请示一下经理，看看能不能再给你便宜一点。"之后他会回来告诉你："非常抱歉，你相信我们刚才一直讨论的竟然是特价产品吗？我本来以为特价活动还在进行，可这个活动上周六就已经结束了，所以就连刚才商定的价格我们都无法接受。"这时，你马上就会忘记自己刚才让对方再做出让步的要求，恨不得立刻以对方第一次报出的价格达成交易。但是，请一定要记住，千万不要让这种事情发生。

当有人对你使用这种策略时，不要紧张，一定要坚决要求对方先解决好自己内部的问题。告诉对方，他必须确定谁有权力做出最终的决定，然后双方再展开真正的谈判。

三、磋商的基本策略

磋商是谈判的关键阶段，磋商过程是一个讨价还价的过程。在磋商过程中，谈判双方围绕各自的谈判目标，运用谈判策略与技巧来迫使对方让步，阻止对方进攻，最终在互惠基础上协调一致。

（一）迫使对方让步的策略

1. 制造竞争策略

制造竞争策略是指在谈判中为了迫使对方让步，可以虚拟一种竞争态势，给对手施加压力。例如，在货物买卖中，如果卖方希望对买方施加压力，可以虚拟同时与多家买家联系，采取招标方式来选择谈判对手。如果是买方制造竞争，可以虚拟同时与多家供应商联系，选择最有利的一家先谈，并同时告诉卖方，市场上还存在一些可替代产品。

虚拟竞争者必须让对手相信，通常需要采取故布疑阵策略，发布虚假信息以假乱真。例如，故意在谈判桌上或谈判休息室内留下一些"重要"谈判文件，或者让谈判团队之外的人员采用不经意的方式透露谈判的某些"机密"。

案例与启示　　酒店大堂经理发布的信息

长沙一家重型机械制造商，最近正在与国外一家机械设备进口公司举行一笔大单业务谈判。磋商进入僵持阶段后，重型机械制造商总经理想出了一个办法，让进口商下榻酒店的大堂经理作为一名客串，为其发布竞争信息。一日，大堂经理看见进口商代表正在酒店大堂休息，他故意提高声音说："前台，刚接到某某重型制造商电话，本周五要订5个豪华间，有一个国外代表团来企业洽谈业务"。进口商一听，心想：制造商的产品还很有市场，竞争对手来了之后，我们不一定能够采购到产品，夜长梦多，还是赶快签订合同吧。第二天重上谈判桌时，进口商态度转变很大，双方很快就签订了大单合同。

但进口商根本没有想到，原来根本就没有什么其他国外代表团来企业洽谈业务，这一切只不过是制造商企业总经理一个布局的而已。

应对策略

当对方宣称自己与多家合作伙伴有业务往来时，你不要轻易信以为真，要相信自己的实力。同时要有心理准备，你可以选择其他合作伙伴，因为同样我也可以选择对手。你可以这样回应对手制造的竞争策略：我们很清楚贵公司的实力，能与你们合作，这是我公司的荣幸。我们在同行中也是一家不错的企业，你们选择与我们合作，这说明贵公司很有眼光。我们其实也收到了许多公司的合作邀请，但是考虑到贵公司的合作诚意，所以，我们首先选择与贵公司进行洽谈。

2. 虚张声势策略

虚张声势策略是指谈判双方在谈判开始时都会提出一些并不期望能实现的过高要求，然后随着时间的推移，双方再通过让步逐步修正这些要求，最后在两个极端之间的某一点上达成协议。

采用虚张声势策略时，双方都可能将大量的条件放进议事日程，其中大部分是虚张声势，或者是想在让步时给对方造成一种错觉，似乎自己已经做出了巨大牺牲，但实际上只不过是舍弃了一些微不足道的东西。

过分的要求并不一定表示实力强大，但却有可能动摇对方的信心，迫使其修改自己的期望，降低自己的目标和要求。

应对策略

谈判桌上永远不要相信首次报价，应根据己方掌握的情报信息，认真分析对方提出的要求，巧妙揭露对方虚报的价格和条件，挤掉水分；坚定己方最初的目标，"咬定青山不放松"，认真估算对方让步带给己方的利益和己方让步给对方带去的利益；要坚持"让步"交换，即在获得对方让步前，绝不轻易再次让步。

3. 红脸—白脸策略

红脸—白脸策略，是指在谈判中一方有谈判代表提出苛刻的条件和要求，给对方施加压力；而当气氛变得紧张时，又有谈判代表做出让步，给对方台阶，以获得对方更大的让步作为回报。这样软硬兼施，一人唱红脸，一人唱白脸。

例如，在索赔项目谈判中可由财务谈判人员唱红脸，计算损失及分析损失对企业造成的损害，向对方提出较大数额的赔偿，一点都不能松动；甚至语气强硬，表示如果对方不赔，己方可能诉诸法律，同时取消合同等强硬态度，让对方感到压力。但谈判还要继续，这时主谈可以用稍为平和的语气来缓和紧张气氛，让对方感到，只要做出适当让步，还是有希望挽回合作的。

这时，主谈可以这样说："我相信我们双方都不愿意走到这一步。基于以往友好的合作关系，以及未来合作的美好前景，我们可以考虑共同承担这次损失。但是毕竟你方违反了合同，延期交货是事实。虽然遇到了不可抗力，从某些方面可以部分免责，但这次损失实在太大了，希望双方按责任大小共同分摊损失。"

财务谈判代表唱的是红脸，而主谈唱的则是白脸。

案例与启示 红脸—白脸策略解救人质

1980年11月，选民们用选票把吉米·卡特赶出了白宫。但这时伊朗人仍然扣押着美国驻德黑兰大使馆的工作人员作为人质。卡特非常想在自己离任前解救人质，以免里根坐享其成。于是他开始和霍梅尼（曾任伊朗最高国防委员会主席和文化革命最高委员会主席）玩起了红脸—白脸策略。"如果你聪明的话，我认为你应该与我和解。千万不要与一月份即将入主白宫的这帮人打交道！我的上帝啊，你见过这些家伙吗？这位总统是曾经演过牛仔的演员，他的副总统曾经掌管过中央情报局，国务卿是亚历山大·黑格，这些家伙甚至比英国人还要疯狂，没人知道他们能做出什么。"

里根也心领神会，于是他告诉劫持分子："嘿，如果我是你的话，我肯定会选择和卡特解决这个问题。他是个好好先生。我想你肯定不会喜欢我作为你的对手的。"就在里根举行就职仪式的当天早晨，人质就被释放了。

毫无疑问，伊朗人很清楚美国人使用的策略。事实上，当你的对手了解这些策略时，整个谈判过程反而会变得更有趣。这就类似下象棋，棋逢对手的感觉远比跟一个可以被你轻松打败的笨蛋对弈有趣得多。

应对策略

当有人对你使用红脸—白脸策略时，不妨尝试使用以下策略进行应对。

（1）识破对方策略。虽然应对红脸—白脸策略的方法不止这一种，但很可能你只知道这一条就够了。你一旦指出对方的把戏，他就会觉得非常尴尬。当对方使用红脸—白脸策略时，不妨微笑着告诉对方："哦，你不是在和我玩红脸—白脸游戏吧？好了，坐下吧，别玩了。"通常情况下，对方由于尴尬就立刻停止了。

（2）你也可以制造自己一方的红脸。比如说，你可以告诉对方你也想满足他们的要求，可问题是，你也需要对自己的上司负责。除了谈判桌上的红脸，你还可以虚构一些比谈判桌上的红脸更加强硬的红脸。

（3）你不妨在谈判一开始就直接告诉对方："我知道你是来扮演红脸的，但我建议你不要这样做。我想我们都想解决眼前的问题，为什么不想办法找到一个双赢的方案呢？"通过这种方式你可以达到先发制人的目的。

4．吹毛求疵策略

吹毛求疵策略是指一种先用苛刻的虚假条件使对方产生疑虑、压抑或无望等心态，以大幅度降低对手的期望值，然后再在实际谈判中逐步给予优惠或让步。由于双方的心理得到了满足，便会做出相应的让步。该策略由于先用"苦"降低了对方的期望，再用"甜"满足了对方的心理需要，因而很容易实现谈判目标，使对方满意地签订合同，己方也可从中获得较大利益。

案例与启示　　我要为不需要的制冰器付费吗？

一天，王先生到商场欲购买一台冰箱。售货员为他做了全面介绍后，他就开始询问其中一款的价格，售货员告诉他这款冰箱的价格为 3 500 元。

王先生说："你看，这冰箱的漆都刮了。"

售货员说："根本看不出来啊。"

王先生说："虽然只有一点点划伤，但它毕竟是新冰箱，心里总是不爽吧。有瑕疵的货物不是按规定可以打折吗？"

没等售货员回答，王先生接着问道："这种型号的冰箱有几种颜色？"

售货员回答："有 10 种。"

"可以看看样品手册吗？"王先生问。

售货员立刻拿出手册给王先生看了。王先生选中了其中的一种颜色说道："这种颜色与我家厨房颜色非常相配，而其他颜色都显得达不到这种效果。不过，我留意过了，非常遗憾的是，你们现货中没有这种颜色的冰箱。颜色不搭，而且价格又那么高，这很不合情理。如果不能调整一下价格，我只得考虑去别的商场看看了。"

王先生说完，又打开冰箱门看了看，问道："这冰箱附有制冰器吗？"

售货员赶忙答道："是的，这个制冰器可以 24 小时为你提供冰块，一小时只要花 2

分钱电费。"售货员以为王先生会喜欢这个附件。不料,王先生说:"这太不巧了,我们全家人肠胃都不太好,医生说最好不要吃冰。你可以把这个制冰器拆下来吗?"

售货员只好回答:"制冰器是无法拆下来的,它与冰箱门连在一起了。"

王先生习难道:"制冰器对我毫无用处,我却要为它付钱,这无法让人接受。另外,你们的冰箱有这么多缺陷,为什么价格不能便宜点呢?"

售货员对王先生提出的这些无理要求虽然无可奈何,但最终也只好降价,满足了王先生的要求。

然而,王先生把冰箱买回家后,每天都在用制冰器,不仅制冰块,还用来制冰棒。原来他们的家人不能吃冰不是真的,只是为了降价随便找的一个理由。

5. 攻心夺气策略

攻心夺气策略是指谈判一方采用某种言行使对方心理产生舒服感或感情发生软化,以使对方妥协退让的一种策略。攻心夺气策略的表现方式分两种极端:一种极端是愤怒,在谈判桌上抓住对方的说话漏洞或某些不妥行为,大发脾气,让对方感到手足无措,给对方造成巨大的心理压力,特别当对手是新手或软弱型谈判者时更为奏效;另一种极端是示弱,让对方产生同情心理,然后做出较大让步。

但是,无论是采取发脾气给对方制造压力,还是采取示弱方式让对方产生同情,这都不是一种原则型谈判方式。这种策略一旦被对手识破,很难奏效,因此并非长期合作策略。

6. 得寸进尺策略

得寸进尺策略是指一方在争取对方一定让步的基础上,再继续进攻,提出更多的要求,以争取己方利益。这种策略的核心是:一点一点地要求,积少成多,以达到自己的目的。运用这种策略存在一定的冒险性,如果一方压得太紧,要求太高,就有可能激怒对方,使其固守原价,甚至加价,以进行报复,从而使谈判陷入僵局。

这种策略主要适用于以下情况:一是对于出价低的一方,有较明显的议价优势;二是进行科学估算,确信对方出价的水分较多;三是知道一些不需要的服务费用被包括在价格之中;四是掌握市场行情,即在某一商品行情疲软的情况下,可采取这种策略。

7. 最后期限策略

最后期限策略是指在谈判过程中,规定谈判结束的最后时间结点。这一策略可以有效地督促双方的谈判人员集中精力抓住成交时机,及时促成交易。在谈判过程中我们发现,双方所做出的 80%的让步都是在最后 20%的谈判时间里完成的。因此,利用时间压力可以让人们更容易做出让步。

为什么会出现这种情况呢?因为在通常情况下,当一场谈判拖延太久时,你的潜意识会冲你发出尖叫:"你在这次谈判上花了这么多时间,千万不要就这样空着手回去。一定要谈出点什么结果!"所以每次遇到这种情况,你都可能做出一些新的让步。最后期限提出时,开始并不能引起对方的关注。但是随着这个期限的逐渐迫近,加之提出期限一方的不断暗示和表明立场,对方内心的焦虑就会不断增加。如果对方对成交抱有很大期待,并且大部分议题已经完成,最后期限策略的使用可以促使对方加大让步,及时签约。

因此，在谈判过程中，对于某些双方一时难以达成妥协的棘手问题，不要操之过急，需要善于运用最后期限的力量，规定谈判的截止日期，向对方展开心理攻势。必要时，我方还可以做出一些小的让步，给对方造成"机不可失，时不再来"的感觉，以此说服对方，达到我方的目的。

应对策略

优势谈判高手知道，无论谈判进行到何种地步，你都应该把自己已经投入的时间成本和金钱看成沉没成本，应当完全忽视它们。无论你们是否达成协议，你所投入的时间和金钱都无法收回。所以一定要冷静地审查眼前的谈判条款，要反复告诫自己："我应该忘掉自己已经投入的时间和金钱，重新开始谈判！"

如果你感觉自己很难接受对方提出的条件，一定要立刻停止，千万不要犹豫。记住，一定不要因为那些已经投入的时间和金钱而做出让步，因为你将失去的可能会比你已经投入的更多。

案例与启示　　　　　　11位农夫向1位农夫妥协

在美国的一个边远小镇，由于法官和法律人员有限，因此组成了一个由12位农夫组成的陪审团。按照当地的法律规定，只有当这12位陪审团成员都同意时，某项判决才能成立，才具有法律效力。

有一次，陪审团在审理一起案件时，其中11位陪审团成员已达成一致看法，认定被告有罪，但剩下的一位陪审团成员则认为应该宣告被告无罪。由于陪审团内意见不一致使得审判陷入了僵局。其中的11位陪审团成员企图说服剩下的那一位陪审团成员，但是这位陪审团成员是个年纪很大、头脑很顽固的人，就是不肯改变自己的看法。从早上到下午审判一直不能结束，11位农夫有些心神疲倦，但那一位农夫还没有丝毫让步的意思。

就在11位农夫一筹莫展之时，突然天空布满了阴云，一场大雨即将来临。此时正值秋收过后，各家各户的粮食都晒在场院里。眼看一场大雨即将来临，那11位农夫都在为自家的粮食着急，他们都希望赶快结束这次判决，尽快回去收粮食。于是都对那一位农夫说："老兄，你就别再坚持了，眼看就要下雨了，我们的粮食都在外面晒着，赶快结束判决回家收粮食吧。"可那位农夫丝毫不为之所动，坚持说："不成，我们是陪审团成员，我们要坚持公正，这是国家赋予我们的责任，岂能轻易做出决定。在我们没有达成一致意见之前，谁也不能擅自做出判决！"这令那几位农夫更加着急，哪有心思讨论判决的事情。为了尽快结束这令人难受的讨论，11位农夫开始动摇了，考虑开始改变自己的立场。这时一声惊雷震破了11位农夫的心，他们再也忍受不住了，纷纷表示愿意改变自己的态度，转而投票赞成那一位农夫的意见，最终法院只好宣告被告无罪。

11位农夫之所以改变主意，转向投票赞成了那一位农夫的意见，并不是因为那一位农夫的意见是对的，而是由于这11位农夫设定了一个最后期限，那就是在大雨来临之前，他们必须离开这里，回家收粮食。所以当一声惊雷过来之时，11位农夫的耐心彻底被击垮了，因此，他们只好向那一位农夫做出妥协，同意他的意见，结束这场审判，回家收粮食。

（二）阻止对方进攻的策略

谈判是一场博弈，有进攻就有防守。前面讨论了迫使对方让步的策略，下面主要讨论阻止对方进攻的策略。阻止对方进攻的策略很多，这里重点讨论极限策略、疲劳策略和先例控制策略。

1. 极限策略

极限策略是指谈判代表在谈判中能够自行决定的范围受到领导授权、企业政策规定和财政预算等条件的限制，当对方向己方提出的要求超越极限范围时，可以此为由阻止对方进攻的一种策略。极限策略包括权力极限策略、政策极限策略和财政极限策略。

（1）权力极限策略。权力极限策略是指利用控制本方谈判人员的权力来限制对方的自由、防止其进攻的一种策略。权力极限策略实质上是阻止对方进攻的坚固盾牌。权力有限恰恰意味着力量无限。例如，如果你告诉对方："我没有权力批准这笔费用，只有董事长能够批准。但目前他正在非洲进行为期一个月的丛林探险活动，无法与他取得联系"。那么，对方立刻会意识到，在这一事项上要求做出让步是绝无可能的。当然，这种策略只能在少数几个关键时刻运用，因为使用过多，对方会认为你缺乏诚意，或者认为你没有谈判的资格而拒绝与你进一步磋商。

（2）政策极限策略。政策极限策略是指以本方企业在政策方面的有关规定作为无法退让的理由，阻止对方进攻的一种策略。这种策略与权力极限策略的目的一样，只不过用于限制对方行动自由的不是权力，而是本企业的政策规定。例如，你可以这样告诉对方："我们公司财务制度规定货到付款，付款期限是一周之内。你们提出货到后一个月内付款的要求，这不符合本公司的财务政策。"

（3）财政极限策略。财政极限策略是指利用本方财政预算所设置的限制，向对方施加压力，达到阻止对方进攻的一种策略。例如，你可以这样告诉对方"我们很喜欢你们公司的产品，也非常感谢你们提供的合作条件，但价格太高，总金额确实大大超出了本公司预算，采购方案无法通过。"

案例与启示　　按客户的预算配置计算机

小王是今年刚入校的大学新生。大学里都在进行信息化建设，计算机是必备的学习工具。家里除给了他学费外，另外还多给了 3 000 元，让他自己在长沙计算机城去购买一台组装机。小王邀请同寝室的张同学一起到了电脑城，问了好几家计算机零售店，报价都大大超出了他的预算。最后，他们在一家相对报价较低的零售店坐下来，准备进行洽谈。

他们开始与店主一起配置了计算机的主件，如 CPU、内存条、主板和液晶显示器，加上其他一些附件，计算下来共需要 5 000 元。小王对配置很满意。但一听价格，叹了一口气，准备走人。老板说："如果你真的想要，可以优惠一点，我们正在针对大学生搞新学期促销活动，最低折扣可以打到 8 折。"小王算了一下，即便 8 折，也还要 4 000 元，而自己的预算只有 3 000 元。这时张同学开口了："老板再少点吧，我们都是学生，没有固定收入来源，交了学费后，就没有这么多钱了。"

老板问了："你们到底打算购买什么价位的计算机，我知道后好根据价钱来配置呀。"小王说："最多不能超过 3 000 元"。老板一听，心里有数了，知道要做成这笔生意，肯定不能超过 3 000 元。那只有降低配置了，于是将 CPU、主板、内存条这些价格较高的部件的品牌降低一个档次，保证学生学习需要就行了。并给学生进行介绍，反复说明计算机的主要配件质量都较稳定，知名品牌与普通品牌之间没有太多差异。学生主要讲求实用，品牌并不那么重要，何况出现质量问题，还可以终身保修。

店老板的诚意和专业性打动了两位学生，最终以 2 800 元配置了一台学生笔记本计算机。小王与张同学带着计算机满意而回，寝室同学都觉得计算机配置不错。运行一段时间后，效果也较好，后来班上的许多同学都在王同学带领下也去这家零售店配置了个人计算机。

2. 疲劳策略

疲劳策略是指通过采取拖延时间，频繁变换主谈，在谈判前和谈判中安排各种活动，使对方谈判代表产生疲劳感，甚至产生厌倦和急躁心理，从而达到预定目标的策略。这种策略主要适用于以下两类谈判对手。

一是遇到那些十分自信、居高临下、先声夺人的谈判对手时，使用疲劳战术可消耗其精力，挫伤其锐气，从而扭转己方在谈判中的不利地位和被动局面。等到对手精疲力竭、头昏脑涨之时，己方即可反守为攻，迫使对方接受己方的条件。

二是遇到那些谈判风格非常干练、性格急躁、不喜欢拖沓和没有耐心的谈判对手时，可以通过安排各种活动或安排谈判桌外的频繁拜会、宴请等来消耗其精力和时间，使得谈判时间拖延，导致对方失去耐心。

研究结果显示，当一个人的精力、体力受到过度干扰之后，其智慧和灵感就处于相对抑制的状态，这时最容易麻痹大意，不仔细思考，以致轻率地做出决定，有时甚至会因为精力不济而泄露机密，铸成大错。

当然，采取疲劳战术也要适当。首先，要有思想准备，在对方盛气凌人时要采取回避、周旋策略，不要硬碰硬；其次，当己方在谈判桌上占了上风时，不要趾高气扬，而应采取柔中有刚的态度。安排各种活动时，要让对方感到盛情难却，并且安排的活动很有意义，以使对方心甘情愿地参与，而不会让对方产生厌烦情绪。

3. 先例控制策略

先例是指过去已有的事例。引用先例处理同类事物，不仅可以为我们节省大量的时间和精力，缩短决策过程，而且还会在一定程度上给我们带来安全感。在商务谈判中，谈判的一方常常引用对其有利的先例来约束另一方，迫使其做出对己不利的让步。这就是先例控制策略的应用。在这种情况下，谈判者必须采取一些控制措施，以遏止对方的进攻。

在谈判中，先例控制政策的使用一般采取两种形式：一是引用以前与同一个对手谈判时的例子，如"以前我们与你谈的都是 3 年租赁协定，为什么现在要提出 5 年呢？"二是引用与他人谈判的例子，如"既然本行业的其他厂商都决定增加 20%，你提出的 10%太低了。"

应对策略

应用先例控制策略的目的，在于消除对方欲强加给己方的种种限制，从而保护己方的合理利益。当对方使用该策略时，己方应该向对方说明，他引用的先例是一种与目前谈判无任何关系的模式。因为环境或者某些条件的变化，已经使以往的模式变得不再适用。你还可以告诉对方："如果答应了你的要求，对我们来说等于又开了一个先例。今后我方对其他客商就必须提供同样的优惠，这是我方无法负担的。"

（三）综合性策略

谈判磋商的过程是复杂的，进攻和防守并没有明确的边界，有时需要同时运用多种综合性策略与对手周旋才能达到预期谈判目标。以下介绍几种常用的综合性策略。

1. 声东击西策略

声东击西策略是指在谈判中，一方出于某种需要而有意识地将会谈的议题引导到对己方并不重要的问题上，借以分散对方的注意力，达到己方目的。在谈判的过程中，只有更好地隐藏己方的真正利益，才能更好地实现谈判目标。

例如，我方关心的问题是货款的支付方式，而对方的兴趣可能在货物的价格上。如果运用声东击西策略，可力求把双方注意的问题引导到订货数量和包装运输上，借以分散对方对前述两个问题的注意力，为以后的真正会谈铺平道路。

采取声东击西策略可摸清对方的虚实，排除正式谈判可能遇到的干扰。例如，把某一议题的讨论暂时搁置起来，以便抽出时间对有关的问题做更深入的了解，探知更多信息。再如，当发现对方有中断谈判的意图时，可运用声东击西策略，做出某种让步姿态作为缓兵之计，以便延缓对方所要采取的行动。

案例与启示　　"声东击西"粉碎对方优势心理

1985年我国某厂需要引进一条化工产品生产线，故派人到日本进行考察。经过反复论证，厂方认为日本的化工产品生产线技术、质量均属世界一流。该厂决定购买日本生产线，但他们与日本驻华办事处谈判人员多次谈判，均未达成协议。其原因是，日方自恃产品优良，要价太高，且谈判态度强硬，傲气十足。我方敏锐地意识到，如果要攻克谈判僵局，并以优惠价格购买到日方产品，必须首先粉碎日本人非我莫属的优势心理。为此，我方制订了一个"声东击西"的周密计划。

首先，果断中止与日方谈判，派工程师直赴英国。虽然发现英国产品确实不如日本，但还是向英国厂商发出了谈判邀请，并把英方来华的谈判代表直接安排到日方办事处所在地附近的宾馆入住，大造声势，宣布中英双方已有初步合作的意向。这一信息令极为敏感的日方谈判代表大为震惊，立即把情况向日本公司进行了通报。精明的日本人当然不希望到手的生意被英国人抢走，而且他们知道这种生产线在中国不止一家需要，失去一笔买卖就意味着失去整个中国市场。于是,日方主动要求恢复谈判,我方以"暂不需要日方产品"为由予以拖延,想不到日方竟派出代表来向我方进行游说,表示愿意让利销售,我方这才同意恢复谈判。

在谈判桌上,日方态度来了一个180°大转变,大谈中日合作,日方愿意支持中国的现代化建设,愿意给予最大优惠。我方谈判代表把握机会,不紧不慢地说:"我方对你方的友好表示感到高兴。我们已经注意到贵公司在生产线价格问题上的转变,平等互利是国际经济交往的基本原则,任何一方都不应当运用优势向对方索要高价,请问课长先生是否同意?"日方代表马上表示:"当然,当然。"我方谈判代表语锋一转,针对最关键问题说道:"平等的竞争与选择是商业贸易的惯例,我们愿意听贵公司的再次报价。"此话即暗示对方,我方已经同英方开始讨论价格问题。日方谈判代表马上明白了我方的意思,在再次报价中提出了一个合理的价格。我方乘胜追击,最终以满意的合作条件同日方达成了谈判协议。

2. 走马换将策略

走马换将策略是指在谈判桌上的一方遇到关键性问题或与对方有无法解决的分歧时,借口自己不能决定或其他理由,转由他人继续进行谈判。这里的他人是事先准备好的公司领导或者同伴、合伙人、委托人等。目的是通过更换谈判代表,侦探对手的虚实,耗费对手的精力,削弱对手的议价能力,为自己留有回旋余地,进退有序,从而掌握谈判的主动权。

更换谈判代表后,作为谈判的对方需要不断向使用走马换将策略的另一方陈述情况,阐明观点,面对更换的新的谈判对手,需要重新开始谈判。这样会付出加倍精力、体力和投资,时间一长,难免出现漏洞和差错。而这正是运用此策略一方所期望的结果。

走马换将策略的另一个特点是能够补救己方的失误。如果前面的主谈人在谈判时有一些遗漏和失误,或谈判效果不如人意,这时可由更换的主谈采取补救措施,并顺势抓住对方的漏洞发起进攻,最终获得更好的谈判结果。

案例与启示 "走马换将"压低办公室租金

中英教育服务有限公司是一家新注册的股份制公司,公司董事会决定近期要租一个固定场所作为公司的办公室。董事长将这个任务交给了公司财务总监和总经理。经过几天的实地调查,以及到房屋中介处了解情况,终于看好了两处房产,地理位置都比较好,周边交通也都很发达。权衡价格与房屋内部环境,最终选取位于长沙市韶山中路的一座综合性写字楼内的一间房子作为目标。

由于财务总监和总经理之前缺乏租房经验,将租金底线透露给了房产中介。中介把租房的底线告诉了户主。当中介约好户主与承租方见面谈判时,户主提出:"就按你方与中介报出的价格出租。"这时财务总监和总经理意识到我们本可以争取更好的利益,但却过早透露了承租底线。那么怎么才能挽回自己的失误呢?财务总监突然灵机一动,对户主说:"刚才我们给公司董事长汇报了房子的情况,董事长希望亲自来看一看再决定。"双方约好第二天董事长亲自来看房，并重新洽谈租房事宜。

第二天董事长和账务总监一起与户主见了面。实地查看房子后，董事长提出了几个问题：一是房子内没有任何办公家具，二是空调功率太小，三是物业管理费较高。真正的谈判这时才开始。董事长指出：对于前面洽谈好的租金、租期都不变，但要求租金中包含物业管理费，还要求房主添置必要的办公桌椅。房主认为，办公桌椅添置没有先例，而且以现有的租金，也不可能提供办公桌椅；至于物业管理费，可以包含在房租内。基于物业管理费由承租方代交比较方便，于是直接从租金中扣除物业管理费。最终双方签订了周期为2年的租赁合同。

由于董事长的出面，否定了财务总监和总经理已经谈好的租金，提出了物业管理费必须包含在租金中的条件。"走马换将"为承租方获得了更好的条件。

3. 欲擒故纵策略

欲擒故纵策略是指对于志在必得的交易谈判，故意通过各种措施，让对方感到自己是一种满不在乎的态度，从而压制对手的开价，确保己方在预想条件下成交的做法。采取这一策略的具体做法是：注意自己的态度应保持在不冷不热、不紧不慢的状态；在日程安排上，不是非常紧迫；在对方态度强硬时，让其表现，不慌不忙，不给对方以回应，让对方摸不着头脑。通过"纵"即放松来激起对方迫切成交的欲望而降低其谈判的筹码，以达到"擒"的目的。

对于欲擒故纵策略的运用必须注意以下几点。

（1）要给对方以希望。谈判中表现若即若离时，都应该有适当的借口，不让对方轻易得到，也不能让对方轻易放弃。只有这样，当对方再一次得到机会时，就会加倍珍惜。

（2）要给对方以礼节。注意言谈举止，不要有羞辱对方的行为，避免从情感上伤害对方；遇到谈判僵局时，要适当转移矛盾焦点。

（3）要给对方以诱饵。要使对方觉得确实能从谈判中得到实惠，这种实惠足以把对方重新拉回到谈判桌上，而不致让对手一"纵"即逝，使谈判彻底破裂。

案例与启示　　　"欲擒故纵"取得重大胜利

深圳一家公司欲从某港商处采购一批技术先进的机械设备来进行现有设备的更新改造。港商得知买方欲更新设备，扩大生产规模，对这种设备十分需要，于是在谈判初期报价很高。虽然我方谈判代表在谈判桌上与对方展开了激烈的较量，但由于港商态度坚决，没有取得任何进展。

如果没有这种设备，深圳这家公司扩大再生产的计划也就无法实现；如果答应港商的条件，我方则要付出较高成本，这是我方所不情愿的。在进退两难之际，公司谈判代表突然宣布谈判中止。告诉对方："我方对你们提出的交易条件需要请示董事会，请等待我方答复。"谁知这一等就是半个月。港商反而急了，再三请求恢复谈判，我方均回复："董事会成员一时难以召集，无法召开董事会，不能确定采购设备项目。"又过了一个星期，港商再次催问，我方仍如此答复。这时港商终于按捺不住，派人前往深圳打探消息。结果令他们大吃一惊,原来深圳公司正着手与日本一家公司谈判进口问题,双方对达成这笔交易很感兴趣。在商场上,时间就是金钱,市场就是生命。港商眼看要失去一个十分重要的市场,对自己十分不利,马上转变态度,表示愿意用新的价格条件同我方继续商谈。我方看目的已经达到,就同意了港商的要求。在谈判桌上,港商连连让步,大呼赚得太少。而深圳公司则因此大大节省了采购设备成本,依靠欲擒故纵策略取得了重大胜利。

4. 开诚布公策略

开诚布公策略是指谈判人员在谈判过程中,均持诚恳、坦率的合作态度向对方吐露己方的真实思想和观点,客观地介绍己方情况,提出要求,以促使对方进行合作,使双方能够在坦诚、友好的气氛中达成协议。然而,开诚布公并不意味着己方将自己的所有情况都毫无保留地暴露给对方,因为百分之百地"开放"自己是不可能的,也是不现实的,如何采用这一策略,要视具体情况而定。

(1) 这一策略并不是在任何谈判中均适用。适用这一策略的前提是双方必须都对谈判抱有诚意,都视对方为己方的唯一谈判对象,不能进行多角谈判。

(2) 注意在什么时机运用此策略。通常应在谈判的探测阶段结束或报价阶段开始时使用这种策略。因为,在此阶段,对方立场、观点、态度、风格等各方面情况,我方已有所掌握和了解,双方都处于诚恳、坦率而友好的谈判气氛中,这时我方提出要求,坦露观点,应是较为行之有效的。

(3) 运用这一策略,应针对双方洽商的具体内容进行相关介绍,不要什么问题都涉及。如果你在某一方面有困难,就应针对这一方面进行侧重介绍,使对方了解你在这方面的难处以及解决方案。因为这样容易唤起对方的共鸣,认为你很有诚意。但同时也应使对方感到,只要双方通力合作,才能战胜困难,并使之受益。

5. 以退为进策略

以退为进策略的具体做法是:首先,要替己方留下讨价还价的余地,如果己方是卖方,报价要高些;如果己方是买方,还价应低些。但无论何种情况,报价务必在合理的范围之内。其次,不要急于袒露己方的要求,应诱导对方先发表其观点和要求,待机而动。再次,让步要有技巧,可以先在较小的问题上让步,让对方在重要的问题上让步;让步不要太快,因为对方等得愈久,就会愈珍惜。最后,在谈判中遇到棘手问题时,应表示出愿意考虑对方的要求,使对方在感情上有被接受的感觉。

经典阅读　　　　　　　　　　**谈判策略 15 条**

1. 带一点狂

审时度势,必要时可以提高嗓门,逼视对方,甚至跺脚,表现一点威胁的情绪,以显示自己的决心,使对手气馁。

2. 给自己留一定的余地

提出比自己的预期目标更高一些的要求,这样就等于给自己妥协时留下了一些余地。目标定得高,收获便可能更多。

3. 装一点小气

在谈判中，让步要缓，而且还要显得非常勉强，要争取用最小的让步换取对自己最有利的条件。

4. 权力有限

不要以"大权在握"的口吻去谈判，而要经常说："如果我能做主的话……。"要告诉对方，自己还不能做最后的决定，或者说自己的最后决定权有限。这样，才能更有回旋余地，使自己有推后思考的时间和摸清对方底牌的时间。

5. 不要轻易亮出底牌

对手对于自己的动机、权限以及最后期限知道得越少越好，而自己在这方面应对对方的情况知道得越多越好。

6. 运用竞争的力量

即使卖主认为他提供的是独门生意，也不妨告诉对方，自己还有买新产品或买二手货的渠道。要显示自己还可以在买或不买、要或不要之间做选择，以造成一种竞争的态势。

7. 伺机喊"暂定"

如果谈判陷入僵局，不妨及时喊"暂定"，告诉对方：自己要找合伙人、老板或专家磋商。这就既可以使对方有时间重新考虑其立场，又可以使自己有机会研究对策，或者以一点小的让步重回谈判桌旁。

8. 不要急于成交

除非自己的准备工作十分充分，而对方却毫无准备，或者自己握有百分之百的主动权，否则，不必也不能不假思索地就亮出自己的底牌。要留有足够的时间让自己充分考虑谈判的各个细节。

9. 改变方法，出其不意

有时要突然改变方法、论点或步骤，使对方措手不及，以致陷入混乱而做出让步。例如，改变说话的声调、语气、表情，乃至突然表示生气等，都可能使对方改变立场和态度。

10. 盛气凌人

有时可以威逼对方，看对方如何反应。这一策略的使用具有一定的冒险性，但有时却很生效，可以迫使对方接受修改后的合同或重新开始谈判。

11. 间接求助战略

可以说："我真的喜欢你的产品，也真的有此需要，可惜我没有能力负担。"这样可以满足对方自负的心理，因而让步。

12. 小利也争

小利也是利，有时一个小利就是几千元或几万元，因而也值得争取。

13. 要有耐心和韧性

不要期望对方立即接受你的新构思。在谈判中多一些坚持和忍耐，对方或许最终会接纳你的意见。

14. 不要逼得对方走投无路

成功的谈判是能使双方都有好处，双方都能愉快地离开谈判桌的谈判。谈判的原则是：不应该有哪一方是失败者，而应该双方都是胜利者。这就是所谓的"双赢"。

15. 谈判需要完整记录

谈判需要完整地进行记录，而且记录要正确无误。会谈结束后，双方必须对记录予以认同并签字确认。

四、分析僵局产生的原因

谈判在进入实际磋商阶段之后，谈判各方往往会由于某种原因而相持不下，陷入进退两难的境地，即陷入谈判僵局。谈判之所以陷入僵局，主要是由于各方感情、立场、原则等主观因素所致。所以谈判者在维护己方实际利益的前提下，应尽量避免由于一些非本质性的问题而坚持强硬的立场。一旦谈判陷入僵局，谈判各方均应积极地探究其原因，主动地寻找解决的方案，切勿因一时僵局而中止谈判。我们将谈判磋商中僵局形成的原因归纳为以下6种。

（一）立场观点的争执

在谈判过程中，如果对某一问题双方都坚持自己的看法和主张，并且谁也不愿意做出让步时，往往容易产生分歧，争执不下，谈判自然陷入僵局。例如，己方介绍本企业产品品质高、市场竞争力强、需求旺，因此，报价高。对方则认为这种产品质量一般，目前市场上替代品和新产品不断涌现，需求呈下降趋势，因此，还价低。这时双方就可能为各自的看法争执不下，从而在价格上互不让步，导致僵局产生。

（二）偏激的感情色彩

谈判者对所商谈的议题过分地表现出强烈的个人感情色彩，提出一些不合乎逻辑的议论或意见，形成强烈的个人偏见或成见，从而引起对方的强烈不满，导致谈判陷入僵局，甚至谈判破裂。例如，谈判中的买方认为供货方的要价过高，便不断地旁敲侧击，说某企业的货物如何好，条件如何优惠等，引起供货方的厌烦，导致谈判陷入僵局。此外，谈判桌上有时还会出现一些谈判代表对对手有偏见，不喜欢对手的个性，从而处处为难对手，导致双方都不愉快，使谈判陷入僵局。

（三）人员素质低下

有时由于谈判人员的素质欠佳，在使用一些策略时因时机掌握不好或运用不当，从而可能导致谈判过程受阻或出现僵局。例如，在开局时采取进攻式开局，以给对方压力，但出言不文明，被对方抓到了把柄。再如，有时谈判代表不尊重对手，居高临下，傲慢无理，引起对方反感，彼此都不买账，使谈判陷入僵局。

（四）信息沟通障碍

谈判双方由于信息传递失真，从而使双方之间产生误解，出现争执，并因此使谈判陷入僵局。例如，卖方因不可抗力不得不延期交货，导致买方蒙受损失时，买卖双方可能会就不可抗力免责条款的认识产生分歧。卖方一再强调遇到不可抗力后及时通知了买方，且采取了补救措施,而买方认为他们通知不及时,补救措施不得力。由此出现了信息沟通方面的障碍,导致双方在赔偿责任方面相持不下。

(五) 软磨硬抗式的拖延

谈判者为了达到某种不公开的目的,而采取无休止的拖延,在拖延中软磨硬抗,使对方厌恶,促使对方产生更大的反感,致使谈判陷入僵局或破裂。例如,在商场购物时,本来已经谈妥了成交价,正准备开票时,突然顾客提出新的要求,希望再赠送一些配件。然而这批商品的配件和主件都是需要购买的,没有赠送活动。但是顾客坚持软磨硬抗,使得最终成交只能搁浅。

(六) 外部环境发生变化

谈判中因外部环境发生变化,谈判者对已经做出的承诺不便食言,但又无意签订合同,于是采取不了了之的拖延,最终使对方忍无可忍,导致谈判陷入僵局。例如,市场价格突然变化,如按双方洽谈好的价格签约,必给一方造成损失;若违背承诺又恐怕对方不予接受,在双方都不便挑明的情况下,导致谈判陷入僵局。

经典阅读　　　　　　　　由于误解造成的僵局

误解是指谈判者对对方讲话的本意理解错误。当遇到某些语言高手或极善外交辞令的谈判对手时,就很容易犯误解错误。因为这类谈判者善于营造谈判气氛,极少把自己与对手严重地对立起来,所以,在论述立场时,注重态度和表述方式,严格隐蔽立场。对这类谈判对手的讲话,要小心领会,否则会马上使谈判陷入僵局。下面对一些容易产生误解的表述进行解读。

(1) "我听得很明白,贵方的论述没有问题。"

解读:"听明白"不等于我同意;"论述没问题"不等于贵方条件没问题。

(2) "贵方的立场很有进步,令我佩服,我相信我的上司一定会感兴趣。"

解读:"贵方的立场很有进步",但该进步不一定合乎我方要求;"我的上司一定会感兴趣",但不一定会接受。

(3) "我愿意考虑贵方的建议。"

解读:"愿意考虑贵方的建议",不是说接受贵方的建议,考虑的结果并没有明确。

(4) "如果贵方的条件在某点上能加以改进,会更加令人感兴趣。"

解读:"贵方的条件在某点上能加以改进",的确会更加吸引人,但并不等于仅凭这一点改进就能解决谈判中存在的问题。

案例与启示　　　　　　　　"承诺"产生的僵局

在技术交易谈判中,卖方承诺其技术是最新、最先进的,但在谈到使用该技术的产品合格率应保证在什么水平问题上时,卖方后退了,只保证45%的合格率,而最高的合格率水平为55%。这时买方只需要使用对方的承诺，即可逼迫对手主动让步。

卖方：我们的技术保证在合同中只能写45%的合格率，待验收后再提高该指标。

买方：贵方在介绍该技术时，已经承诺它是最新、最先进的技术。请问它应代表什么水平？45%的合格率吗？

卖方：不是，这是我方的验收水平，将来的实际水平比这要高。

买方：贵方先进水平的概念是什么？在贵方生产线是什么水平？

卖方：当然体现在合格率上。我方生产线的水平是55%。

买方：既然贵方承诺了水平，那么，体现水平的合格率也应承诺。否则，我方认为贵方是在讲空话。

卖方：不是空话，只是在验收时不能以高水平为考核指标，考核验收后会达到高合格率的。

买方：若你我双方人员在场时，验收尚不能达到高水平的合格率，那么验收完毕后如何保证高合格率呢？贵方原来的承诺又体现在哪里呢？

卖方：（哑然了）

在这个案例中，买方始终抓住对方的承诺，要求其兑现与保证。"将"住对手，宁可进入僵局，不可放松条件。在手中握有承诺时，要及时拿到相应的条件，即高合格率。否则，可将谈判推入僵局，还要把责任推到对方身上。

五、处理僵局的策略

（一）休会策略

休会策略是指在谈判过程中遇到某种障碍或在谈判的某一阶段，谈判一方或双方提出中断谈判，暂时休会的一种策略，这能使谈判者有机会重新思考和调整对策，促进谈判的顺利进行。如果休会策略运用得当，能起到调节谈判人员精力、控制进程、缓和谈判气氛的作用。那什么时候提出休会比较恰当呢？

1. 谈判进入某阶段尾声时休会

当会谈的某一阶段接近尾声时，正好双方也在某一问题上出现分歧，产生了僵局，这时可以提出休会。休会可使双方借休息之机，分析讨论这一阶段的情况，预测下一阶段谈判的发展，提出新的对策。

2. 谈判双方出现低潮时休会

当谈判出现低潮时，谈判人员可能出现疲劳，精力难以集中，这时显然不利于继续进行谈判，因此可适当休会，休息之后再继续谈判。

3. 谈判出现僵局时休会

在会谈出现僵局时，由于谈判各方的分歧加大，出现了僵持不下的局面时，这时可采用休会策略，促使双方有机会冷静下来，客观分析问题，而不至于一味沉浸于紧张的气氛中，这不利于问题的有效解决。

4. 谈判一方出现不满情绪时休会

当谈判一方出现不满情绪时，为避免对方采取消极态度对待双方应有合作意愿的谈判时，就应进行休会，调整气氛，以利于谈判的顺利进行。

5. 谈判出现疑难问题时休会

当谈判出现疑难问题时，如果一时难以解决，应及时休会，各自进行协商，提出处理办法。这是一种很好的避免谈判障碍的方法。

（二）私下接触策略

私下接触是指一种非正式会谈的方式。在谈判过程中间，除了休息时间，如果谈判者有意识、有目的地与对方私下接触，不仅可以增强双方友谊，融洽双方关系，还可能得到谈判桌上难以得到的东西。私下接触形式很多，如聚餐、游玩、打球、看戏等。在这些活动中能够创造一种轻松愉快的气氛，有利于获得更多信息，有时甚至可能直接促成谈判的达成。

双方关系越好，合作时间越久，这种私下接触的效果就越好。特别是在休会期间，东道主方可以通过各种活动，创造谈判人员之间私下接触机会。这样有利于了解对方的谈判意图和出现分歧的原因，从而在重返谈判桌时能够更好地应对。

（三）拖延时间策略

拖延时间策略，是指当双方因某一分歧谈不拢而造成僵局时，不要再继续往下谈，而是把洽谈节奏放缓，看看到底障碍在什么地方，以便找到破解僵局的办法。时间是缓解情绪最好的办法，僵局有时是由于一方冲动产生的，或者双方都不理智造成的。通过延时，可待双方平静后再进行正式谈判。同时，还可以运用语言技巧和形体动作来缓解冲动。例如，对正在气头上的人说："请慢慢说，先喝一杯茶。"或者说："哦，已经谈了近2小时了，大家都有点累了，活动一下筋骨，休息一会吧。"

此外，也可在对方谈判人员激动时，站起来与其握手，表示友好和宽容；或者当对方激动地站起来指手画脚时，劝其入座。这样激动的一方会自觉理亏，情绪也会平静下来，僵局自然就消除了。

案例与启示　　　　　　　　　　时间改变态度

柯南·道尔是《福尔摩斯探案集》的作者，生性固执，在写完探案集的第四卷后，执意不肯再写，并用实际行动，让笔下的福尔摩斯与罪犯莫里亚蒂教授同坠深谷"一了百了"了。

柯南·道尔的出版商梅斯是个精明的人，他知道柯南·道尔只是厌倦了这种通俗文学的写作，对于这个给作者带来过巨大声誉和利益的福尔摩斯，柯南·道尔还是情有独钟的。于是，梅斯一边牢牢抓住版权代理不放，一边拼命地做柯南·道尔的工作，不时向他透露福尔摩斯迷们的种种惋惜和不满之情；同时，又许诺以一个故事一千镑的优厚稿酬。双管齐下，一年以后果然有了效果，柯南·道尔又重新执笔，让福尔摩斯从峡谷里爬了出来，又演出了一段精彩的探案故事。

试想，如果当时梅斯不是给对方一段缓冲时间，而是心急火燎，不断催逼，恐怕侦探文学史上就将永远失去一颗亮丽的巨星了。

模块二 技能训练

一、训练目标——能够灵活地运用磋商策略与技巧

根据任务三给定的"训练背景资料1"和"训练背景资料2"，继续在任务五模拟报价的基础上，完成模拟磋商训练。

二、训练实施——分析背景资料，制订磋商方案

（1）重温技能训练任务五，总结模拟报价的经验，分析存在的问题。

（2）重温谈判计划中设计的磋商阶段策略，收集磋商中需要的资料和信息。

（3）模拟谈判小组要对磋商的议题、让步方式、磋商的策略及技巧进行设计；制订磋商的具体实施方案；明确我方需要的条件，可以做出的让步；预计对方可能做出的让步和可能提出的要求。

（4）在进行模拟磋商实训之前，预测对方在磋商中可能提出的问题和将运用的策略，并设计好应答和准备好对策。

三、训练形式——分工协作，模拟磋商

（1）模拟谈判的主方应在课前10分钟布置好谈判室。

（2）续谈时需要重温双方的感情，注意续场礼仪。

（3）回顾上次模拟报价完成的议题，协商确定磋商的议程。

（4）掌握好节奏，谨记急者败、慢者胜的经验。

（5）注意沟通的语言艺术，少说多听，能问不答。

（6）遵守谈判原则，在磋商中注意策略和技巧的运用。

（7）注意团队的分工协作，不要让主谈唱独角戏，也不要抢别人的戏。

经典阅读　　模拟商务谈判磋商流程（50分钟）

第一部分：续场（10分钟）

1. 续场白

一般由双方的主谈准备一段开场白，可以是主方先发言，也可以是客方先发言。续场白主要是说一些问候的话，了解双方休谈期间的情况，以便迅速融洽谈判气氛。例如，主方说："自从上次报价之后，我们有好几天没有见面了，贵方代表一切可好。"客方回应："承蒙贵方的关照，一切都很好，吃得好，睡得好，玩得好，所以心情也很好。相信接下来的磋商会有一个圆满的结果，不知贵方是否同意我们的看法呢？"主方回应："那是必需的，我们一定能够达成一致，让双方都满载而归。"

2. 回顾报价形成的结论，重启磋商议程

主方主谈说："上次报价主要讨论了产品质量、品种、规格、交易数量及交货时间和地点等重要问题，在这些问题上双方基本形成一致意见。接下来我们如何安排磋商进程呢？想听听贵方的意见，我们再协商协商。"

客方主谈："我想今天就接着上次报价达成的成果，主要讨论单价、总价、包装、运输费用等问题，以及违约责任、仲裁和不可抗力及保险费用负担等重要议题。如果顺利的话，大约下午4点半应该可以结束，完成这笔交易。不知贵方是否同意我们的提议？"

第二部分　进入模拟磋商阶段（30分钟）

1. 分析己方优势，制造竞争（5分钟）

（1）卖方在报价磋商的基础上，分析己方产品现在的市场地位和供需状况。

（2）买方分析采购规模，可供合作伙伴，企业发展状况。

（3）双方都将自己的优势表述出来，以增加讨价还价的筹码。

2. 提出己方要求，进行交易条件交换（15分钟）

（1）卖方提出交易数量、支付方式和结算方式要求。

（2）买方提出品质、规格、数量、交货方式、交货时间和交货地点要求。

（3）双方进行价格磋商，选择适当的让步节奏和让步幅度。

（4）双方进行违约责任、不可抗力和保险条款的磋商。

（5）双方进行运输、包装费用负担条款的磋商。

3. 僵局处理（10分钟）

（1）如果双方就某一条款出现分歧，可以休会3分钟。

（2）休会期间双方就出现僵局的原因进行分析，找出突破僵局的办法。

（3）根据谈判背景资料，双方进行再次磋商，尽量走向合作。

第三部分　分享与评价（10分钟）

1. 自我评价

各谈判小组派一名代表对本组模拟磋商的表现谈谈个人体会，与大家分享。

2. 互相评价

旁听小组每组派一名代表对现场模拟磋商进行评价，要求中肯地提出个人观点和意见。

3. 老师评价

指导老师进行总结性评价,并为参加本次模拟磋商的学生打分。

4. 模拟商务谈判磋商评价标准

模拟商务谈判磋商的评价内容与标准,如表6-2所示。

表6-2 模拟商务谈判磋商的评价内容与标准

评价内容与相应的分值	考核点	分值	评价标准
职业素养(3)	谈判纪律	1	按要求提前布置好谈判环境,如果在教室谈判,应该先摆好桌椅;谈判结束,桌椅归位
	职业道德	1	遵守模拟谈判规程,尊重谈判对手,无恶意磋商
	商务礼仪	1	见面握手、问候,亲切热情,座次正确
谈判过程(7)	谈判准备	2	制订了磋商方案,对磋商策略进行了设计
			团队角色分工明确,各负其责
			预计对方提出的要求,设计让步的方式,准备充分
	模拟磋商	1	续场时的表达得体自然,回顾了报价双方完成的议题,提出磋商的主要内容和进度安排
		2	让步方式选择恰当,让步节奏和幅度适中
		2	在磋商阶段能够巧妙地运用迫使对方让步策略和阻止对方进攻策略,如恰当地运用了制造竞争、权力有限、红脸—白脸等策略;谈判围绕谈判计划设计的目标发展
分值小计		10	

任务小结

(1)磋商是谈判的核心环节,磋商阶段又分为5个步骤:捕捉信息,探明依据;了解分歧,归类分析;掌握意图,心中有数;对症下药,做出决策;控制议程,驾驭全局。

内容为商务谈判模拟磋商视频

(2)磋商的主要目的是双方希望获得更多的利益,争取更好的条件。磋商中免不了出现让步与接受。让步必须遵守一定原则,控制好让步的节奏和幅度。让步的基本原则有:让步的时机原则;让步的节奏原则;让步的对等原则。

(3)让步不仅要选择时机和掌握节奏,同时还要选择让步的幅度和让步的次数。按照让步次数和幅度的差异,让步有8种方式。按美国著名的谈判专家罗杰·道森的观点,他认为这8种让步的方式中,其中有5种是错误的让步方式,只有3种是可取的较好的让步方式。这3种可取的让步方式就是小幅递减式让步、中幅递减式让步和收回式让步。

(4)谈判策略是谈判双方为了实现各自的谈判目标,而运用的各种计谋和对策,其中包括迫使对方让步策略和阻止对方进攻策略。迫使对方让步策略有:制造竞争策略;虚张声势策略；红脸—白脸策略；吹毛求疵策略；攻心夺气策略；得寸进尺策略；最后期限策略。阻止对方进攻的策略有：极限策略，包括权力极限策略、政策极限策略和财政极限策略；疲劳策略；欲擒故纵策略；开诚布公策略；以退为进策略。

（5）谈判僵局是指谈判各方在磋商过程中由于某种原因而相持不下，陷入进退两难的境地的一种状况。谈判僵局产生的原因有：立场观点的争执；偏激的感情色彩；人员素质低下；信息沟通的障碍；软磨硬抗式的拖延；外部环境发生变化。

（6）谈判磋商阶段出现僵局是一种正常现象，谈判代表都应该有心理准备，应该不惧怕僵局，不回避僵局；应认真分析僵局产生的原因，采取适合破解僵局的策略。处理僵局的常见策略有：休会策略；私下接触策略；拖延时间策略。

复习与思考

一、关键术语

磋商；僵局；让步；声东击西；走马换将；疲劳战术；欲擒故纵；虚张声势；最后期限；极限策略；先例控制；制造竞争；红脸—白脸；以退为进；攻心夺气；吹毛求疵；开诚布公；得寸进尺

二、单选题

1．谈判磋商中会因为各种情况出现分歧，如果因为沟通不畅，双方对彼此的需求不了解而产生的分歧，我们称为（　　）。

A．人为分歧　　　　B．真正分歧　　　　C．想象分歧　　　　D．客观分歧

2．商务谈判过程中，主谈的主要任务之一就是要控制谈判议程，驾驭全局。主谈可以采取适当方式来控制谈判局面。例如，在每个阶段结束时进行小结，以提醒双方谈判进入了哪个阶段。这种工作方式称为（　　）。

A．适时进行归纳总结　　　　　　　　B．检查洽谈的进展情况
C．及时架设磋商桥梁　　　　　　　　D．适时提出休谈

3．在磋商过程中为了迫使对方让步，经常会采取各种策略。例如，在货物买卖中，卖方虚拟在与买方合作中，同时还与多家有实力的买家有往来，并且合作意向也非常强烈。这是采取的以下哪种策略（　　）。

A．虚张声势　　　　B．制造竞争　　　　C．红脸—白脸　　　　D．攻心夺气

4．在磋商过程中为了阻止对方进攻，经常会采取各种策略。例如，价格谈判中，买方要求卖方进一步让价，这一要求已经接近卖方的谈判目标底线时，卖方主谈常以本次谈判个人能够做出的让步已经到了极限，无权满足对方要求，必须请示上级。这种策略称为（　　）。

A．权力极限　　　　B．财政极限　　　　C．时间极限　　　　D．政策极限

5．商务谈判是一个复杂过程，进攻和防守并没有明显边界，双方都需要运用综合策略。例如，双方谈判中，一方本意对价格非常重视，但避而不谈价格，而谈对方的质量和

其他内容，最终提出对方无法达到的质量和其他条件要求，目的是要求更低价格。这种顾左右而言他的策略，称之为（　　）。

A．声东击西　　　　B．虚张声势　　　　C．欲擒故纵　　　　D．以退为进

三、多选题

1．磋商是商务谈判的核心环节，这一环节包含以下几个步骤（　　）。

A．捕捉信息、探明依据　　　　　　　B．了解分歧，归类分析
C．掌握总图、心中有数　　　　　　　D．对症下药，做出决策
E．控制议程，驾驭全局

2．磋商中首先要注意倾听，尽量捕捉对方信息，探明对方讨价还价的依据，注意做到（　　）。

A．仔细检查，逐项询问　　　　　　　B．认真倾听，做好记录
C．少说多听，控制底线　　　　　　　D．掌握意图，心中有数

3．磋商中正确的让步方式有（　　）。

A．让步幅度由大变小　　　　　　　　B．收回让步
C．等额让步　　　　　　　　　　　　D．让步幅度由小变大

4．磋商中错误的让步方式是（　　）。

A．最后一次让步的额度较大　　　　　B．每次让步额度相等
C．让步幅度由小变大　　　　　　　　D．最后一次让出全部

5．迫使对方让步的策略是（　　）。

A．制造竞争　　　　B．虚张声势　　　C．吹毛求疵　　　D．最后通牒

6．阻止对方进攻的策略是（　　）。

A．权力有限　　　　B．先例控制　　　C．疲劳战术　　　D．财政有限

7．磋商中运用的综合性策略有（　　）。

A．声东击西　　　　B．走马换将　　　C．欲擒故纵　　　D．以退求进

8．产生僵局的主要原因有（　　）。

A．立场观点的争执　　　　　　　　　B．偏激的感情色彩
C．人员素质的低下　　　　　　　　　D．信息沟通的障碍

9．处理僵局的策略有（　　）。

A．休会策略　　　　　　　　　　　　B．私下接触策略
C．拖延时间策略　　　　　　　　　　D．软磨硬抗策略

10．休会策略通常适应的情况有（　　）。

A．谈判进入某一阶段的尾声
B．双方出现僵持
C．某方出现情绪低潮
D．出现了疑难问题

三、思考题

1. 商务谈判磋商的一般步骤是什么？各步必须完成的任务是什么？
2. 让步的基本原则有哪些？各项原则的内容主要包括什么？
3. 让步的主要方式有哪几种？哪些让步方式是需要避免的？
4. 迫使对方让步有哪些策略？各策略应如何应用？
5. 阻止对方进攻有哪些策略？各策略应如何应用？
6. 产生僵局的主要原因有哪些？举例说明。
7. 处理僵局的策略有哪些？如何运用这些策略？

下 篇
商务谈判结束阶段

任务七　商务谈判结束

任务八　商务合同的签订与履行

任务 七
商务谈判结束

任务目标

知识目标：
- 认识谈判结束的标志
- 了解谈判结束的方式
- 掌握促成交易的策略
- 了解谈判破裂的原因

能力目标：
- 能够恰当地运用成交策略
- 能够正确地处理谈判破裂关系

模块一 知识储备

情景案例 日航在最有利的价位上一锤定音

日本航空公司（简称"日航"）决定从美国麦道公司引进10架新型麦道客机，指定常务董事任领队，财务经理为主谈，技术部经理为助谈，组成谈判小组去美国洽谈购买事宜。

日航代表飞抵美国稍事休息，麦道公司立即来电，约定次日在公司会议室开谈。第二天，3位日本绅士仿佛还未消除旅途的疲劳，行动迟缓地走进会议室，只见麦道公司的一群谈判代表已经端坐一边。谈判开始，日航代表慢吞吞地品着咖啡，好像还在缓解时差的不适。精明务实的麦道方主谈把客人的疲惫视为可乘之机，在开门见山地重申双方购销意向之后迅速把谈判转入主题。从早上9点到11点，3架放映机相继打开，字幕、图表、数据、计算机图案、辅助资料和航行画面，应有尽有，欲使对方仿佛置身于迪斯尼乐园的

任务七 商务谈判结束

神奇之中,使之不由自主地相信麦道飞机性能及定价都是无可挑剔的。孰料日航3位谈判代表自始至终默默地坐着,一语不发。

麦道的领队大惑不解地问:"你们难道不明白?你们不明白什么?"

日航领队笑了笑,回答:"这一切。"

麦道主谈急切地追问:"'这一切'是什么意思?请具体说从什么时候开始'不明白'的?"

日航助谈歉意地说:"对不起,从拉上窗帘的那一刻开始。"日方主谈随之咧咧嘴,用连连点头来赞许同伴的说法。

"笨蛋!"麦道领队差一点脱口骂出声来,泄气地倚在门边,松了松领带后气馁地呻吟道:"那么,你们希望我们再做些什么呢?"日航领队歉意地笑笑说:"你可以重放一次吗?"别无选择,只得照办。但麦道公司谈判代表重复那两个半小时的介绍时,已经失去了最初的热忱。是日本人开了美国人的玩笑吗?不是,他们只是不想在谈判开始阶段就表明自己的理解力。谈判风格素来以具体、干脆、明确而著称的美国人,哪里会想到日本人有这一招呢,更不知道自己谈判伊始已输了一盘。至此,日方成功利用第一次沟通障碍限制了对方的进攻,打乱了麦道公司的阵脚。

谈判进入交锋阶段,老谋深算的日航代表忽然显得听觉不灵,反应迟钝,显得甚至无法明白麦道方在说些什么。这让麦道公司代表十分恼火,觉得是在跟愚笨的人谈判,早已准备好的论点、论据和推理根本没用,选择的说服策略也无用武之地。连日来,麦道方已被搅得烦躁不安,只想尽快结束这种与笨人打交道的灾难,于是直截了当地把球踢向对方:"我们飞机性能是最佳的,报价也是合情合理的,你们有什么异议吗?"

此时,日航主谈似乎由于紧张,忽然出现语言障碍。他结结巴巴地说:"第……第……第……""请慢慢说。"麦道主谈虽然嘴上这样劝着,心中却不由得又恨又痒。"第……第……第……""是第一点吗?"麦道主谈忍不住问。日航主谈点头说是。"好吧,第一点是什么?"麦道主谈急切地问。"价……价……价……""是价钱吗?"麦道主谈问。日航主谈又点了点头。"好,这一点可以商量。第二点是什么?"麦道主谈焦急地问。"性……性……性……""你是说性能吗?只要日航方面提出书面改进要求,我们一定满足。"麦道主谈脱口而出。至此,日航一方说了什么呢?什么也没有说。麦道一方做了什么呢?在帮助日方跟自己交锋。他们先是帮日方把想说而没有说出来的话解释清楚,接着问出对方后面的话,就不假思索地匆忙做出许诺。结果,日航制造的第二次沟通障碍有效地限制了麦道在价格磋商阶段的进攻,使麦道把谈判的主动权拱手交给了对方。

麦道轻率地许诺让步,日航就想得寸进尺地捞好处。这是一项价值数亿美元的大宗贸易,还价应按国际惯例采取适当幅度,日航的主谈却故意装作全然不知,一开口就要求削价对半。麦道主谈听了不禁大吃一惊,看看对方是认真的,不像是开玩笑,就想既然已经许诺让价,为表示诚意就爽快地让吧,于是便说:"我们可以削价5%。"双方差距甚大,都竭力为自己的报价陈述大堆理由,第一轮交锋在激烈的争论中结束。这是日方制造的第二次僵局。经过短暂的沉默,日方第二次报价:削减10%,麦道方还价仍为5%。于是又唇枪舌剑辩驳,尽管口干舌燥,可谁也没有说服谁。麦道公司的主谈此刻对成交已不抱太大希望,开始失去耐心,提出:"我们双方在价格上距离很大,有必要为成交寻找新的方

173

法。你们如果同意,两天后双方再谈一次。"

日航谈判代表这时不得不慎重地权衡得失,价钱还可以争取再低一点,但不能削得太多,否则将触怒美国人,那不仅会丧失主动权,而且连到手的5%让价也捞不到,倘若空着双手回日本怎么向公司交代呢?他们决定适可而止。

重新开始谈判,日航一下子降了2%,还价8%;麦道公司增加1%,只同意削价6%,谈判又形成了僵局。经过长时间的沉默,麦道公司的主谈决意终止交易,开始收拾文件。恰在这时,口吃了几天的日航主谈突然消除了语言障碍,十分流利地说道:"你们对新型飞机的介绍和推销使我们难以抵抗,如果能同意降价8%,我们现在就起草购销11架飞机的合同。"(这增加的一架几乎是削价得来的。)说完他笑吟吟地起身,把手伸给麦道公司的主谈。"同意!"麦道的谈判代表们也笑了,起身和3位日本绅士握手:"祝贺你们,用最低的价钱买到了世界上最先进的飞机。"的确,日航代表把麦道飞机的价格压到了前所未有的低价位。

内容为任务七情景案例互动电影

案例点评

在这场谈判中,日航利用两次沟通障碍成功地限制了麦道的进攻,日航赢得谈判主动权,并迫使麦道轻易让步。最后日航主谈在关键时刻及时消除"语言障碍",在最有利于己方的价位上一锤定音,及时把握了谈判结束时机,促成了合作。

商务谈判实施的过程可归结为三步曲:①申明价值,可以使谈判双方了解彼此的需求;②创造价值,可以实现双赢;③克服障碍,可以使双方顺利达成协议。

好的谈判者并不是一味固守立场,追求寸步不让,而是要与对方充分交流,从双方的最大利益出发制订各种解决方案,用相对较小的让步换取最大的利益,而对方也遵循相同的原则来取得交换条件。在满足双方利益的基础上,如果还存在达成协议的障碍,那就不妨站在对方的立场上,替对方着想,帮助扫清达成协议的一切障碍。最后就是要把握好成交机会,及时促成交易。

一、商务谈判进入成交阶段的标志

在商务谈判过程中,谈判双方要经过多个轮回的交锋。那么,何时可以结束谈判,又该怎么样判断谈判已进入成交阶段呢?这是商务谈判结束阶段极为重要的问题。谈判者必须正确判定谈判终结的时机,才能运用好结束阶段的策略。如果不能在恰当的时机选择结束谈判,就有可能使双方进入拉锯战,无谓地消耗精力;而如果谈判结束时机选择错误则有可能使双方不能达成一致的结果,从而使之前的谈判成果付诸东流,丧失成交的机会。表明谈判进入成交阶段的标志有以下3个。

(一)谈判涉及的交易条件基本实现

1. 涉及的交易条件中所剩的分歧很少

如果双方达成一致的交易条件占据绝大多数,所剩的分歧只占很小的数量,则可以判定谈判进入成交阶段。

如果交易条件中最重要、最关键的问题已经解决，仅余有非实质性的无关大局的分歧点，可以判定谈判进入成交阶段。

2. 谈判对手交易条件已进入己方成交线

成交线意味着己方可以接受的最低交易条件，是达成协议的下限。如果对方认同的交易条件已经进入了己方成交线范围之内，谈判自然就进入了成交阶段，因为双方已经出现了最低限度达成交易的可能性。

如果能争取更优惠的条件当然好，但要考虑各方面的因素，不可强求最佳结果而重新形成对立的局面，使有利的时机因此而丧失。

3. 双方在交易条件上达到一致性

谈判双方在交易条件上全部或基本达成一致，而且个别问题如何做技术处理也已达成共识，可以判定谈判进入成交阶段。首先，双方在交易条件方面达成一致，不仅价格，而且对其他相关的问题所持的观点、态度、做法、原则都有了共识。其次，个别问题的技术处理也已得到双方认可。因为个别问题的技术处理如果不恰当、不严密、有缺陷、有分歧，就会使谈判者在协议达成后提出异议，使谈判重燃战火，甚至使达成的协议被推翻，使前面的劳动成果付之东流。因此，在交易条件基本达成一致的基础上，个别问题的技术处理也应达成一致意见，这时才能判定谈判进入了成交阶段。

（二）出现了交易信号

1. 谈判者开始用总结性语言表明立场

在谈判的早期阶段，交易各方可能会大量使用发布假信息、虚张声势等策略。但当谈判将要结束时，双方的谈话中可能表达出一定的承诺意愿，而不再包含讹诈成分，并且开始用总结性语言表明各自的立场。例如，一方主谈可能这样表达："几天来，通过双方共同努力，在大多数问题上都基本达成一致，现在只剩下一些小问题没有解决了。我相信只要双方本着互利互惠的原则，珍惜这来之不易的机会，成功合作是可以期待的。"

2. 谈判者提出明确而完整的建议

在谈判的早期和中期，双方都在探测对方的底线，不会对任何问题做出结论性的提议。而当谈判进入结束阶段时，谈判者会提出明确、完整的建议，并暗示如果他的意见不被接受，只好中断谈判，别无出路。例如，一方谈判代表提出："在价格问题上我们已经纠结了很久，浪费了许多时间，也伤害了彼此的感情。现在双方商定的谈判结束时间也快到了，我方愿意做出最后一次让步，价格在现有的基础上再降1%，但希望你们确保交货时间。如果贵方没有异议，我们就成交。否则，就只好等下次合作机会了。"

3. 谈判者态度坚定果断

谈判进入结束阶段后，谈判者在阐述自己的立场、观点时，表情不卑不亢，态度严肃认真，两眼紧紧盯住对方，语调及神态表现出最后决定和期待的态度。

4. 谈判者开始放松

谈判进入结束阶段后,谈判者开始放松,在回答对方问题时,多用肯定语气,表情自然、轻松,开始对对方的提议频频点头,以示赞成。有人可能将眼镜取下来,推向桌子前方,开始整理会谈记录。

(三)接近谈判约定时间

1. 双方约定的谈判时间

在谈判的开局阶段,双方一起确定了整个谈判所需要的时间、议题和议程,谈判进程通常均按约定的时间安排。当谈判接近规定的时间时,自然进入谈判成交阶段。如果双方有较好的合作意愿,紧密配合,利益差异不是很悬殊,就容易在约定时间内达成协议,否则就比较困难了。按约定的时间终结谈判使双方都有时间的紧迫感,可促使双方提高工作效率。

2. 单方限定的谈判时间

在谈判中占有优势的一方,或者出于对本方利益考虑需要在一定时间内结束谈判,或者还有其他可选择的合作者,因此请求或通告对方在己方希望的时限内终结谈判。被限定的一方可以随从,也可以趁对方有时间限制,提出更多对己方优惠的条件,以对方优惠条件来换取己方在时间限定上的配合。但单方限定谈判的时间时,要特别谨慎,如果以限定谈判时间为手段向对方施加不合理要求,就会引起对方的抵触情绪,破坏平等合作的谈判气氛,从而可能造成谈判破裂。

3. 形势突变的谈判时间

双方本来已经约定好谈判时间,但是在谈判进行过程中形势突然发生变化。例如,市场行情突变、外汇汇率大起大落、公司内部发生重大事件等,谈判者突然改变原有计划,要求提前终结谈判。这是因为谈判的外部环境是在不断发展变化的,谈判进程不可能不受这些变化的影响。

经典阅读　　　　　　　　无声的表达

在谈判进行过程中,如果对手出现了以下表情,则说明对手希望达成交易。

1. 眉毛由紧锁转变为舒展、上扬,或者嘴角也出现上扬

眉毛、嘴角上扬是谈判者内心轻松、愉悦的表现。当谈判者认为主要的问题已经得到解决,谈判即将取得成功时就可能出现这种信号。

2. 眼睛不再专注于产品,而是更多地专注于谈判对手

眼睛不再专注于产品,说明谈判者对产品已经认可。只要其他问题得到解决,成交的可能性就很大。

3. 表情放松,点头增多,微笑增加,双方多用肯定回应对方

点头是一种积极的肯定;微笑表达的是轻松和友好;多用肯定回应表明疑问已经基本

排除,双方产生了相互信任。

4. 身体略向后倾,脸部表情放松

谈判进入磋商阶段,双方都处于高度紧张状态,为了获得更好的条件和更多的利益,进行讨价还价,身体一般是向前倾或正襟危坐,表明双方谈话内容和方式吸引了对方的注意力,双方都专注于对方的谈话。经过认真交谈,主要议题都基本完成,这时双方身体由前倾改为略向后倾了,同时脸部表情也开始放松,表明主要条件已经基本谈妥,离成交不远了。

5. 两腿平放,不再重叠

两腿平放是友好、开放的姿态。两腿交叉重叠则是拘谨、封闭的姿态。两腿由重叠姿态改为平放姿态,意味着谈判气氛由紧张改为轻松,出现了成交信号。

二、商务谈判的可能结果

商务谈判的结果可以从两个方面来看:一是双方是否达成协议;二是经过谈判双方关系发生了何种变化。这两个方面是密切相关的,将这两个方面的结果联系起来分析,可以得出以下6种谈判结果。

(一)达成交易,且改善了关系

双方谈判目标顺利完成,不但实现了交易,而且双方的关系在原有基础上得到了改善,促进了今后的进一步合作。这是最理想的谈判结果,既实现了眼前利益,又为双方长远利益的发展奠定了良好基础。要想实现这种结果,双方首先要抱着真诚合作的态度进行谈判,同时在谈判中双方都能为对方着想并做出一定的让步。

(二)达成交易,但关系没有变化

双方谈判的结果是达成了交易,但双方的关系既没有改善也没有恶化,这也是一个不错的谈判结果。因为双方力求此次交易能实现各自的利益,并没有刻意追求建立长期合作关系,也没有出现太大的矛盾而造成不良后果,双方平等相待,互有让步,获得了交易的成功。

(三)达成交易,但关系恶化

双方谈判的结果虽然是达成了交易,但是双方也为此付出了一定的代价,即双方关系遭到一定的破坏或者是产生了阴影。这种结果从眼前利益来看是不错的,但是对今后的长期合作是不利的,或者说,牺牲了双方关系换取了交易的成果。这是一种短期行为,"一锤子买卖",对双方长远发展没有好处,但为了眼前的切实利益而孤注一掷也可能是出于无奈。

(四)没有成交,但改善了关系

正所谓"不打不相识"。虽然在谈判过程中双方未达成交易,但双方通过交流,促进

了彼此的了解，建立了良好的信任关系，为双方将来的成功合作奠定了良好的基础。虽然没有实现近期利益，但这也是一个不错的结果，正所谓"放长线钓大鱼"，商场上要站得高，看得远，才会有发展的空间。

（五）没有成交，关系也没有变化

这是一种毫无结果的谈判，双方既没能达成交易，也没有改善或恶化双方的关系。这种近乎平淡无味的谈判没有取得任何成果，也没有造成任何不良后果。双方都彬彬有礼地坚持己方的交易条件，没有做出有效的让步，也没有激烈地相互攻击，在今后的合作中还有可能进一步发展双方关系。

（六）没有成交，且关系恶化

这是最差的一种谈判结果，双方既没有达成交易，又使原有关系遭到了破坏；既没有实现眼前的实际利益，还会对长远合作关系造成不良的影响，所以应该避免这种谈判结果的出现。当然在某种特殊环境中或者特殊情况下，出于对己方利益的保护，对己方尊严的维护，坚持己方条件不退让，并且反击了对方的高压政策和不合理要求，虽然导致了双方关系的恶化，但也是一种迫不得已的做法。

经典阅读　　　　　　　　商务谈判结束的方式

商务谈判结束的方式有3种：成交、中止和破裂。

1. 成交

成交即谈判双方达成协议，交易得到实现。成交的前提是双方对交易条件经过多次磋商达成共识，对全部或绝大部分问题没有实质上的分歧。成交方式是双方签订具有高度约束力和可操作性的协议书，为双方的商务交易活动提供操作原则和方式。成交是商务谈判双方期待的结果，但切记不要为了这个结果而放弃谈判原则，损失己方应得的利益。

2. 中止

中止是谈判双方因为某种原因，未能达成全部或部分成交协议，而由双方约定或单方要求暂时终结谈判的方式。中止发生在整个谈判的结束阶段，以中止谈判作为结束的形式，而不是发生僵局时的暂时休会。中止可以分为有约期中止与无约期中止。

（1）有约期中止。有约期中止是指双方在中止谈判时对恢复谈判的时间予以约定。例如，双方认为成交价格超过了原定计划或让步幅度超过了预定的权限，双方现阶段难以达成一致，但双方都有成交的愿望和可能，于是协商，一致同意中止此次谈判，等到双方的决策人回来后再重启谈判。

（2）无约期中止。无约期中止是指双方在中止谈判时对恢复谈判的时间无具体的约定。在谈判中，由于交易条件差距太大，或者存在特殊困难，但双方又有成交的需要而不愿意使谈判破裂，双方于是采用冷冻政策暂时中止谈判。例如，涉及国家政策突然变化，经济形势发生重大变化，出现超越谈判者意志之外的重大事件等，谈判双方难以约定具体恢复谈判的时间，只能表述为："一旦政策允许，择机恢复谈判。"

3. 破裂

破裂是指双方经过最后的努力仍然不能达成共识和签订协议,交易不成,或友好而别,或愤然而去,从而结束谈判。谈判破裂的前提是双方经过多次努力之后,没有任何磋商的余地,至少在谈判范围内的交易已无任何希望,谈判再进行下去已无任何意义。

三、促成交易的策略

(一) 主动暗示策略

在条件基本成熟时,欲定局一方可以主动向对方做出间接或直接的暗示,然后再进行一些诱导式提问,促使对方签约。

先看间接暗示形式。例如:"请贵方不要错过这次机会,现在订货,我们可以在本月内交货,您需要多少数量的货物?""今年春天来得早,天气早暖,对吗?如果您现在做出决定,我们可以在 3 个月内把冷冻设备安装好。您需要多大的冷冻面积?"

欲定局一方也可以采取直接暗示形式。例如,可以使用这样一些短语:"这是我们做出的最后让步,贵方是接受还是不接受呢?"或者"这是我方最后一次提出的不可更改的价格。"这一类言语会直接告诉对方定局的信息,防止对方再进行还盘。当然这必须选定最恰当的时机,而且应该知道在你做出这种定局表示时,对方也是急需做成交易的。否则,当对方向后缩时,你就不得不用损失自己信用的办法来促成交易了。

总之,在己方做出间接或直接的暗示时,所要做的事情就是把自己摆在一种似乎不可动摇的位置上,应该尽量使用短句和带有结论性的语调,尽可能减少你的论据,对对方的问题则予以简洁的回答。此外,也可利用肢体语言表明态度,你可以坐直身子,将文件收拾好,做好准备离去的样子,促使对方做出积极的反应。

(二) 提供选择策略

通过提供两种或两种以上的不同选择,引导对方选择成交方案。采用这种策略的目的,是通过把成交的主动权交给对方来促使对方消除疑虑,下定决心,做出定局的决定。运用提供选择策略,可以在不损失己方基本利益的前提下提供给对方各种不同条款的选择方案。

例如:"你们需要 200 台还是 300 台彩色电视机?"(数量条款)"你们是决定购买单门的还是双门的电冰箱?"(品种条款)此外,也可同时提供多项条款的不同选择。例如,"你们可以在以下两种方案中做出选择:或者即时付清货款,商品单价为 450 元;或者延期两个月付款,商品单价为 500 元。"这种价格与支付条款的结合提供了一个与原有方案大同小异且又容易被对方接受的选择方案。

案例与启示　　选择公平合理的交货方式

某出口商曾就某高级技术设备的交货地点与国外买方发生争执。出口商要求在自己一方的工厂交货,买方则坚持只能在货物交到买方工地后方可接受,其中涉及 3 个遥远的工地。最后，出口商建议先在他的工厂做临时交接，然后在买方的中心仓库进行最后交货。这个建议最后被买方接受了。

他接受的原因是得到了以下几方面的满足。

（1）从字面上看，比出口商原来的条款有所改进。

（2）维护了进口方的权益。设备只能在运抵买方国后才能最后交货。

（3）不会引起法律部门的异议，因为这样做基本符合其他合同的先例。

买方有权按出口商的检验程序和规格复验。如果设备到达买方中心仓库后30天内未再进行复验，应视同交接完毕。

（三）利益劝诱策略

谈判的一方可以通过许诺，答应给对方以某种利益来催促对方接受成交。例如，可以告诉对方："如果现在订约，可以给贵方在现有总价上2%的价格折扣，还可以提前送货。"或允许试用等诱使对方尽快做出最后决定。

采用这种策略时，一是注意强调这种利益的许诺是与最后的成交紧密联系的，以对方同意成交为条件，通常应安排在最后时刻做出；二是注意这种利益许诺的尺度，一般不宜过大，要使对方感到这是谈判讨价还价之外的优惠；三是注意寻找适当的机会，例如，最后谈判是由对方管理部门的重要人员出面，而不是以前本企业与之洽谈过的一般谈判人员时，采用这种策略效果会更好，相当于给对方企业高管一个很大的情面，有利于建立双方长期友好的合作关系。

（四）分担差额策略

在谈判的最后时刻，双方如果对一些重要条件仍有分歧，而且这种分歧较难统一时，为了加速交易的达成，双方可以通过采取分担差额的技巧来解决最后的难题。"分担差额"并不一定是从正中分开，可能是2/3给自己，而1/3给对方。如果你首先提出这种解决办法的话，那么要确保你事先一定能得到对方的保证，同意以某种方式向你靠拢，你可以说："为了解决这一问题，如果我们准备以某种方式更靠近你们一点，贵方是不是也准备以某种方式向我们靠拢呢？"如果你不这样做，对方就会反用"分担差额"策略。例如，他们可能会把你的建议倒过来，他们得2/3，你们得1/3，或者提出一半对一半的提议。然后确认你的新立场，而他们自己则根本不做任何行动上的承诺，一动不动地停留在他们原来的立场上，对你来说再返回到自己过去的立场上就困难了。因为对方现在已经了解到你是愿意退让的，靠着坚持不变的方法，他们还会让你走得更远一点。一般来说，第一位表明最后要求数字的谈判者会是一位输掉谈判的人，这是因为另外一方会提出其他一些过分的数字，然后提出双方分担差额，从而使最后的解决方案接近于他们所期望的结果。

案例与启示　　切勿主动提出折中

A是一位建筑承包商，他一直在努力寻找改建的工作。B是一家改建项目的发包商。A在B的改建项目招标中有幸中标了，A、B双方进入了正式谈判阶段。A方对承包的改建项目报价为 86 000 元人民币，B 方还价为 75 000 元人民币。经过一段时间的谈判 B 方提价到 80 000 元人民币，A 方又提出 84 000 元人民币。A 方有一种强烈的预感，如果自己主动提出折中的话，对方可能会表示同意，那就意味着 82 000 元人民币成交。

这时 A 方凭着长期承揽项目的谈判经验，坚持不先提出折中，而让对方提出折中。A 方这样说："好吧，我想不应该就这么完了，我们双方在价格谈判上花了这么长时间，现在价格也非常接近了，如果因为 4 000 元人民币的分歧使得谈判破裂，那是我们双方的损失。"由于 A 方不断强调已经花费的大量时间，以及双方之间只有些微的价格分歧，最后 B 方说："那么，我们折中吧。"这正是 A 方期待的结果。

A 方故意显得有些迟钝，说道："折中，什么意思？""我要 84 000 元人民币，你给 80 000 元人民币。现在你说你会提到 82 000 元人民币，我听见的是这个意思吗？"

"是的。"B 方说："如果你能降到 82 000 元人民币，我们就成交。"这样 A 方就已经改变了 80 000 元人民币和 82 000 元人民币之间的谈判幅度，而是变成现在的 82 000 元人民币与 84 000 元人民币。于是，A 方说："82 000 元人民币听起来不错，比 80 000 元人民币更合适一些。不过，我得同我们的合作伙伴商量一下，看看他们是否同意，我会告诉他们你的出价是 82 000 元人民币，看看我们能否成交，明天给你回话。"

第二天，A 方回来了，对 B 方说："哦，我的合伙人现在真的很难缠！我本来相信自己能让他们接受 82 000 元人民币这个价格，而且昨晚我又花了两小时过了一遍数据。但是他们坚持说如果比 84 000 元人民币少一分钱，我们都会亏本。但庆幸的是我们只有 2 000 元人民币的分歧。"双方又僵持了一会，最终 B 方说："这是我们最后一次让步了，双方各让一步吧，83 000 元人民币。如果对方接受，我们就签订合同，否则就只好另找承包商了。"最终在 83 000 元人民币成交。由于 A 方始终让 B 方先提出折中，经过了两次折中后，双方让步的比例并不是在正中的 1/2，而是 3∶1。如果希望在价格谈判中占得优势，就永远不要首先提出折中，而是鼓励对方这样做。

应对策略

当买方试图让你折中时，你可以采用请示上级领导或黑脸—白脸策略，这样回应买方："听起来还算合理，但我没有权力。你给个价格，我回去同我们的人商量一下，看看能否让他们接受。"切记：不要落入陷阱，认为折中是公平的事情；折中不意味着从正中间分开，你可以几次进行，但不要首先提出，要鼓励对方先提出折中。

（五）分析机会策略

在定局阶段，一方可以为对方分析签约与不签的利害得失，并强调现在的时机是有利的。例如，卖方可以向买方分析物价即将上涨的背景，如果拖延时间，迟迟不能成交，这将会给买方或双方造成损失。只要语言得当，不让对方产生受威胁感，就能赢得买方的信赖和感激，从而在物价波动前夕获得大批订货。再如，欲使外商尽快下决心对我国的某个项目或企业投资，可以在定局前分析现在进行投资的环境和条件如何宽松和优惠，投资效率如何高，如果丧失现在投资的良机，将会损失多少利益等，以促使外商尽快定局。

引入案例　　　　　机不可失，时不再来

意大利某电子公司欲向中国某进出口公司出售半导体生产用的设备，派人来北京与中方洽谈。其设备性能良好，适合中方用户。双方很快就设备性能指标达成协议，随即进入价格磋商阶段。

中方：设备性能可以，但价格不行，希望降价。

意方：货好，价也高，这很自然，不能降。

中方：不降不行。

意方：东方人真爱讨价还价，我们意大利人讲义气，就降0.5%。

中方：谢谢贵方的义气之举，但贵方价格系不合理价。

意方：怎么不合理？

中方：贵方以中等性能要高等价，而不是适配价。

意方：贵方不是对我方的设备很满意吗？

中方：是的，这是因为它适合我们的需要，但并不意味着这是最先进的设备。如用贵方报的价，我们可以买到比贵方设备性能更好的设备。

由于价格分歧，双方进入休会状态。

休息一会儿后，双方再谈。意方报了一个改善3%的价格。中方认为还没有到成交线，要求意方再降。意方坚决不同意，要求中方还价，中方给出了再降15%的条件。意方听到中方的条件，沉默了一会儿。从包里掏出一张机票说："贵方的条件太苛刻，我方难以接受。为了表示交易诚意，我方再降2%。贵方若同意，我方就与贵方签合同；贵方若不同意，这是我明天下午2点回国的机票，按时走人。"说完，站起来就要走，临走时留下一句话："我住在友谊宾馆某楼某号房间，贵方有了决定，请在明日中午12点以前给我电话。"

中方在意方离开后认真研究成交方案，认为5.5%的降价仍不能接受，至少应降到7%，也就是还差1.5%。如何进行再谈判呢？于是，中方先调查明天下午2:00是否有意大利的航班或欧洲的航班，以探其虚实，结果没有。第二天早上10点左右，中方让翻译给意方宾馆打电话，告诉他，昨天贵方改善的条件反映了贵方的诚意，我方表示赞赏。作为一种响应，我方也可以改变原立场，只要求贵方降10%。意方看到中方让了5%，而10%与其内定价格还有较大差距，但比原来要求的15%已经有了较大让步，认为可以再谈判。于是，希望马上与中方见面。中方赶到宾馆，到其房间谈起来，没有太多的寒暄，开门见山。双方认为还有差距，但双方均愿意成交。意方分析：现在汇率变化很快，欧元对人民币汇率不断下降，如果贵方不当机立断，签订合同，说不定明天因汇率原因，可能损失的就不止5%。中国有句俗话：机不可失，时不再来！中方对市场行情及汇率进行了调查，觉得对方分析十分有理，但也清楚对方同样急需打开中国市场，便也给意方分析了这次进入中国市场的机会。

只有一条路——互相让步，你多我少，还是我多你少？双方推断：在此之前双方各让了5%，对等，最后一搏是否也应对等？最终双方同意降5%的一半，即以7.5%成交，双方都把握住了各自的机会。

（六）分段决定策略

为了避免谈判在定局时产生大的矛盾和阻力，可以把谈判的定局工作分段进行，即把需要决定的较大规模的买卖或重要的条件分成几部分，让对方分段决定。例如，"上次我们已经谈妥了交易的主要条件，这次我们又全面讨论了各个条款的情况。下次，我们是否可以讨论合同条款的书写问题。"此外，在大型和高级谈判中，可把重大的原则问题和细节问题区别开来，上层领导洽谈基本原则，中、基层人员洽谈具体、辅助事项，进行原则的落实。分段决定减轻了主谈的压力，真正体现了步步为营的谈判思想，使得复杂的大宗交易可在轻松、和谐的状态下不知不觉地达成。

（七）诱导反对策略

当谈判的一方对交易发生了浓厚的兴趣，但仍犹豫不决时，心中必有某种反对意见。另外，当谈判接近尾声时，意欲成交的一方往往总是要提出某种反对意见，或增加谈判筹码，或作为一种成交前的表示。因此，对于另一方来说，只有及时启发、诱导对方尽早说出这些意见，才有可能解决问题，促成交易。运用诱导反对策略的关键在于正确地认识对方欲成交前的各种反对的表现形式，以便适时采取行动。

一般来说，对方成交前有反对意见，又不直接说出来的表现形式如下。

（1）对交易无任何肯定意见或否定意见，并明确表示暂缓交易。

（2）对交易有肯定意见，已产生兴趣，但仍表示要"等一等"。

（3）对方象征性地再次提出以前谈判中提出过或已经基本解决的反对意见。

（4）对方提出自己权力有限，不能决定，要向上级请示。

出现这些情况时，我方可以诱导对方说出反对意见，解决对方的反对意见，就可以顺利促成交易了。

例如，当对方对交易条件没有提出明确的反对意见时，我方可以提议："如果对方没有反对意见，我们就签订合作协议吧。"这时，对方说："不急，我们还要向上级汇报请示。"我方就可以诱导对方说："你们难道没有决定权吗？"对方回答："那倒不是，只是在价格上已经突破了上级规定的底线，所以需要请示。"我方继续问："除了价格突破了底线，还有其他问题吗？"对方回答："我们希望交货期能够提前一些？"我们可以继续发问"除了这些还有什么问题吗？"对方说："没有了。"一般最终的意见是对方真正的想法，是成交前必须解决的问题。这时我们基本判断可以用时间来换取价格的优惠，因此，我方可以这样向对方解释："你们定的货物生产周期较长，如果需要提前交货，肯定就得加班加点，生产成本必定增加，因此，价格也要相应地增加。基于双方长期合作关系，我们不再提高此批货物价格，仍按我们最后商定的价格并提前一周发货，如果同意，就签订合同。"

当然，采用诱导反对策略，有时能够解决问题，促成交易；有时却不一定能够直接解决问题，但它对充分了解对方定局前的真实想法和隐藏的真正动机，进一步促成定局仍然有着积极的作用。

（八）循循善诱策略

循循善诱策略是指运用严密的逻辑思维提出一系列问题，诱导对方对问题做出肯定回答，最后成功地达成交易的一种策略。

> **案例与启示**　　　　　循循善诱策略的运用

买方：总之，我不需要你们提供的大型卡车，我们需要的是中小型卡车。
卖方：请问您需要运输的货物平均重量为多少？
买方：那很难说，两吨左右吧。
卖方：有时多，有时少，对吗？
买方：是这样。
卖方：你们的经营旺季是在冬季，运输地区主要是在丘陵地区吧？
买方：是的。
卖方：您在决定购买卡车时，是否主要关注装载量和卡车的使用寿命？
买方：对，另外价格也要考虑。
卖方：正是这样，我们前面所说的一切和我这里的一些数字，正好可以说明装载量、使用寿命、价格和收益比例关系……
买方：让我仔细看一看。
卖方：怎么样，您现在是否可以做出决定了？

通过提问方式让买方进入你设计好的思路，这时你的提议就像是买方在给自己下命令，这正是我需要的条件，那就购买这种型号的车吧，性价比很高的。

四、谈判破裂的正确处理

商务谈判的结束方式主要有3种类型：成交、中止、破裂。成交后接下来的工作就是签订合同与履行合同；中止则要约定续谈的时间或等待续谈的机会；破裂是谈判双方均不愿发生的事情，因为它意味着谈判的失败。但是，谈判破裂又是商务谈判中时常出现的一种正常现象。出现这种情况的原因很多，根本原因往往是交易双方的交易条件差距太大，而且无法达成一致。当谈判出现这种情况时，谈判人员应注意采取正确的方法进行处理，使双方在一种良好的心态下接受破裂的事实，并能够为将来的合作留下余地，正所谓"买卖不成情义在"。可以采取以下方法来正确处理谈判的破裂。

（一）诱使对方首先提出拒绝

如果谈判双方达不成一致协议，往往意味着一方对另一方提议的最后拒绝或双方的相互拒绝。谈判中的最后拒绝是一种逆势状态，必然会在对方心理上造成失望与不快。讲究拒绝艺术，可以把由于拒绝而造成的失望与不快控制在最小限度内。这样，既能使自己从无法解决的困境中解脱出来，又能使对方在和谐的气氛中接受拒绝。

可以采取策略诱使对方首先提出拒绝的策略。例如，一方问道："鉴于双方的立场和观点难以统一,这是否意味着谈判将无法取得成果?"从而诱使对方做出肯定的回答。以这种方式结束谈判,虽然没有成交,但不致使双方留下不愉快的经历,将来也许还有合作的可能。

(二)以"不"掩"是"

当对方提出某种"拒绝"的暗示时,可以采取"形似遗憾、实是默许"的手法。例如,"我方对此深表遗憾,实际上我方并不希望出现这种情况。"这种委婉的拒绝既表明了己方的态度,又给对方留足了面子。双方在和谐气氛下友好结束谈判,虽然合作不成,但彼此心情并没有那么糟糕。

(三)走马换将

在双方确实无法达成某种交易时,一方以某种借口把己方的负责人或主谈人调离谈判,从而使谈判体面而不动声色地破裂。主谈人离开了,意味着本次谈判不可能做出最后的决策,双方也就心领神会,自然结束谈判了。

(四)采取先肯定后转折言语

谈判者可以首先肯定双方所做的谈判努力,尤其可以认可对方的某些立场和观点,然后,再转折语气。例如,"由于双方的客观情况差距太大"等,最后提出"拒绝"的暗示。这样的结束很明确和坦然,体现了双方的真诚,也为将来的合作留下了空间。

(五)以"权力有限"为借口,提出拒绝

谈判中常常出现这种情况,当一方不愿意再继续谈判时,便以权力有限为借口,提出回去向领导汇报请示,改期再作答复。实际上,这种情况大多是委婉拒绝的表示。

无论以什么方式来结束破裂的谈判,当双方宣布最后立场后,谈判人员都要做出语言友好、态度诚恳的反应,并争取最后的转机。例如,可以这样陈述:"贵方目前的态度可以理解,回去后,若有新的建议,我们很乐意再进行讨论。""请贵方三思,如果贵方还有机动灵活的可能,我们将愿意陪贵方继续商讨。""我方的大门总是敞开的,贵方今后有新的想法可以再与我方联系。"这样对那些以"结束谈判"要挟对方让步的人网开一面,留有退路,有时也有可能恢复谈判。但如果处理不当,就会使"假破裂"成为真破裂,真破裂成为恶性破裂,甚至影响双方今后的贸易往来。

经典阅读　　　　　　　　　谈判收尾总结

无论一场商务谈判多么简单和复杂,也不管谈判是成交还是破裂,它都存在着具体的每一次谈判的收尾工作。每次谈判收尾工作的好坏将影响下一次谈判甚至整个谈判工作的顺利进行。下面就谈判成交与破裂如何收尾进行阐述。

（一）谈判成交后的收尾工作

1. 谈判双方应整理好谈判记录

要在确认双方谈判意见一致的基础上，写出谈判报告，并向双方公布，这样做可以确保谈判成果与所签合同的一致性。这种文件具有法律效力，在以后产生纠纷的时候非常有用。

2. 谈判双方要保留一定的余地

谈判取得了一致意见，未必是谈判最终的有效成果。在签订合同之前，各方通常都应保留某种余地，如向上级汇报谈判成果、最后确认等。

3. 谈判结果形成文字

在确认各种条件一致时，应将所有谈判结果形成文字，如技术附件、合同文本等，同时约定合同签约的时间和方式。

4. 双方表示祝贺

最后，谈判双方要对彼此的合作和努力表示感谢，对谈判成功表示祝贺，并以此建立双方谈判人员的友谊和企业之间稳固的贸易关系。

（二）谈判破裂后的收尾工作

谈判破裂后，气氛往往会有些紧张，这就需要谈判人员缓和谈判气氛。谈判人员此时无须回忆谈判的历程和环节，更不能追究谈判破裂的原因与责任，以免触动那些敏感的问题，伤害对方感情或自尊心，引起对方的抗议，从而影响自己的声誉和双方今后合作的可能性。

双方应对谈判人员数天的辛勤工作和朝夕相处表示慰问。客方应对主方在谈判工作中的安排和招待给予肯定，并表示感谢；主方应对客方的回程事宜表示关心，并提供各种方便和服务。双方都应有"买卖不成情意在"的姿态，并表示今后可能合作的意愿。

模块二 技能训练

一、训练目标——促成交易，做好收尾工作

在任务六"商务谈判磋商"的基础上，把握成交机会，运用促成交易的各种策略，最终实现谈判目标，双方走向合作。如果谈判破裂，应该做好收尾工作。

二、训练实施——做好谈判结束准备，设计结束方案

（1）回顾任务六"商务谈判磋商"的结果，分析成交的阻力。
（2）明确组内人员分工，运用促成交易的各类策略。
（3）设计结束阶段成交的各种方案，供对方选择。

三、训练形式——分组进行，模拟谈判的成交与收尾

（1）继任务六"商务谈判磋商"，模拟商务谈判结束。
（2）回顾在任务六中通过磋商达成的一致内容，发出成交信号。
（3）营造友好轻松的成交气氛，形成良好的谈判收尾。
（4）成交前争取最后的利益，或者准备最后的让步与讨价还价。
（5）把握收尾节奏，不能太快，也不能过慢。
（6）做好收尾总结工作，双方建立互利互惠关系。

经典阅读　　模拟商务谈判成交流程（50分钟）

第一部分：续场（10分钟）

1. 续场白

双方入座后，彼此互致问候，营造成交阶段的良好气氛。例如，主方可以这样开场："贵方来到我地已经几天了，应该对本地环境比较熟悉了吧。我们经过几天的交流，已经达成了许多共识，如果今天能够早些把事情办妥，我方将安排贵方参观本地的历史名胜。"客方则可以这样回应："谢谢东道主这几天的热情款待，让我方代表有一种乐不思蜀的感觉。不过，我们相信今天能有个完美收官。"

2. 回顾前面已经涉及的交易条件和达成一致的成果

双方可以回顾和总结报价和磋商阶段所涉及的交易条件和已经达成一致的成果，防止在成交阶段反悔。

第二部分：进入模拟谈判成交阶段（30分钟）

1. 把握成交时机（5分钟）

在成交阶段，谈判双方都要把握好成交时期，分析涉及的交易条件是否基本实现、事先商定的谈判时间是否即将结束。如果预计到了最后时期，要及时发出成交信号，采取成交策略促成交易。这一阶段要认真观察对手的表情，认真倾听对手的总结性陈词。如果对谈判结果可以接受，应及时发出成交意愿信号。

2. 运用成交策略促成交易（20分钟）

进入成交阶段后，谈判所涉及的主要议题基本完成，但还有一些小问题没有解决，这时可以利用期限策略、分析机会策略、提供选择策略和最终出价策略催促对方早下决定。

在最后阶段也别忘记争取利益。例如，向对方提出最后让步的要求；同时，在对方要求己方让出最后利益时，不要忘记以获得对方的回报作为条件。充分体现交换条件的对等性，在一种双赢的状态下结束谈判，使双方都带着胜者的心情离开谈判桌。

3. 做好谈判收尾工作（5分钟）

谈判结束的目标是希望达成一笔交易，以合作成功结束。但有时由于各种原因，可能事与愿违，谈判有可能中止或破裂。无论是成交还是破裂，谈判都应该有一个完美的结尾，做好总结工作，给下一次合作留下余地。

关于谈判成交的总结，可以回顾双方共同的努力，赞美对方谈判的技巧和良好表现。

关于谈判中止的总结，则可以回顾已经形成的共识，暂时不能成交的客观原因，期待重启谈判的时机。而关于谈判破裂的总结，就要谨慎一些了，不必分析谈判破裂的原因，只对本次合作不成表示遗憾，讲一些非原则的客气话语，给将来合作留下可能的余地。

第三部分：分享与评价（10分钟）

1. 自我评价

各组模拟谈判小组分别派一名代表对本次谈判的表现进行自我评价。

2. 互相评价

各旁听小组分别派一名代表对现场模拟谈判小组的表现进行评价。

3. 老师评价

指导老师对现场模拟谈判小组的表现进行总结性评价，并为参加本次模拟谈判的学生打分。

4. 模拟商务谈判成交评价内容与标准

模拟商务谈判成交的评价内容与标准，如表7-1所示。

表7-1 模拟商务谈判成交的评价内容与标准

评价内容与相应的分值	考 核 点	分 值	评 价 标 准
职业素养（3）	谈判纪律	1	按要求提前布置谈判环境，如果在教室谈判，应该先摆好桌椅；谈判结束，桌椅归位
	职业道德	1	遵守模拟谈判规程，尊重谈判对手，无恶意磋商
	商务礼仪	1	见面握手、问候，亲切热情，座次正确
谈判过程（7）	谈判准备	2	制订了成交方案，对促成交易策略的运用进行了设计
			团队角色分工明确，各负其责
			预计对方提出的要求，设计了最后让步方式，准备充分
	模拟成交	1	续场时的表达得体自然，回顾报价和磋商阶段已经涉及的交易条件和完成的议题，提出成交阶段需要解决的剩余问题
		2	发出成交信号，把握成交时机
		2	准确而巧妙地运用各种促成交易的策略，争取了最后利益；掌握了收尾的节奏，让双方在一种友好、双赢的气氛中结束谈判，建立了良好的长期合作关系
分值小计		10	

任务小结

（1）商务谈判是否进入成交阶段可以从3个方面进行判定：谈判涉及的交易条件已经基本实现；出现了交易信号和接近谈判约定的时间。出现了这3种情况中的任何一种，或多种情况同时出现，都可以判定商务谈判已经接近尾声，双方都应把握时机，促成交易。

（2）商务谈判的可能结果主要涉及两个方面：一是双方是否达成协议；二是通过谈判双方的关系是否发生变化情况。综合这两个方面的情况可以形成下列6种可能结果：

- 达成交易，且改善了关系；
- 达成交易，但关系没有变化；
- 达成交易，但关系恶化；
- 没有成交，但改善了关系；
- 没有成交，关系也没有变化；
- 没有成交，且关系恶化。

（3）促成交易的主要策略包括：
- 主动暗示策略；
- 提供选择策略；
- 利益劝诱策略；
- 分担差额策略；
- 分析机会策略；
- 分段决定策略；
- 诱导反对策略；
- 循循善诱策略。

（4）商务谈判结束的方式有 3 种，即成交、中止和破裂。虽然破裂并不是双方所希望的结果，但由于各种原因，有时破裂是难免的。谈判破裂并不意味着没有恢复的可能，因此要正确对待破裂这一结果，正确处理破裂后双方的关系。

商务谈判破裂肯定缘自一方或双方拒绝接受对方的条件和提出的要求。那么，怎样才能使谈判破裂时双方还保持心平气和呢？那就要巧妙地运用下列拒绝技巧：
- 诱使对方首先拒绝；
- 以"不"掩"是"；
- 走马换将；
- 采取先肯定后转折言语；
- 以"权力有限"为借口，提出拒绝。

（5）商务谈判结束后要做好收尾工作，成交的收尾工作主要包括下列内容：
- 谈判双方应整理好谈判记录；
- 谈判双方要保留一定余地；
- 谈判结果形成文字；
- 双方表示祝贺。

（6）谈判破裂时，收尾工作应特别注意下列两点。
- 缓和谈判气氛，谈判人员此时无须回忆谈判的历程和环节，更不能追究谈判破裂的原因与责任，以免触动那些敏感的问题，伤害对方感情或自尊心，引起对方的抗议，从而影响自己的声誉和双方今后合作的可能性。
- 双方应对谈判人员数天的辛勤工作和朝夕相处表示慰问。客方应对主方在谈判工作中的安排和招待给予肯定，并表示感谢；主方应对客方的回程事宜表示关心，并提供各种方便和服务。双方都应有"买卖不成情意在"的姿态，并表达今后可能合作的意愿。

复习与思考

一、关键术语

成交；中止；破裂；主动暗示策略；提供选择策略；利益劝诱策略；分担差额策略；分段决定策略；诱导反对策略；分析机会策略；循循善诱策略

二、单选题

1. 在谈判接近尾声时，双方代表会使用各种策略促成交易。例如，当一方犹豫不决时，另一方代表提醒："请贵方不要错过这次机会，如果现在订货，我们就可以在本月内交货，您需要订货的数量是多少？"这种促成交易的策略称为（　　）。

    A．提供选择策略　　　　　　　　　B．主动暗示策略
    C．利益劝诱策略　　　　　　　　　D．分析机会策略

2. 在谈判最后时刻，为了迅速促成交易，双方都承担最后的利益分歧，不断向中间靠拢，最终达成一致。例如，双方价格差距为 50 元，卖方降低 20 元，买方提升价格 10 元，最终双方可以采取折中，卖方再降 10 元，买方再提升 10 元，双方就可以达成一致。这种促成交易的策略称为（　　）。

    A．分担差额策略　　　　　　　　　B．提供选择策略
    C．分析机会策略　　　　　　　　　D．分段决定策略

3. 商务谈判可能的结果有三种，即达成交易、中止谈判或谈判破裂，即使谈判破裂仍需友善处理，以便留有余地。正确处理的方法多种多样。例如，当对方提出某种拒绝暗示时，我方采取"形似遗憾、实则默许"的态度。这种处理谈判破裂的方法称为（　　）。

    A．诱使对方首先提出拒绝　　　　　B．以"不"掩"是"
    C．采取先肯定后转折语言　　　　　D．走马换将

4. 当一方不愿意继续谈判时，便以权力有限为借口，提出回去向领导汇报请示后改期再做答复，然而，并没有约定下次续谈时间。这种谈判结果可以判断为（　　）。

    A．谈判成交　　B．谈判中止　　C．谈判破裂　　D．谈判持续

5. 在谈判分歧的处理过程中，为了了解对方真正关注的问题，可以利用严密逻辑思维设计一系列问题，诱导对方对问题做出肯定回答，最终成功引导对方成交。这种策略称为（　　）。

    A．分析机会策略　　　　　　　　　B．诱导反对策略
    C．利益劝诱策略　　　　　　　　　D．循循善诱策略

三、多选题

1. 谈判进入成交阶段的主要标志有（　　）。

    A．谈判目标基本实现　　　　　　　B．接近谈判约定时间
    C．发出了成交信号　　　　　　　　D．使用最后通牒策略

2. 谈判可能出现的结果可以从（　　）来进行衡量。
   A．双方关系的改善程度　　　　　　　B．双方是否达成交易
   C．成交金额的大小　　　　　　　　　D．合作时间的长短
3. 谈判成交的信号多种多样。当谈判接近约定时间时，谈判者要注意观察对手的表情，认真倾听对手的话语。下列选项可视为成交信号的是（　　）。
   A．主谈以总结性语言陈述　　　　　　B．谈判代表开始收拾记录本
   C．谈判代表大多表情放松　　　　　　D．谈判者坚定果断地提出建议
4. 谈判不一定都能够以成交圆满结束，因此，谈判者要做好充分的心理准备，从容面对谈判的各种结束形式和可能结果。谈判可能出现的情况有（　　）。
   A．成交　　　　B．中止　　　　C．交易　　　　D．破裂
5. 谈判无论以何种方式结束，都必须做好收尾工作。成交的收尾工作主要包括（　　）。
   A．整理谈判记录　　　　　　　　　　B．形成文字结论
   C．对结果留有余地　　　　　　　　　D．双方互致祝贺
6. 谈判进入结束阶段时，要把握好成交机会。及时促成交易的策略包括（　　）。
   A．主动暗示　　　　　　　　　　　　B．提供选择
   C．分析机会　　　　　　　　　　　　D．利益劝诱
7. 谈判破裂是谈判双方都不愿意看到的结果，但在现实中又无法回避。遇到这种情况时，正确的处理方式有（　　）。
   A．诱导对方首先拒绝　　　　　　　　B．借口权力有限而拒绝
   C．以"不"掩"是"　　　　　　　　　D．首先肯定，而后转折拒绝
8. 谈判收尾要巧妙回避不愉快的事情，留有余地，可以采取（　　）收尾。
   A．分析破裂的原因　　　　　　　　　B．主方对客方表示慰问
   C．客方对主方表示感谢　　　　　　　D．表示将来合作意愿
9. 当谈判接近尾声时，意欲成交的一方往往会提出各种反对意见，希望获得对方的最后让步，这些反对意见的表现形式有（　　）。
   A．对交易既不肯定也不否定，只是表示暂缓成交
   B．对交易持肯定态度，但仍需要等一等
   C．一方象征性地提出以前谈判中已经解决的问题
   D．一方提出权力有限，必须请示上级，才能决定是否成交
10. 谈判中止是谈判结束的一种形式，中止后的处理方式包括（　　）。
    A．有约期中止
    B．短期中止
    C．长期中止
    D．无约期中止

内容为任务七选择题
互动题库

四、思考题

1. 商务谈判进入成交阶段的主要标志有哪些？
2. 简单分析商务谈判结束时可能出现的结果。

3. 商务谈判进入成交阶段后，如何运用恰当的策略促成交易？举例说明。
4. 促成交易的主要策略及内容是什么？
5. 如何正确处理谈判破裂这一结果？
6. 商务谈判的收尾工作主要有哪些？

任务八
商务合同的签订与履行

任务目标

知识目标：
- 了解商务合同的签订程序
- 了解商务合同的结构与特征
- 了解商务合同的内容条款
- 掌握合同书写的基本要求
- 掌握有效合同的确认条件
- 掌握无效合同的处理方法

能力目标：
- 能够起草模拟谈判的合同书
- 能够安排一场合同签字仪式

模块一 知识储备

情景案例　以传真方式订立的合同是否有效

1991年12月31日，申诉人（日本买家）和被诉人（中国卖家）通过传真订立了一份92SPE28/001号售货合同。合同规定：申诉人向被诉人购买203.5吨柠檬酸，价格为920美元/吨，总价款为187 220美元，申诉人应在1992年1月10日前通过银行开出不可撤销的、保兑的、可转让的、可分割的信用证，装运期为1992年3月底前。

合同签订后，申诉人于1992年1月10日前通过道亨银行开出了16002303号不可撤销的信用证（但并不是保兑的、可转让的和可分割的）。其后被诉人因供应商抬高货价，又与申诉人协商提高货物单价，双方于 1992 年 1 月 13 日签订了一份备忘录，对 92SPE28/001 号售货合同进行了修改：价格由 920 美元/吨改为 925 美元/吨，总金额由 187 220 美元改为 188 237.50 美元；为避免增加费用，增加的 1 017.50 美元由申诉人直接以银行汇票在装船后 7 天内支付被诉人；最后注明备忘录为 92SPE28/001 号合约不可分割的一部分，与该合约具有同样法律效力。备忘录签订后，被诉人又在 1992 年 2 月 19 日发传真给申诉人，要求将合同单价再提高 15 美元，申诉人回复传真表示不同意提价。直至过了装运期，被诉人仍未交货。申诉人遂于 1992 年 5 月 22 日向深圳分会提出仲裁申请。

（一）申诉人在仲裁申请书中要求仲裁庭裁决被诉人赔偿项目

（1）申诉人的经济损失及商誉损失 14 070 美元。

（2）申诉人需要支付的日本买家的经济损失为 51 892.50 美元。

（二）开庭庭审时被诉人代理的答辩内容

（1）92SPE28/001 号合同是无效合同，因该合同签订时采取的是传真形式，这不为《中华人民共和国涉外经济合同法》和《联合国国际货物销售合同公约》所承认。

（2）即使合同是有效的，亦被后来的行为取消。根据合同条款，申诉人开出的信用证应是不可撤销的、保兑的、可转让的、可分割的，但其开出的信用证并不是保兑的、可转让的、可分割的。

（3）即使合同是有效的，不能撤销，但申诉人提出的要求也不合理，因此被申诉人不能承担日本买家的损失。

（三）仲裁庭的意见

1. 关于合同的违约责任

对于被诉人代理在开庭时的答辩，仲裁认为，被诉人关于合同无效或合同已经取消的主张均不能成立。经开庭调查，双方当事人均承认存在书面合同并签字盖章，而传真只不过是将已签字盖章的书面合同再传送给对方的通知方式。申诉人开出的信用证虽然与合同规定不符，但已为被诉人接受，并在此后的书面备忘录上得到确认。

92SPE28/001 号合同规定，203.5 吨柠檬酸应于 1992 年 3 月 31 日以前全部发运，但被诉人迟至该日仍未交货，因而被诉人应对违约承担责任。

2. 关于合理损失赔偿

鉴于被诉人未在合同规定的期限内交货，而申诉人在被诉人明确表示不能交货的情况下，也未及时向其他供应商购买同类货物，申诉人获得的合理损失赔偿应为 1992 年 4 月初的市场价与合同价之间的差价。仲裁庭经查阅双方提供的证据认定，在 1992 年 4 月初柠檬酸的市场价为 982.50 美元/吨。差价的计算公式为：

$$(982.50-925)\times 203.5=11\ 701（美元）$$

对于申诉人提出的商誉损失，申诉人并未提交具体证据；在开庭审理时，申诉人对此的解释是其与日本买家的其他合约受到影响。仲裁庭认为，这是被诉人在订立合约时不能预料到的，对申诉人该项请求不予支持。

申诉人提出需要支付日本买家提出的经济损失 51 892.50 美元，仲裁庭认为，这是申诉人与其日本买家之间的法律关系，它应由申诉人和日本买家之间的合同所决定，被诉人无责任承担该笔损失。

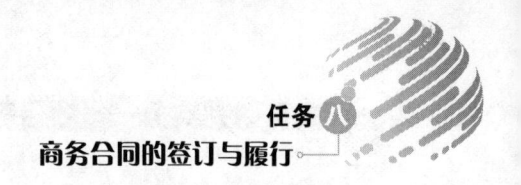

3. 关于仲裁费用

由于申诉人的仲裁请求只能得到部分满足,因而申诉人应承担一半的仲裁费用,被诉人承担另一半仲裁费用。

4. 最终裁决结果

被诉人应支付申诉人 11 701 美元,仲裁费用由双方当事人各承担一半。本裁决为终局裁决。

内容为任务八情景案例互动电影

案例点评

本案例中所涉及的争议是货物买卖中的一种常见情况。在双方订立合同后,买方已开具了信用证,但卖方最终未能交货,使买方遭受损失。该案被诉人代理律师在答辩中提出的问题以及对问题的回答具有普遍的法律意义。以传真方式达成的合同或协议是否属于"书面形式"?是否为有效合同?

一、商务合同签订程序

商务合同又称为经济合同,它是谈判成果的具体体现,是交易双方为明确各自的权利和义务,以书面形式确定的具有约束力的法律性文件。谈判双方若在谈判达成一致意见之后同意签订合同,那么合同就成为约束双方的法律性文件,双方必须依据已签订的合同履行合同所规定的各自应尽的义务,否则必须承担相应的法律责任。

商务合同还是仲裁机关处理矛盾纠纷的依据。因此,在谈判中,谈判双方必须十分重视合同的签订,不仅要严肃、认真地讨论合同的每一条款,还要慎重地对待合同签订的最后阶段。因为在合同签订的最后阶段,每个漏洞都可能影响合同的实际履行,进而造成不可挽回的损失。例如,我国某钢铁公司在引进一套设备时,由于粗心大意,把填料也列入了引进之列。合同签完之后,才发现引进的填料就是黄沙。黄沙在我国到处都有,何必用外汇去购买,我方想退掉,对方不同意。好说歹说总算不装运了,但钱得照付,这真是花钱买教训。从谈判实践情况来看,在谈判最后阶段的合同签订过程中,谈判人员应严格按以下程序进行操作。

(一)确认双方已达成一致的谈判内容和结果

当谈判取得一定成果时,尽管双方达成了一致的口头协议,但这并不意味着双方对其内容的理解完全一致。由于语言、文化等方面的差异,在将口头表述转化为文字表述时,有可能会引起某些误会或产生一些歧义。因此,在达成交易和签订合同之前,有必要使双方进一步对他们所同意的条款进行一致性认识。特别需要确认双方对价格、合同履行和索赔等基本条款理解的一致性。

1. 价格方面

在价格方面,双方应确认价格是否已经最后确定;价格是否包括各种税费或其他法定的费用;在合同有效期内,如果税率增加,应由谁支付增加的税费;价格的确定是否已经考虑了价格和汇率变动的因素;价格是否包含了运输费用和包装费用;价格属于固定价格还是浮动价格等。

2. 合同履行方面

在合同履行方面，对"完成"或"履行"是否有明确的解释，是否包括其他服务项目，服务项目包括哪些具体内容（如技术培训、安装试运行服务等）；是否明确哪些问题运用什么标准，而哪些标准又与合同的哪一部分有关；对商品规格的公差限度及设备的检测方法是否做了明确的规定；在储运方面，是否明确由谁负责交货、谁负责卸货和仓储等。

3. 索赔方面

在索赔方面，是否明确索赔可能涉及的范围是什么，处理是否排除未来的法律诉讼；如果出现问题，对协商、调解、仲裁和诉讼的程序是否有明确规定，这些问题是否都已经反映在合同中等。

谈判双方在起草合同文本之前，必须对上述这些问题彻底清理、检查一遍，以保证双方对这些条款能够真正理解一致，然后形成合同起草前的备忘录，双方主谈应在备忘录上签字确认。

（二）明确合同的书写要求

合同的书写绝非简单的文字工作，而是谈判的延续、成果的落实。在合同的书写过程中，应重点解决以下几个方面的问题。

1. 深化和具体化交易内容

谈判实践证明，当人们把口头讨论的条件书写成文字时，就会发现文字与口头表达之间存在诸多微妙的差异。通过合同书写的过程，能强制谈判人员进一步深化谈判内容，并使谈判内容更加具体和可行，甚至还可以扩大谈判成果。

2. 完善交易条件

正式谈判的结束，往往只是大体上、原则上的结束。因为还会有一系列经济、法律上的问题没有彻底解决，而在合同的书写过程中就必须逐项进行落实。合同的书写，要求各项交易条件具体、完善、明确、严谨，各条款相互衔接，避免相互之间出现矛盾。

3. 形成法律效力

合同的书写不仅仅是文字的推敲，更重要的是要将谈判成果形成具有法律效力的文件，即对各种谈判结果进行法律性和权威性的汇总和清理。合同书写成文后将被法律认可，成为约束当事人双方行为的法律依据。

4. 合同的书写要求

合同的书写要做到"说什么，写什么"、"商务性与法律性并重"、"适合双方文化习惯"、"具有标准化和国际性"和"避虚就实"，以使书写的合同文本能够真实地反映谈判结果，便于双方的理解与履行。

（三）做好合同的签订工作

合同文本撰写后，要进行合同的签订工作。合同的签订工作要做好以下几点。

1. 做好签字前的审核工作

合同签订前，要核对合同文本（两种文字时）的一致性或者文本与谈判协议条件的一致性（一种文字），各种批件（如项目批件、许可证、设备分交文件、订货卡片等）是否完备，以及合同内容与批件内容是否一致。当在审核中发现问题时，双方应及时互相通告，并调整签约时间。

2. 确定签字人

主谈人不一定是合同的签字人，商务合同一般应由企业法人代表签字，也可以是具有所属企业最高领导人签发了"授权书"的代理人来签字。签字人的选择主要出于对合同履行的保证。如果合同比较复杂，涉及面广，也可以让有关上级、政府部门加以了解或适当参与，这样在合同执行中若产生问题也容易被理解，为合同的顺利执行提供保障。

3. 举行一定的签字仪式

为了庆祝谈判成功，扩大影响，以及促进合同的履行，谈判双方可以举行一定的签字仪式。合同的重要性和影响程度不同，签字仪式的规格也应有所不同。如果双方都是实力较强的合作企业，希望借强强联手来扩大双方企业知名度，就可以选择在有影响力的地方举行签字仪式，并可以由媒体全程报道签字的过程，以达到较好的公关效果。

经典阅读　　　　产品购销合同示样

产品购销合同
订立合同双方
供方：＿＿＿＿
需方：＿＿＿＿
供需双方本着平等互利、协商一致的原则，签订本合同，以便于双方信守和执行。
第一条　商品名称、种类、规格、单位、数量

商品名称	种　类	规　格	单　位	数　量

第二条　商品质量标准
商品质量标准可选择下列第＿＿＿项标准：
（1）附商品样本，作为合同附件。
（2）商品质量，按照＿＿＿标准执行。（副品不得超过＿＿＿%。）
（3）商品质量由双方议定。

第三条　商品单价及合同总金额

（1）商品定价：供需双方同意按＿＿＿＿定价执行，如因原料、材料、生产条件发生变化，需要变更价格时，应经供需双方协商；否则，造成的损失由违约方承担。

（2）单价和合同总金额：＿＿＿＿＿＿＿＿。

第四条　包装方式及包装品处理

按照各种商品的不同，规定各种包装方式、包装材料及规格。包装品以随货出售为原则，凡须退还对方的包装品，应按铁路规定，明确退还方法及时间，或者另行规定。

第五条　交货方式

（1）交货时间：

（2）交货地点：

（3）运输方式：

第六条　验收方法

按照交货地点与时间，根据不同商品种类，规定验收方法。

第七条　预付货款

根据不同商品，决定是否预付货款及金额。

第八条　付款日期及结算方式

（1）付款日期：

（2）付款方式：

第九条　运输及保险

根据实际情况，需委托对方代办运输手续时，应在合同中加以明确。为保证货物的途中安全，代办运输单位应根据具体情况代为投保运输险。

第十条　运输费用负担

（略。）

第十一条　违约责任

（1）需方延付货款或付款后供方无货，使对方造成损失，应偿付对方此批货款总价＿＿＿＿%的违约金。

（2）供方如提前或延期交货或交货数量不足，供方应偿付需方此批货款总值＿＿＿＿%的违约金。

任意一方如果提出增减合同数量、变动交货时间，应提前通知对方征得同意；否则，应承担经济责任。

（3）供方所发货品如果有不符合规格和质量要求或霉烂等情况，需方有权拒绝付款（如已付款，应有退款退货办法）；但须先行办理收货手续，并代为保管和立即通知供方，因此所发生的一切费用损失，由供方负责。如经供方要求代为处理，以免造成更大损失，其处理方法由双方协商决定。

（4）约定的违约金视为违约的损失赔偿。双方没有约定违约金或预先赔偿额的计算方法的，损失赔偿额应当相当于违约所造成的损失，包括合同履行后可以获得的利益，但不得超过违反合同一方订立合同时应当预见到的因违反合同可能造成的损失。

第十二条　当事人一方因不可抗力不能履行合同时，应当及时通知对方，并在合理期限内提供有关机构出具的证明，可以全部或部分免除该方当事人责任。

第十三条　本合同在执行中发生纠纷，签订合同双方不能协商解决时，可向人民法院提出诉讼。（或申请____仲裁机构仲裁解决。）

第十四条　合同执行期间，如因故不能履行或需要修改，必须经过双方同意，并互相换文件或另订合同，方为有效。

需方：_____（盖章）　　　　　供方：_____（盖章）

法定代表人：_____（盖章）　　法定代表人：_____（盖章）

开户银行及账号：　　　　　　　　开户银行及账号：

二、商务合同的内容条款

这里以货物买卖合同为例介绍商务合同的文本结构，其他类别的合同与其相比，可以发现其中的共性特点与个性特点。商务合同文本结构包括两部分：正文与附件。正文是合同的主体文字，由基本条款构成；附件为合同的辅助文字，由对主体文字条款补充说明的附属文字条款构成。

（一）合同正文条款构成

合同正文的基本条款包括引言条款、标的条款、报酬（价格）条款、支付条款、服务条款和经济技术指标条款等，以下就合同正文的主要条款以列表形式进行描述。合同正文条款的构成如表 8-1 所示。

表 8-1　合同正文条款的构成

条款名称	内容描述
（1）引言条款	明确当事人（名称、地址、企业性质）和交易理由
（2）标的条款	明确交易标的名称、特征（物理的、化学的、机械的、电气的或其他可定性的）指标和数量要求
（3）价格条款	明确交易标的的价值（价格），对于复杂的交易须列明分项价格（即按构成交易的主要内容列价），以及支付的货币形式
（4）支付条款	简单交易在价格条款中规定了支付方式，而复杂交易常用支付条款。 该条款规定价格性质（固定价还是浮动价）、支付方式（承兑交单、银行电汇还是信用证支付）和支付进度（是否预付金或保证金、付款批次及每次金额、支付凭证）；对于远期支付条件，还要明确是否另计利息，延期支付的处理办法
（5）服务条款	有的商品（设备）由于其技术要求高，购买时需要提供技术协助。 一方面，要明确提供技术指导的人数、专业水平、时间、地点和方式，以及指导时的生活待遇、家属问题和不称职及违纪处理等；另一方面，要明确接受技术培训的人数、业务水平、专业、受训时间、受训地点和方式，以及受训时的生活待遇、家属问题、结业方式和生病、不称职及违纪处理等

续表

条款名称	内容描述
（6）经济技术指标条款	明确达到标的的要求所需要保证的人力、物力条件，包括需要配置的人数、专业、场所面积、环境条件、动力消耗、劳动效率及合格率要求
（7）验收条款	明确按什么技术标准验收以及验收的科目和验收程序。一般分为交付开箱检验科目，即外观及数量检验；安装后检验科目，即通电、试运转、小批量试车等；如果是成套设备还要连线试生产。 明确按什么技术标准进行检验，若没有明确标准，双方要商定验收办法和程序
（8）交付条款	明确标的物的交付状态、包装条件、储存条件、运输方式、保险险别与责任方、双方联络方式、单据交付方式、事故及责任归咎原则
（9）违约处罚条款	明确延迟交付的处罚规定、表面缺陷的处罚规定、隐性缺陷的处罚规定、轻微缺陷的定义和处罚规定以及严重缺陷的定义与处罚规定
（10）原产地条款	明确商品的生产或制作地以及具有法律效力的证明文件，以及违反该规定的处罚办法
（11）税务条款	明确交易的税务责任，即什么税、在什么地方产生的税、由谁缴纳以及如何避免双重课税
（12）法律适用条款	明确交易受什么法律管辖，即明确管辖合同的法律和处理合同纠纷的法律
（13）保证条款	明确对交易标的物的品质保证，以及实现保证的前提。在有的交易合同中，该保证条款采取列举保证内容的方式描述，如保证标的物用料全新，品质全优，性能先进、现代，保证寿命等，而且要写明各项保证内容的先决条件
（14）保密条款	明确合同内容的私有性，对技术资料、技术诀窍、交易本身保守秘密的义务，以及解除这种义务的条件和泄密的后果等
（15）免责条款（不可抗力）	明确当事各方在什么条件下可以对合同义务免责，以及当发生这种条件时双方应履行的义务，如通报、举证、补救和最后的处理措施
（16）争议处理条款（仲裁条款）	明确各种处理的可能性，包括当事人的协商、第三者的调解、仲裁、诉讼，各种可能的前提条件，具体操作程序及最终效应
（17）生效条款	明确合同生效必备条件，包括合同正本语言、合同份数及分配、合同的生效期、合同修改程序与效力、合同解释、合同终止及终止的处理措施

（二）合同附件的构成

合同附件是合同正文的延伸与具体化，是合同不可分割的部分，与合同正文具有同等的法律效力。在书写格式上，合同附件要与合同正文保持一致。在合同义务上，合同附件是正文描述的补充。在构建的复杂程度上，合同附件与合同正文成反比，即合同正文越复杂、翔实，合同附件则越简单；反之，合同正文越简单，合同附件就越复杂。尽管合同标的可能不同，但其附件的类别不会相差太多。合同附件主要有以下几种类型。

1. 技术性附件

技术性附件是合同附件的主体，包括技术指标（如产品规格、制造条件与工艺、原材料等）、技术资料（资料清单）、供货清单（合同标的的细化和延伸）、技术服务（包括技术指导和技术培训）、交付进度（交付期限的细化）、联合设计（设计联络条款的细化）、联合制造部分设备（某些联合制造条款的细化）、选用当地原材料（国产化条款的具体化）、验收方法（合同验收条款的具体化）等技术性的合同附件。

2. 政策性附件

政策性附件多为带有外交色彩的政府文件，有时独立于合同之外，有时插入合同附件之中。不论其以何种形式存在，在合同正文中均已指定其为合同不可分割的一部分，所以具有合同附件的效应。该类附件名称多为"××的谅解备忘录"或"关于××的协议书"，处理的都是一些敏感性问题，属绝密文件。

3. 金融性附件

金融性附件包括银行出面谈判的合同项下的信贷协议，或者双方认可的保函格式。

（1）信贷协议。信贷协议是当事人代理银行间达成的买方或卖方的信贷协议或双方政府委托相关银行与当事人代理银行之间达成的信贷协议，包括贷款用途、贷款来源与金额、使用程序、还贷方式、本息管理费计算、违约处理等内容。

（2）保函格式。保函格式是指当事人之间达成的由当事人代理银行开出的银行保函格式，既可以是一种履约担保，又可以是预付款和保证金的担保。

除以上3类附件外，有时还有文辞方面的附件，如术语解释、缩写表等。

另外，并不是所有的合同都必须有合同附件，如一些简单的商务交易，当合同书写得很翔实时，就不必附有合同附件。

三、商务合同条款的书写原则

（一）语意一致原则

商务谈判双方由于语言和文化背景的不同，可能在同一意思的表述上会采用不同的文字，或者同样的文字却表述了完全不一致的意思，因此很容易在合同条款的书写上出现理解方面的歧义。要消除这种表述上的差异，谈判双方必须做到以下几点。

1. 形成共识

在合同条款的书写上，双方要选择理解一致的文字进行语意表述，而不要采用俗语及不同文字之间无法对应的描述性用词。

例如，我国通常所说的最优惠待遇，欧洲国家和美国的谈判者认为最优惠就是不比别人差，即和别人一样；而我国认为最优惠就是比别人好，即和别人有差别。因此，当双方不能形成共识时，就应换一种大家都能接受的表述方式，如普惠待遇。

2. 简单明了

在合同条款的文字表述方面要坚持简单、明确、达意，应避免法律式的造句，避免多定语句型，避免用一些生僻字或玩弄文字游戏。对于内容比较复杂的条款，可以采取分解方式，将内容分层后依层次进行表述。

3. 用词一致

当合同中多处使用同一单词时，它代表的词意应相同。词义在对不同行为进行描述时应予以区别。当因为文字丰富而将同一行为以不同词意表述时，应切记注意同义词中的相异性，慎防双方在执行合同时造成误会。

例如，"验收"与"检验"，分阶段的检查称为检验，最后的检查称为验收；验收中有多个检验行为。这些词意常常会引起误会，双方由于对词义理解的不同而造成纠纷时而有之。

(二) 前后呼应原则

前后呼应原则是指，条款的行文与相关的条款、合同正文各条款与附件所列条件及构成合同的各文件之间应相互呼应。通常这种呼应体现为一致性、互补性和协调性。

1. 一致性

一致性是指合同文本中各条款与各文件之间对同一事物的规定应该一致，以避免合同内容混乱，甚至失效。

例如，合同正文对验收条件明确规定："一次验收不合格时，可进行第二次验收。第二次验收不合格时，若责任在卖方，则一切费用由卖方承担。"而技术附件中则规定为："一次验收不合格时，可进行第二次验收。第二次验收不合格时，若责任在卖方，则买方不支付卖方技术指导费。"这里的"一切费用"和"技术指导费用"存在程度上的差异，那么在实际中，到底是依据正文还是依据附件来执行合同，很容易造成混乱。

2. 互补性

互补性是指合同各条文之间的内容应该互相补充、互相引证。例如，技术附件与合同条款就应相互引证、相互参考，形成既互补又相互依存的关系。再如，合同的罚款公式可以在合同正文中描述，也可作为引证"见合同附件"，那么合同附件中就一定要有引证合同中的金额计算公式。在实际中，经常出现合同上描述为"见××附件"，而附件又描述为"见××合同条款"的情况。类似这种情况，相互引证不能落实，就会成为合同中的一个漏洞。

3. 协调性

协调性是指合同条款中的非价格和技术条款的谈判要与价格和技术条款的谈判相协调。也就是说，当某一条款的谈判对价格和技术条款的谈判有保护作用时，应等到价格和技术条款谈判结束后再结束该条款的谈判。这一特性充分体现了商务谈判中以价格和技术条款的谈判为主体的精神。

(三) 公平实用原则

公平实用原则是指合同条文本质内容规定的义务，对于合同项下的交易是客观的，对于交易双方是平等的，其履约是可行的。公平实用原则具体体现为合法性、公平性和实用性。

1. 合法性

合同正文的一切条款的本质精神都应符合合同项下交易的行业和国际公认的习惯或相关法律精神，以及交易各方所在国的有关法律规定。否则，在某一方看来十分完美的一份合同，只不过是一纸空文，双方的谈判也会因此成为无效的劳动。

2. 公平性

公平性是指双方获得的利益与所承担的义务要均衡。而真正的均衡，必须通过合同条款中的文字和条件来体现。条件是关键，文字是方法。例如，合同条款中常用"互相"或"对称"等字眼对均衡进行表述，如"互相保密、互相享受对方的先进技术"；又如，"买方将负责……，卖方将负责……。"虽然这种文字在合同条款中通常会成句成段地应用，但体现公平性的根本还在于实质性的条件是否平衡。

3. 实用性

实用性是指合同条款书写时使用的文字要实际、实用且便于执行。有的合同，条款写得很复杂，但大多数是花架子，不实用。例如，在合同条款中写上"可靠性达××指标"，"可提供一切先进技术"等条件。而实际上，这个"可靠性达××指标"是很难测试的，只是一个经验数据，如果要测试，还要购置昂贵的设备或者测试程序非常复杂，一般都不进行测试。而所谓"可提供一切先进技术"并没有具体明确是哪些技术。所以这些条款看起来很好，但实际上没有任何意义。

（四）随谈随写原则

在商务谈判结束阶段，有时会经常出现这种情况，在谈判过程中双方已经口头达成的协议，在形成谈判合同条款时却出现了分歧。双方都认为对方出尔反尔、没有诚意。实际上，问题出在条款草拟的程序和方式上，口头谈判与文字表达相分离。由于口头表达存在理解上的曲解和文字表达存在表意上的误解，因此草拟合同条款在谈判时要随谈随写，及时将口头协议变成文字协议。

1. 将口头协议变成文字协议

在商务谈判中，对各种条件的谈判都是以口头表述的。然而，口头表意上似乎达成的一致并不等于真正的协议，只有在文字上也表述出相同的意思，才可称为达成协议。因此，在书写合同条款时应做到：首先，对口头协议的理解不走样，用文字准确表述双方立场，力争口头意见成为合同条款的真正内容；其次，从口头转到文字时，要准确翻译口头协议，不因造句、选词而使口头协议的意思曲解；最后，在口头表述与文字表述的转换过程中，要严防反悔口头协议的内容。

2. 文字完成要及时

在合同条款谈判结果转变成文字时，常常会遇到内容、用词、表述方式3个方面的问题。因此，要将合同条款的谈判结果及时地转变成文字，以减少误会。最及时的方式是采取书面谈判方式，即采取的"文字来文字往"的谈判方式。具体地说，合同条款谈判时必须以文字草案为依据，结束谈判时，文稿也应随之完成，各方所拥有的成稿均具有一致的文字表述。

对于合同文本的起草，最好争取主动，由己方起草。因为起草一方可以根据双方协商的内容，认真考虑写入合同中的每一条款，斟酌选用对己方有利的措辞、安排条款的顺序或解释有关条款，而对方对此则毫无思想准备。有时，即使认真审议合同中的各项条款，但由于文化差异，对词意的理解也会不同，难以发现于己不利之处。

例如，一份火腿买卖合同，买方本意是购买"无腐烂、过期"的火腿，但合同上写成了"无腐烂，过期"的火腿，签字时买方也没有发现错误。货到后买方发现火腿过期，要求退货。卖方辩解说，我们按合同办事，还以为你们就是要买过期的火腿。退货不成，诉诸法律，买方最终败诉。如果不能争取合同文本的起草权，也要与对方共同起草合同文本，并对定稿后的合同文本进行细致审查，连标点符号也不能放过。

案例与启示　　　　涉外谈判中的文化差异

20世纪70年代初期，美国总统国家安全事务助理亚历山大·黑格率团访华，为尼克松总统的访问打前站。我方发现对方的公告草稿中出现了这样的字句：美国政府关心中国人民的生存能力（viability）。周总理立刻要求我国有关部门的专家们进行查阅、论证，以弄清"viability"一词的确切含义。经反复研究，"viability"的词意是"生存能力"，尤指"胎儿或婴儿的生存能力"。在第二天的谈判中，周恩来总理严肃地指出，中国是个独立的主权国家，不需要美国政府来关心其"生存能力"。我们欢迎尼克松总统来我国访问，但不能使用这样对中国人民有侮辱的字眼。一番义正词严的讲话，既捍卫了祖国的尊严，又增加了对方对周总理的敬佩之情。

经典阅读　　　　如何辨别与防范合同订立中的陷阱

（一）辨别合同订立中的陷阱

1. 假借订立合同进行恶意磋商

市场上空调行情看涨，A公司为独占市场，假意与同行B公司联系，称自己有空调存货若干欲出手，诱使B公司与自己谈判；同时，A公司又与几大空调生产商签订了空调销售协议，取得了这几个品牌在这一地区的独家经销权。然后，A公司再制造事端，造成与B公司谈判破裂的假象。待到酷暑来临，A公司垄断了这一地区的空调市场，赚了大钱，而B公司则因此而失去了商机。

2. 故意隐瞒与订立合同有关的重要事实

A农资公司找到B化工厂询问该厂是否生产磷肥，若可以生产则欲购买50吨。B化工厂根本没有生产磷肥的生产许可证,也无相应的生产条件。但为了取得这份合同,B化工厂谎称自己有生产能力,诱使A农资公司与自己签订了磷肥购销合同。此后,B化工厂在无专业设备和技术人员的情况下,使用土方法制造了几十吨质量低劣、无法使用的磷肥,使得许多农民在购买了这批磷肥后遭到了巨大损失,A农资公司也因此而名誉扫地。

3. 借订立合同之名行窃取商业秘密之实

A电子研究所开发了一种新型电子稳压器,并申请了专利。B公司为不劳而获,取得这项新技术,假意与A研究所进行这项专利技术转让协议的谈判。在谈判中B公司伺机将该项专利的有关图纸、数据进行复印并开始仿制生产,然后借口这项技术已落后而退出了谈判。一个月后,B公司仿制的电子稳压器推上市场,销路非常好,而A研究所却白白地贡献了自己的专利。

(二)防范合同订立中的陷阱

1. 谨慎细心,了解对方真实用意

由于经济生活中许多合同当事人只是将签订合同作为谋求其他目的的一个幌子,因此,在订立合同时一定要察言观色,仔细慎重。可通过观察对方的言谈举止和关注重点,旁敲侧击地了解对方是以订立合同为目的,还是另有所图。

2. 实地考察,掌握第一手资料

俗话说,"百闻不如一见"。在现实经济合同引发的欺诈中,许多是由于一方当事人贪图便利,没能亲自对对方的实力、信誉进行认真调查了解,而是轻信对方吹嘘所致。因此,在订立合同之前,一定要多走动,多实地考察,了解对方的生产经营情况,眼见为实,将对方隐瞒重要事实真相或虚构夸张事实的可能性降到最低。

3. 增强商业秘密保护意识

当事人在订立合同的过程中,应注意处理好保护商业秘密与向对方透露自身实力和优势的关系,既要向对方展示自己的实力,使对方感到与自己合作的广阔前景;又要采取措施,有效地防止商业秘密的泄露。若在订立合同时不可避免地向对方泄露自己的技术、工艺等商业秘密,则应事先让对方做出不得泄露或不得不正当使用的书面保证,并可视该商业秘密的市场价值要求对方提供一定数额的保证金,最大限度地防止因商业秘密的泄露而造成的损失。

四、商务合同有效成立的条件与无效合同的确认和处理

(一)商务合同有效成立的条件

一切商务活动都是以契约为中心来进行的。商务契约又称为商务合同,我国也称为经济合同。经济合同一经依法成立,当事人就要承担履行合同规定的义务和责任,否则就构成违约行为,各国法律对此都有相应的规定。

商务合同的依法有效成立应具备以下几个条件。

1. 当事人必须具备订立经济合同的行为能力

《经济合同法》明确规定，订立合同的双方当事人必须是具备正常行为能力的自然人或法人。如果当事人是自然人，那么应当是成年人，而且不是被法院剥夺或限制行为能力的人。如果当事人为法人，则应当是由法人代表或经法人代表授权的人。只有这种情况下订立的经济合同才能依法成立。

2. 合同的内容和目的必须合法

《经济合同法》同时规定，凡是不符合法律要求的合同都是无效合同。凡属违反国家法律、违反国家政策和国家利益或公共社会利益的合同都是无效的。

3. 合同签订的程序和手续必须合法

《经济合同法》明文规定，只有在当事人双方自愿的基础上，本着平等协商的原则下签订的合同才能成立。如果一方采取欺诈或威胁的手段让对方签订合同，则所签订的合同属于无效合同。

4. 合同双方应当等价有偿

所谓等价有偿是指合同双方的当事人既享有一定的权利，也承担相应的义务。而不是某一方只享受权利但不承担义务，或者享受的权利大于承担的义务，存在权利与义务的不对等。对于某些单方拟定的"霸王条款"合同，即使是在双方表面自愿的情况下签订的，也可以视为无效合同。例如，某企业劳动合同中明确规定本企业因工作需要可能随时加班，加班不超过 2 小时不得计算加班费。这显然属于霸王条款，这样的合同即使签了也是无效的。

（二）无效商务合同的确认

一般而言，凡缺少商务合同有效成立条件的合同都属于无效合同。按照我国《经济合同法》的规定，下列 4 类商务合同属于无效商务合同或无效经济合同。

1. 违反国家法律、政策法令的经济合同

超越经营范围、违反法定形式、主体不合格等的合同均属违法合同。例如，非金融单位以合同形式对外从事放贷款业务等，其合同也属于违反国家政策规定的合同。

2. 采取欺诈、胁迫等手段签订的经济合同

欺诈，是指当事人一方故意制造假象或隐瞒真相，使对方当事人在造成错觉后签订合同的行为。从表面上看，这种合同是在双方自愿的情况下签订的，实质上却是一方使用欺诈手段，而对方是在毫不知情时被动签订的，故属于在欺诈行为下所签订的合同。胁迫，是指当事人一方使用暴力或威胁手段，强迫对方签订合同的行为。在这种情况下签订的合同属于无效合同。

3. 代理人超越代理权或以代理人的名义同自己或同自己所代理的其他人签订的合同

代理关系是一种法律关系，代理人与被代理人之间相互享有权利和承担义务。代理人享有代理权，其代理权以授权范围以内的事项为限，代理人的行为不得超越代理权的范围。

基于维护被代理人的合法权益，防止代理人以代理身份为己谋私，凡以被代理人的名义同他自己签订的合同均属于无效合同；此外，同一代理人同时以两个被代理人名义签订的合同也属于无效合同。

4. 违反国家利益或社会公共利益的经济合同

国家利益和社会公共利益从本质上讲是一致的，但两者又有些微的差别。国家利益具有全局性、整体性特点，一般在对外经济合同中出现。例如，以合同形式倒卖出口许可证就违反了国家利益。而社会公共利益通常具有局部或对内的特点。例如，餐饮店与地沟油加工商签订的购销合同就违反了社会公共利益。

经济合同无效的确认权属于人民法院和工商行政管理部门，其他单位或个人无权确认经济合同是否无效。经济合同一经确认无效，其规定的权利和承担的义务即为无效，没有履行的不得履行，正在履行的立即终止履行；属于部分无效经济合同，其无效部分终止履行。

（三）对无效商务合同的处理

商务合同（或称经济合同）一经确认无效，应从两个方面对其进行处理：一是对无效经济合同所引起的财产后果进行处理；二是对无效经济合同中的违法单位和个人进行处理。

1. 对无效经济合同所引起的财产后果的处理

（1）返还财产。经济合同被确认无效后，当事人依据该合同所取得的财产是不合法的，法律不承认也不保护，所以应返还给对方。如果原物不存在，则应按原物价值赔偿损失。

（2）赔偿损失。经济合同被确认无效后，要根据过错责任原则，有过错的一方应赔偿对方因此而受到的经济损失。如果双方都有过错，则各自承担相应的责任。

（3）追缴财产收归国库所有。这是指将故意违反国家利益或社会公共利益所签订的经济合同的当事人已经取得或约定取得的财产，收归国库所有。如果属于一方故意的，故意的一方应将从对方所取得的财产返还给对方，非故意的一方已经从对方取得或约定取得的财产则应收归国库所有。如果双方都是故意的，则应追缴双方已经取得的或约定取得的财产。

（4）代理人自行负责。代理人违反法律要求而代订的经济合同，其财产后果由代理人自己承担，被代理人不承担责任。

2. 对无效经济合同中的违法单位和个人的处理

根据经济合同法的有关规定，对无效经济合同所涉及的违法或犯罪行为的单位和个人，应区别不同情况，采取不同的方式予以处理。

（1）对有一般违法行为的单位和个人应给予经济上的制裁或行政上的处分。

（2）对于订立假经济合同，或倒卖经济合同，或利用经济合同买空卖空、转仓渔利、非法转让、行贿受贿，以及其他危害国家利益和社会公共利益的违法行为及无照经营、擅自扩大经营范围、违反国家政策和计划，错误性质严重，但尚未构成犯罪的违法行为，应予以停业、罚款、吊销许可证或执照等行政处罚。

（3）对那些严重危害国家利益和社会公共利益，已触犯刑律的要追究刑事责任的个人，应移送公安、检察机关查处。

案例与启示　　不受法律保护的合约条款

2004年9月3日，刘某、陈某与某房屋中介公司三方签订了一份《房屋转让合约》，其中约定：刘某通过某房屋中介公司向陈某购买位于南山区后海某花园小区的一套房产，该房产的转让成交价为人民币209.38万元，该房产证上的登记价为人民币159.02万元。《房屋转让合约》约定，刘某与陈某按登记价而不是实际成交价签署正式合同，并约定成交价与原房产证登记价差额部分为刘某给陈某的补偿，而陈某从差额部分中扣除一个月租金计人民币7 000元补偿给刘某。

《房屋转让合约》第12条对刘某的付款方式做了如下约定：

第一，人民币10万元须在签订本合约之同时付清作为定金，该笔定金在刘某与陈某双方签署正式合同时自动转为第一部分楼款。

第二，人民币199.38万元为第二部分楼款，其中人民币79.51万元作为首期款由刘某于2004年9月30日前存入深圳市土地交易中心指定银行账号，另外人民币50.35万元于2004年9月30日前存入某房屋中介公司指定账号，其余部分款项通过银行按揭支付。

陈某须在2004年9月10日前将一手房产证赎出并当日交予某房屋中介公司办理过户之用。刘某与陈某双方须于2004年10月20日前签署《深圳市房地产买卖合同（现售）》。《房屋转让合约》第12条约定：无论在任何情况下，若陈某或刘某未能依本合同之条款卖出或买入该物业，则毁约方必须即时付给某房屋中介公司人民币11.56万元，以赔偿某房屋中介公司之损失。

《房屋转让合约》签订后，刘某于2004年9月3日向某房屋中介公司支付定金人民币10万元。陈某于同年9月16日向银行提前还清涉案房产楼宇按揭款，9月22日办理好房产抵押注销登记手续并取回房地产证书，且于当日将证书交付给某房屋中介公司。

然而，直至2004年9月30日，刘某并未按合同约定将两笔款项分别存入深圳市土地交易中心和某房屋中介公司指定账号。刘某与陈某至今未签订正式房地产买卖合同。房屋中介公司认为刘某违约，应按合约第12条约定向某房屋中介公司支付违约金人民币11.56万元用以赔偿损失，遂将其起诉至南山区人民法院。

南山区人民法院经审理认为，对于某房屋中介公司在未促成刘某与陈某交易成功的情况下，要求支付违约金的主张，法院不予支持。法院判决驳回了某房屋中介公司的全部诉讼请求。

一审宣判后，某房屋中介公司不服，向深圳市中级人民法院提起上诉。市中级法院做出驳回上诉，维持原判的终审判决。

本合约第 12 条属于不合法条款，因此南山区人民法院不予支持。南山区人民法院对本案审理的依据是：原告、刘某及陈某之间签订的《房屋转让合约》系房屋居间合同与房地产买卖预约合同的混合。该房屋中介公司与刘某之间系居间合同关系，该房屋中介公司作为居间人，其居间活动的目的是促成刘某与陈某之间成立正式的房屋买卖合同。根据我国《合同法》第四百二十七条的规定："居间人未促成合同成立的，不得要求支付报酬，但可以要求委托人支付从事居间活动支出的必要费用。"也就是说，只有在促成买卖双方签订正式的买卖合同后，该房屋中介公司作为居间人才有权向委托人请求支付报酬。而三方签订的《房屋转让合约》第 12 条"无论在任何情况下，若陈某或刘某未能依本合同之条款卖出或买入该物业，则毁约方必须即时付给某房屋中介公司人民币 11.56 万元，以赔偿某房屋中介公司之损失"的规定，其实质内容是某房屋中介公司通过约定违约赔偿的形式，在交易不成功的情况下要求委托人支付居间报酬。这一约定违反了《合同法》第四百二十七条的规定。因此原告要求支付违约金的主张，法院不予支持。

深圳市中级人民法院经审理认为，上诉人某房屋中介公司与刘某及陈某签订的《房屋转让合约》是居间合同及房屋买卖预约合同的混合。该合约约定刘某与陈某按该房屋原房产证上的登记价而不是按转让的实际成交价签署正式合同。该条款的约定属刘某与陈某恶意串通，逃避国家税收监管，侵害了国家利益，根据《合同法》的有关规定，该条款属无效条款。

《房屋转让合约》第 12 条约定的内容属违约条款，该违约条款的约定表明如果因买方刘某或卖方陈某违约导致该房屋买卖不成功，则刘某或陈某须向上诉人某房屋中介公司支付两倍于佣金的赔偿金，即人民币 11.56 万元；而合约第 11 条约定某房屋中介公司促成该房屋买卖成功时，刘某只需向上诉人某房屋中介公司支付佣金人民币 5.78 万元，显然该合约第 12 条的约定违反了公平原则，属于可撤销的条款。

基于以上 3 条，足以证明此合约条款违法、无效。因此，深圳市中级人民法院做出驳回上诉、维持原判的终审判决。

五、商务合同的履行原则

商务合同的履行是指合同当事人双方实现或完成合同中规定的权利和义务关系的法律行为。合同双方当事人要正确履行合同规定的义务并享受相应的权利，必须遵循实际履行原则和适当履行两项原则。

（一）实际履行原则

实际履行原则，是指要求严格按照合同规定的标的履行的原则。这一原则表明，合同怎么规定就应该怎么履行，不能任意用其他标的来代替，也不能用支付违约金或赔偿金的办法来代替合同原定的标的履行。因此，要求双方在谈判中对有关标的物的内容讨论要尽可能详尽、清楚、明确，并在合同中明确规定供货一方交付产品的质量、性能、规格、特点等全面内容及检验的标准。如果供方未能履行合同，必须按合同规定承担其全部责任，向需方支付违约金和赔偿金，但此时，合同并没有中止，违约方仍然要执行实际履行的义务。所以，原则上罚款不能代替标的履行。

总之，合同签订后，必须按照合同规定的内容认真履行，除非出现不具备实际履行的情况，才允许适当履行。不具备实际履行的情况主要有以下几种。

1. 以特定物为标的的合同，当特定物灭失时

以特定物为标的的合同，当特定物灭失时，实际履行合同的标的已成为不可能，这时可以通过双方协商采取以替代物履行或免除履行。例如，标的物为某原产地的农产品，由于天灾导致原产地的农产品失收，故在合同的规定时间内无法履行合同。

2. 债务人延迟履行标的，再履行已无实际意义

由于债务人延迟履行标的，标的的交付对债权人已失去实际意义。例如，供方到期不交付原材料，需方为免于停工待料，已设法从其他地方取得原材料。此时，如果再交货，对需方已无实际意义。

3. 法律或合同本身明确规定，不履行合同

法律或合同本身明确规定，不履行合同，只负赔偿责任。例如，货物运输合同中原则规定，货物在运输过程中灭失时，只由承运方负担赔偿损失的责任，不要求进行实际履行。

（二）适当履行原则

适当履行原则，是指要求合同的当事人，不仅要严格按合同的标的履行合同，而且对合同的其他条款，如质量、数量、期限、地点、付款等都要以适当的方式全面履行的原则。凡属适当履行的内容，如果双方事先在协议中规定得不明确，一般可按常规做法来执行，但这是在不得已的情况下采用的。严格来讲，适当履行原则本身就要求当事人在订立合同时尽量做到具体明确，以便双方遵照执行。

适当履行原则与实际履行原则既有区别又有联系。实际履行原则强调债务人按照合同约定交付标的或者提供服务，至于交付的标的物或提供的服务是否适当，则无力顾及。适当履行原则既要求债务人实际履行交付标的物或提供服务，也要求这些交付的标的物或提供的服务符合法律和合同的规定。

可见，适当履行必然是实际履行，而实际履行未必是适当履行；适当履行场合不存在违约责任，而实际履行不适当时则产生违约责任。

案例与启示　以严密推理解决合同履行中的纠纷

上海宝山钢铁公司收到了日本新日钢铁公司发来的一箱资料。在发货通知上注明资料一共6份。但是，我方人员在开箱验收时却发现只有5份资料。于是与之进行交涉。但日方代表说："他们在发出资料的时候，至少要3个人经手，不可能发生差错。"而中方代表说："开箱时有5个人在场，并进行了反复核对，也不会错。"结果双方各执一词，不欢而散。

第二次会谈，中方代表采取了逻辑推理论证的方法，提出了资料丢失的3种可能性：

一是在运输过程中丢失;二是在中方收到资料后,内部保管不善而丢失;三是日方在发送时,资料便短缺。第一种情况,如果资料是在运输过程中丢失的,则装运资料的包装箱必然会有破损的地方。中方代表出示了包装箱的照片,照片显示包装箱完好无损。第三种情况,每份资料重32千克,5份资料共重160千克。6份资料应重192千克,而在包装箱上标明的净重是160千克,由此可推论日方只发来5份资料。因此,第二种情况"在中方收到资料后,由于保管不善而丢失"这一条不成立。日方代表听了中方的推理论证之后,无话可说,当即表示回去向总部汇报请示。不久,日方将补发一份资料到上海宝山钢铁公司。

六、商务合同的变更、解除、转让与纠纷处理

谈判双方共同协商后签订的经济合同具有法律效力,要求双方认真履行,任何一方都无权单方面变更和解除。但是,客观情况是不断变化的,有些时候,签订合同时的客观条件发生了变化,实际履行合同已变为不可能或无意义,这时就要求变更或解除合同。所以,绝对不允许谈判合同的变更与解除是不切合实际的。

(一)商务合同的变更和解除

商务合同的变更,是指对原商务合同的修改和补充;而商务合同的解除,则是对原商务合同宣布无效,终止履行。由于签订合同是一件非常严肃认真的事情,因此修改、变更和解除合同也必须严肃认真,不能草率从事;必须有法律依据,并通过一定的程序进行,不能单方面随意变更或解除合同,否则视为违法行为,应负法律责任。允许变更或解除合同主要有以下几种情况。

1. 内部原因

内部原因是指合同中的一方出现了一些必须修改合同的因素。这时在不影响、不损害国家利益和对方利益的前提下,经双方协商同意,并通过一定的法律程序,允许变更或解除合同。例如,在履行合同的过程中,发现技术条件发生了变化,生产合同标的的新技术已经出现,并且卖方使用新技术生产合同标的物也完全可能,这时双方可以通过协商进行技术条件的修改,变更合同。

2. 客观条件发生变化

由于签订合同时的客观条件发生变化,如合同订立所依据的国家计划进行了调整、修改或取消时,相应地,所订合同也可以变更或解除。

3. 合同一方无法继续履行合同

由于合同一方的企业或公司因停产、倒闭等原因无法继续履行合同时,允许合同变更或解除。例如,公司经营不善、遇到金融危机或经济危机等情况。

4. 不可抗力

由于不可抗力或由于一方当事人虽无过失但因无法防止的外因致使合同的履行成为不必要,受害的一方可依法律规定变更或解除合同。例如,遇到地震、干旱和洪水等自然

灾害或战争及国家政治动荡等社会因素而无法继续履行合同的情况。

5. 合同一方违约，使对方受到严重损失

由于合同一方违约而使对方受到严重损失，遭受损失的一方可以要求变更或解除合同。例如，在货物买卖中，供货方未能按时交货，影响了买方商品的上市，已经造成损失，延期交货已无实际意义，买方可以提出变更或解除合同。

一般来讲，只要具备上述情况之一，即可变更或解除合同。但应当指出，如果原来参与签订合同的承办人或法人代表发生变更，则不能作为变更或解除合同的理由。根据有关法律，法人原有的权利和义务关系因人员变更而消失，其权利和义务应由变更后的新法人承担。

（二）商务合同的转让

商务合同除了可以变更和解除外，还可以转让。合同的转让并非转让合同本身，而是指合同主体的转让。具体地说，就是合同中一方当事人由于某种原因退出原来的经济法律关系，在征得原合同当事人同意并在不变更合同内容、条款的情况下，可将原合同规定的权利、义务转让给第三者。

合同的转让和合同的变更是不同的。转让不改变合同的内容，仅改变合同的主体。而合同的变更则恰恰相反，它不改变合同的主体，只改变合同的内容。合同的转让要首先保证原合同当事人的意向，而合同的变更则不需要这个前提。有些特殊的合同转让，还必须经过有关部门的同意。

例如，涉及国家指令性计划的产品转让合同，除了要事先征得原当事人的同意，还要取得下达该计划的业务主管部门的同意，否则转让无效。此外，合同的转让还必须符合法律要求，不得违背国家的有关法令、政策，不得侵犯国家的公共利益。在转让前，还要审查第三者的权利能力和行为能力及经营范围，如果发现第三者没有转让合同中规定的经营项目，就不得转让；否则转让应视为非法与无效的。

（三）商务合同纠纷的处理

在合同的实际履行过程中发生矛盾、纠纷是正常现象，这不仅关系到合同当事人双方的切身经济利益，也关系到合同能否继续执行。因此，一旦出现矛盾、纠纷，必须及时、合理地解决。从我国的法律规定来看，多数合同矛盾纠纷都是通过协商、调解和仲裁解决的，也有最后采取向法院提起诉讼解决的。

1. 协商

协商，是指双方当事人直接磋商解决发生在彼此之间的纠纷。协商与调解不同，协商不需要第三方出面，节约了时间和费用，同时也维护了双方的合作关系。当然，协商仅限于解决一些小矛盾、小纠纷，是在双方都能接受对方提议的情况下所采取的办法。

2. 调解

调解，是指通过第三方的努力来帮助合同当事人各方消除纠纷。调解与仲裁的明显区别是：调解不能强制执行者接受解决办法，它只能通过建议或利用调解人的威信促使执行人接受某种解决办法。调解人既可以以一个组织的身份出现，如企业的主管单位或上级单位、工商行政管理部门等，也可以是一个组织中的成员，如法院的工作人员、上级主管部门的负责人、企业的经理人员等。如果调解人以组织的形式出面，则调解的形式有所不同。由合同纠纷双方提出申请，由工商行政管理部门出面进行调解时称为行政调解。双方一旦达成协议，当事人都应当履行。如果纠纷当事人的一方或双方向法院提出申请，要求法院依法裁决，在仲裁之前，法院进行的调解属于司法调解。如果调解有效，达成协议，就具有法律约束力，双方应坚决履行；否则，法院可强制执行。

3. 仲裁

双方发生争议和纠纷时，如果调解失效，就可以进行仲裁。仲裁是指发生纠纷的各方自愿将有关争议提交给仲裁部门，从而让仲裁部门做出具有一定约束力的裁决。仲裁具有法律强制性，它通过强制各方执行仲裁决定来解决合同纠纷。对于涉外经济合同的仲裁，采取的是一次终局仲裁。当事人在规定期限内自动履行裁决，双方都不得向法院或其他机关提出变更要求；否则法院将依法强制执行。对于国内经济合同纠纷的仲裁，当事人一方不服时，可在收到仲裁决定之日起 15 日内向法院起诉。如果在规定起诉时间内没有提出上诉，则仲裁裁决生效。

4. 诉讼

如果当事人在签订合同时没有规定仲裁条款，在合同发生争议后，经双方当事人协商也不能解决问题，双方又达不成提交仲裁的协议，在这种情况下，任何一方当事人都可以将其争议向有管辖权的法院提起诉讼。提起诉讼是合作双方都不愿意看到的局面，不利于双方合作关系的建立和维护，因此要谨慎使用，一定要在协商、调解无效，双方都经过了努力之后还找不到解决办法时，再采取这种办法。

模块二 技能训练

一、训练目标——培养起草合同与签约能力

本训练的目标是培养学生起草合同文本、组织合同签约仪式的基本技能。

二、训练实施——草拟合同，以备最后谈判

（1）回顾任务三至任务七所有谈判涉及的主要内容，整理谈判记录。
（2）对照模拟谈判计划，核实谈判目标的实现程度。
（3）由法律顾问起草合同文本，遵循合同书写的原则。
（4）主谈组织小组成员讨论合同文本的条款，力争表述准确、内容完整，便于双方理解一致。
（5）如果合同文本不由己方起草，应该在签字前要求核实合同内容。

三、训练形式——审核合同，举行签字仪式

（1）双方就起草的合同文本内容逐条进行讨论。
（2）对草拟合同中有异议的条款进行修改，最终形成一致意见。
（3）双方主谈对修改后的合同草稿进行最后审核并签字确认。
（4）打印正式合同书，至少一式两份合同原件。
（5）举行模拟签字仪式，体现签字程序和礼仪。

经典阅读　　　**模拟合同签订流程（100分钟）**

第一部分　双方对所有模拟谈判内容和结果进行确认（25分钟）
（1）回顾任务三至任务七模拟谈判各环节所达成一致的内容和结果。
（2）双方对起草的合同条文进行再次谈判，确认表述方式。
（3）整理好各个谈判环节的原始记录，防止已经达成的条件重复。
（4）遵循"能言不书"原则，即在没有签订正式合同前，可以修改自己不满意的条款，也可以纠正自己认为不恰当的让步。

第二部分　合同的书写与签字仪式（60分钟）
（1）争取起草合同文本，即使不能起草，也要共同确定主要条款的表述方式。
（2）合同交由一方书写，要求其内容完整，表述简单明了。
（3）双方再次核实正式合同，确认双方签字人的资格。
（4）举行签字仪式，注意签字仪式上的礼仪。

第三部分　评价与分享（15分钟）
1. 自我评价
由谈判组长对整个模拟谈判过程进行总结，对小组成员的表现进行评价，分析存在的问题并提出改进措施。
2. 互相评价
由其他小组组长对现场模拟小组进行整体评价，并对该小组表现突出的成员进行评价，供全班分享。

3. 老师评价

任课老师根据各组的整体表现进行综合点评，为每个小组的成员评分。

4. 模拟商务谈判合同签订的评价内容与标准

模拟商务谈判合同签订的评价内容与标准如表8-2所示。

表8-2 模拟商务谈判合同签订的内容与标准

评价内容与相应的分值	考 核 点	分 值	评 价 标 准
职业素养（3）	谈判纪律	1	按要求提前布置谈判环境，如在教室谈判，应该先摆好桌椅；谈判结束，桌椅归位
	职业道德	1	遵守模拟谈判规程，尊重谈判对手，无恶意磋商
	商务礼仪	1	见面握手、问候，亲切热情，座次正确
签约过程（7）	合同起草	3	双方都准备好了谈判备忘录
			双方对所有内容和结果一致确认
			双方一起讨论合同的主要条文，每个条文的表述都必须达成一致
	签约仪式	4	起草的合同结构完整、逻辑清晰、表述精练
			举行签字仪式，形式正式，签字礼仪合适
			签字完成后，双方在一种友好愉快的气氛下交换签字笔和合同原件，为履行合同奠定良好的开端
分值小计		10	

任务小结

（1）合同的签订是确立双方当事人权利和义务关系的一个重要形式。我国对于合同关系的确定需要以纸质合同为凭据。合同的签订程序通常都比较正式，一般包括3个重要环节：

- 双方对所谈判内容和结果在签订合同前进行认真审核和最后确认，特别是对于价格条款、合同履行的责任和义务条款以及赔偿条款的确认；
- 合同的书写，是指将口头协议变成文字协议，要求表述清晰、明确、具体、深化；
- 合同的签订，是指举行签字仪式，以示对双方关系的重视，签字前要注意对合同文本的审核，尽量完善，避免在履行中产生纠纷。

（2）合同的内容条款。经济合同的内容条款可以分为正文和附件两部分。正文的内容条款一般有15条左右，其他类型的合同与经济合同类似。正文条款主要有标的条款、报酬条款、支付条款、服务条款、经济技术指标条款、验收条款、检验标准条款、交付条款、违约处罚条款、原产地条款、税务条款、法律适用条款、保证条款、技术更新条款、免责条款、争议处理条款和生效条款等。而附件主要是对正文相关条款的补充，属于辅助性条款，主要分为3类：技术性附件（如价格、技术、交付、检验）、政策性附件（如国家的相关政策文件）和金融性附件（如信贷协议、保函格式等）。

(3)合同的书写就是将口头协议变为文字协议。由于文化差异和对口头表述理解的误解,以及在将口头表述转换成书面文字时出现的偏差,导致双方口头达成的协议在变成文字时却走了样,以致影响合同的履行,甚至产生纠纷。合同书写必须遵循的原则为:语意一致原则;前呼后应原则;公平实用原则;随谈随写原则。

(4)商务合同一经依法成立,双方当事人就必须承担合同规定的义务和责任,否则就会构成违约。各国法律对商务合同成立的条件都有明确规定。我国《经济合同法》明确规定经济合同(即商务合同)有效成立必须具备以下条件:

- 双方当事人都必须具备订立经济合同的行为能力;
- 合同的内容和目的必须合法;
- 订立合同的程序和手续必须符合法律的规定;
- 合同双方应当是等价有偿的。

(5)对无效合同的确认和处理,是合同履行中经常遇到的问题。无效合同的一个基本确认方法,除在有效合同成立条件之外的其他情况下签订的合同都属于无效合同。无效合同具体可以概括为以下4种情况:

- 违反国家法律、政策法令的经济合同;
- 采取欺诈、胁迫等手段签订的经济合同;
- 代理人超越代理权或以被代理人名义同自己或同自己所代理的其他人签订的经济合同;
- 违反国家利益和社会公共利益的经济合同。

对于无效合同,只有人民法院和工商行政管理部门有确认权。对无效合同的处理主要涉及两方面的问题:一是对无效经济合同所引起的财产后果的处理;二是对无效经济合同中的违法单位和个人的处理。

(6)合同的履行必须遵循两个基本原则,即实际履行原则和适当履行原则。这两个原则既有联系又有区别。适当履行必须是实际履行,但实际履行不一定是适当履行。

(7)商务合同一经依法成立,对双方都具有法律约束力,必须严格履行。但事物总是不断发展变化的,所以合同的严格履行也不是绝对的。遇到情况发生变化时,合同也可以进行变更、解除或转让;遇到纠纷也要及时进行处理。

(8)合同纠纷的处理方法一般在合同订立时双方就达成了一致,主要处理方式有协商、调解、仲裁和诉讼。

复习与思考

一、关键术语

商务合同;合同变更;合同解除;合同纠纷;合同转让;合同履行

二、单选题

1. 合同签订前的审核工作主要包括合同文本的一致性、谈判协议条件的一致性、各种批件的完备性，以及（　　）。
  A．合同内容与批件内容的一致性 B．合同条款的一致性
  C．合同处罚条款的一致性 D．合同履行条件的一致性
 2．签订合同时必须确认价格内容、履行条款和索赔条款，其中价格内容包括单价、总价，以及各种税费、运输费用，还有（　　）。
  A．汇率变动对价格的影响 B．宏观环境变化对价格的影响
  C．经营成本上升对价格的影响 D．人工费用增加对价格的影响
 3．商务合同的文本结构包括两部分，即正文和附件，下列属于正文的内容是（　　）。
  A．技术经济指标条款 B．支付条款
  C．验收条款 D．银行信贷协议
 4．对于无效合同的确认依据是指（　　）。
  A．没有书面合同文本，只有口头约定
  B．合同的一方认为签订合同时受骗上当
  C．不是法人代表签订的合同
  D．违反国家利益或社会公共利益的合同
 5．履行合同中遇到不可抗力可以免责或部分免责的情况是（　　）。
  A．只要是法律规定的不可抗力情况，可以全免
  B．只要是合同双方约定的不可抗力情况出现，可以全免
  C．属于法律规定或双方合同约定情况，而且遇到不可抗力一方进行了恰当处置，并能够提供相关证据
  D．只要是不可抗力，都可以免责

三、选择题

 1．商务合同签订程序包括（　　）。
  A．确认双方已达成一致的谈判结果 B．明确合同的书写要求
  C．做好签订合同的准备工作 D．确认签订合同代表的资格
 2．商务合同是界定交易双方的权利和义务的法律性文书，具有书写严格和履行严肃的特性。合同书写必须符合以下基本要求（　　）。
  A．说什么写什么 B．商务性与法律性并重
  C．适合双方文化习惯 D．具有标准化和国际性
 3．签订商务合同是确立双方商务关系的一个重要环节。合同一经双方确认签字，对双方的行为就具有法律约束力，因此，合同的签订应做好以下几项准备工作（　　）。
  A．签字前的审核工作 B．确定签字人的资格
  C．举行一定的签字仪式 D．邀请媒体进行宣传
 4．商务合同的文本结构包括两部分，即正文和附件。下列属于正文内容的是（　　）。
  A．标的条款 B．价格条款 C．技术条款 D．金融性附件
 5．合同条款书写时必须遵循的原则有（　　）。
  A．语意一致原则 B．前后呼应原则

C．公平实用原则　　　　　　　　　　D．随谈随写原则

6．合同条款书写时遵循的公平实用原则主要体现了（　　）。

A．合法性　　　B．公平性　　　C．实用性　　　D．双赢性

7．判定一个商务合同有效成立的主要条件是（　　）。

A．当事人必须具备订立经济合同的行为能力

B．合同的内容和目的必须合法

C．合同签订的程序和手续必须合法

D．合同双方应当是等价有偿的

8．商务合同一经双方签订，就具有法律效应，双方必须严格履行，其履行遵循的原则为（　　）。

A．实际履行原则　　　　　　　　　　B．适当履行原则

C．坚决履行原则　　　　　　　　　　D．及时履行原则

9．商务合同的实际履行必须具备特定的条件，而不具备实际履行的情况为（　　）。

A．特定物为标的的合同，当特定物灭失时

B．债务人延迟履行标的，再履行已无实际意义

C．法律或合同本身明确规定，不履行合同

D．符合适当履行条件

10．商务合同履行中可能出现各种障碍和纠纷，对合同纠纷处理的方式通常有（　　）。

A．双方协商方式　　　　　　　　　　B．第三方调解方式

C．申请仲裁方式　　　　　　　　　　D．上诉法院方式

四、思考题

1．合同签订的一般程序是什么？各环节要做哪些具体工作？

2．合同的内容条款包括哪几部分，各部分都有哪些具体内容？

3．合同的书写原则是什么，其具体要求是什么？

4．经济合同有效成立的条件是什么？

5．确认经济合同无效的依据是什么？

6．如何对无效经济合同进行正确处理？

7．什么情况下经济合同需要变更和解除？

8．什么情况下经济合同可以转让？

9．合同履行中会产生哪些纠纷？如何正确处理合同纠纷？

10．合同履行必须遵循哪些原则，其具体要求是什么？

内容为任务八选择题
互动题库

附录 A
模拟商务谈判流程
（全程 30 分钟）

第一部分　背对背演讲
（5 分钟）

1. 双方背对背演讲（各方 2 分钟）

一方首先上场，利用演讲的方式，向观众和评委充分展示己方前期调查的结论、对谈判背景资料的理解、谈判切入点、谈判策略，提出谈判所希望达到的目标，同时充分展示己方的风采。一方演讲之后退场回避，另一方上场演讲。

演讲要求

（1）甲方先上场，乙方后上场。
（2）必须按演讲的方式进行，控制时间，声情并茂，力求打动评委。
（3）演讲由上场队员中的一位同学来完成，但演讲者不能是主谈。
（4）每一方演讲时间不得超过 2 分钟，还剩 30 秒时有工作人员提示。
（5）在演讲中，演讲者应完成对以下几个方面的阐述：本方代表队的名称、队伍构成和队员的分工；己方对谈判背景资料的理解和解释；对谈判问题的背景分析，初步展示和分析己方的态势和优劣势；己方谈判可接受的条件底线和希望达到的目标；己方本次谈判的战略安排；己方拟在谈判中使用的战术。

2. 主评委引导性陈述（1 分钟）

主评委引出参赛队员进入下一阶段；主评委做赛前的引导性陈述，强调并扩大双方的差距和分歧，并对谈判过程中的注意事项进行说明。

第二部分　正式模拟谈判阶段
（25 分钟）

1. 开局阶段（3 分钟）

此阶段为谈判的开局阶段，双方面对面而坐。一方发言时，另一方不得抢话头发言或以行为进行干扰。开局可以由一位选手来完成，也可以由多位选手共同完成，最后 1 分钟时有工作人员提示。发言时，可以展示支持本方观点的数据、图表、小件道具和 PPT 文件等。

在开局阶段，双方应完成以下内容。

（1）入场、落座、寒暄都要符合商业礼节；相互介绍己方成员。
（2）有策略地向对方介绍己方的谈判条件。
（3）试探对方的谈判条件和目标。
（4）对谈判内容进行初步交锋。
（5）不要轻易暴露己方底线，但也不能隐瞒过多信息而导致延缓谈判进程。
（6）在开局结束时，最好能够获得对方的根本利益和优先考虑事项等关键性信息。
（7）可以先声夺人，但不能以势压人。
（8）适当运用谈判前期的策略和技巧。

2. 谈判中期阶段（15 分钟）

此阶段为谈判的主体阶段，双方随意发言，但要注意礼节。一方发言的时候另一方不得随意打断。既不能喋喋不休而让对方没有发言机会，也不能寡言少语任凭对方表现。此阶段双方累计时间共 15 分钟，不分开计时，剩 1 分钟时有工作人员提示。若双方中有一方提前使用休局策略，则多余时间并入最后谈判阶段。

在此阶段，双方应完成以下内容。

（1）对关键问题进行深入谈判。
（2）使用各种策略和技巧进行谈判，但不得提供不实或编造的信息。
（3）寻找对方的不合理方面以及可要求对方让步的方面进行谈判。
（4）为达成交易，寻找共识。
（5）达到己方利益最大化。
（6）解决谈判议题中的主要问题，就主要方面达成意向性共识。
（7）出现僵局时，双方可转换话题继续谈判，但不得退场或冷场超过 1 分钟。
（8）双方不得过多地纠缠与议题无关的话题或就知识性问题进行过多追问。
（9）注意运用谈判中期的各种策略和技巧。

3. 休局或局中合议（2 分钟）

此阶段为谈判过程中的暂停时间，共 2 分钟，最后 30 秒时有工作人员提示。

模拟商务谈判流程（全程30分钟）

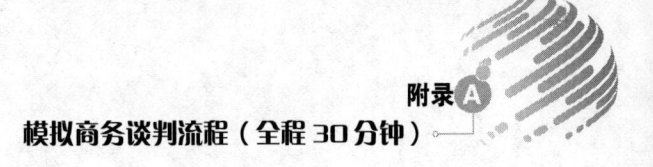

在休局时间，双方应当：总结前面的谈判成果；与队友分析对方提出的条件和可能的讨价还价空间；与队友讨论收局阶段的策略，如有必要，对原来设定的目标进行修改。队员应集思广益，找出有利于己方的谈判条件。

4. 最后谈判（冲刺）阶段（5分钟）

此阶段为谈判的最后阶段，双方回到谈判桌前自由发言，但应注意谈判礼节。
本阶段双方应完成以下内容。
（1）对谈判条件进行最后交锋，尽量达成交易。
（2）在最后阶段尽量争取对己方有利的交易条件，最好能达成己方的最初谈判目标。
（3）谈判结果应该着眼于保持良好的长期关系。
（4）进行符合商业礼节的道别，对对方表示感谢。
（5）如果这一阶段双方因各种原因没有达成协议，也要留下再度合作的空间。
（资料来源：湖南省高等职业教育市场营销专业技能抽考商务谈判模块操作流程）

附 录 B
模拟商务谈判评价标准

模拟商务谈判的评价标准，如表 B-1 所示。

表 B-1　商务谈判评价标准（作品+演示）

评价内容		配分	考核点	备注
职业素养（个人表现，20分）	职业道德	5	独立完成谈判计划（2分），遵守模拟谈判规程、尊重谈判对手、无恶意磋商（3分）	严重违反考场纪律、造成恶劣影响的本项目记0分
	职业能力	5	制订的谈判计划格式规范、内容完整（2分），谈判过程中积极主动发言、具有良好的谈判思维与沟通能力、具备良好的心理素质和现场应变能力（3分）	
	商务礼仪	10	尊重评委、开场有礼节（5分），着装规范、手势合理、表情自然、语言流畅、姿势到位，符合商务谈判礼仪规范（5分）	
商务谈判计划书作品（40分）	格式表达	5	文字编排工整清楚、内容完整（2分），文字表达流畅、逻辑性强（2分），封面名称、时间清晰（1分）	商务谈判计划书字数不得少于500字，每少50字，扣1分
	谈判主题、时间、地点	5	谈判主题明确（2分），谈判时间、地点具体（3分）	
	谈判人员及分工	5	有谈判角色（2分），谈判角色分工明确、职责清晰（3分）	
	谈判双方优劣势分析	5	对双方进行优劣势分析（2分），分析透彻、为采取谈判策略奠定基础（3分）	
	谈判目标	5	谈判最高目标（2分），谈判最低目标（2分），谈判可接受目标（1分）	
	谈判各阶段策略	15	开局策略具体、巧妙，能够为后续谈判做好铺垫（5分） 有报价方式选择策略、报价策略运用描述（5分） 有磋商策略的设计、讨价还价的幅度、次数设计、出现僵局的策略设计、谈判结束策略设计（5分）	

附录 B 模拟商务谈判评价标准

续表

评价内容		配分	考核点	备注
商务谈判实施操作（40分）	宣讲谈判计划	5	背对背演讲谈判计划、表达流畅、规定时间内完成（3分），回答评委提问、思路清晰（2分）	谈判实施按照团队协作与个人表现进行计分
	谈判开局	5	注重谈判礼仪、开场寒暄自然得体（2分），谈判团队成员介绍、一方提出此次谈判主题、另一方有回应确认（2分），与计划书中选择的开局策略一致（1分）	
	报价阶段	10	先报价方有明确的报价表、还价方对报价内容认真核实（5分），报价方做到不问不答、还价方向报价方提出的问题必须具体明确、让报价方有问必答（3分），巧妙运用报价策略（2分）	
	磋商阶段	10	双方充分沟通，了解对方的需求，做到多听、少说（4分），让步幅度由大变小、让步次数控制较好、坚持价值谈判原则（4分），贯彻谈判计划设计的策略、巧妙处理僵局（2分）	
	谈判结束	10	主谈充分驾驭谈判节奏、团队协作较好（3分），及时把握谈判时间、巧妙运用时期策略结束谈判（2分），有谈判总结语和结束时的礼节（5分）	
小计			100	

（资料来源：湖南省高等职业教育市场营销专业技能抽考商务谈判模块评价标准）

附 录 C
商务谈判技能测试题库
（20 道题）

测试题一

背景资料：布鞋索赔谈判

甲方：上海华实制鞋厂（简称"华实制鞋厂"）

乙方：日本某株式会社

2010年12月，华实制鞋厂与日本某株式会社签订了一份布鞋买卖合同，共计价值2000万元人民币，总共是20万双布鞋，合同规定这批布鞋分两批，每批10万双，分别于2011年3月10日和4月10日由华实制鞋厂负责装船，直航日本福岛口岸。由于日本2011年3月11日发生了巨大地震海啸，并且引起福岛核电站发生了核泄漏事故。上海到日本的货轮因为地震原因无法在原定口岸靠岸。日本这家株式会社在地震中受到重创，商铺在海啸中全部冲垮，无法正常经营。日本这家株式会社电告上海，要求第一批布鞋退货，因为遇到不可抗力，企业无法经营。第二批推迟到5月10日发货。

华实制鞋厂按原来合同规定已经做好了生产计划，第一批布鞋已经于3月10日从上海张华浜码头装船，准备11日出发，接到对方通知只能卸货，并将布鞋存放在码头仓库，码头仓库的保管费和存放占地费以日计算，每日为存货价值的千分之一。因为这批布鞋是为日本市场量身定做的，对方突然提出退货，华实制鞋厂至今还没有处理好这批布鞋，仍放在码头仓库。第二批布鞋生产计划已经下达，4月初就可以生产完成，但现在要推迟到5月10日运送，至少要积压在企业仓库1个月。4月中旬，日本地震后情况基本平稳，中方就第一批布鞋装船、卸货、码头仓储费用等造成损失向日方索赔20万元人民币，并希望第一批布鞋继续履约。

中方邀请日方来上海就布鞋要求退货及赔偿问题进行谈判。中方提出日方地震海啸结束后，仍然可以销售布鞋，因此，第一批布鞋不必退货，但考虑到布鞋可能错过了最好的上市节季，中方愿意在价格上给予优惠，共同承担由于不可抗力造成的损失，以保持双方将来长期的合作关系。但根据合同，中方按期装船，而后才收到对方要求第一批退货通知，前期费用已经产生，造成的损失应该由日方承担，中方经过明细核算列出总的费用表，损失费用远大于 20 万元人民币。基于不可抗力因素，中方愿意在损失费用上承担部分，所以才报出赔偿额 20 万元人民币。

日方认为地震海啸属于不可抗力，而且他们的株式会社正好处于地震海啸中心，直接受到巨大损失，现在所有经营场所被摧毁，灾后重建还需要时间。而且由于地震海啸使得日本经济受到重创，布鞋市场需求受到很大影响。他们虽然是违反合同规定，但是根据不可抗力法律条款，可以免责。基于双方长期合作关系及将来合作需要，对于第一批布鞋愿意延期收货，希望价格上中方给予让步。至于赔偿金额日方经过调查、核实，认为并没有这么大，而且由于不可抗力原因，只愿意承担 30%。最终经过充分协商，基于将来长期合作意愿，双方达成了一致，签订补充协议。

测试任务：

（1）抽到题目的双方根据背景资料在规定时间内做好谈判准备，拟定谈判计划。
（2）双方在规定时间内进行现场的模拟谈判，谈判尽量走向合作。

测试题二

背景资料：农机设备采购谈判
甲方：A 农业股份有限公司（买方）
乙方：B 农机设备制造公司（卖方）

A 农业股份有限公司到 B 农机设备制造公司进行购买大型水稻收割机采购业务谈判，本次计划采购量为 10~15 台。希望通过批量采购在总价上获得优惠，并且在售后的设备维护和维修上有保证，形成长期的合作关系。

B 方首先介绍其产品可供选择的型号、规格和收割机的系列技术参数，如动力配置、秒喂入量等效率指标，为报价做好铺垫。

A 方接着也介绍了公司情况，农业股份有限公司规模正在日益扩大，对于各类农机设备的需要量比较大。并对本次需要采购的设备规格提出了明确要求。

接下来双方就采购的农机规格、技术参数、交货时间和方式、机械操作培训、质量保证和维修服务进行了深入商谈。

之后，由卖方报价，5 万元人民币一台。这一报价离实际卖价偏高许多。B 方之所以这样做，是因为他们以前的确卖过这个价格。由于 A 方事前已摸清了市场行情的变化，深知 B 方是在放"试探气球"。于是 A 方直截了当地指出：这个报价不能作为谈判的基础。B 方对 A 方如此果断地拒绝了这个报价而感到震惊。他们分析，A 方可能对市场行情的变化有所了解，因而己方的高目标恐难实现。于是 B 方便转移话题，强调起产品的特点及其优良的质量，以求采取迂回前进的方法来支持己方的报价。

因为谈判之前，A 方不仅摸清了市场行情，而且研究了 B 方产品的性能、质量、特点及其他同类产品的有关情况。于是 A 方不动声色地说："贵公司了解国内生产此种产品的公司有几家？贵公司的产品优于 C 公司、D 公司的依据是什么？"。

A 方话未完，B 方就领会了其中含意，顿时陷于答也不是、不答也不是的境地。但他们毕竟是生意场上的老手，其主谈人为避免难堪的局面借故离席，副主谈也装作找材料，埋头不语。A方主谈自然深谙谈判场上的这一手段，便主动提出休会，以化解僵局。

休会结束，双方重新回到谈判桌上，B方说他们已经请示了总经理，同意每台削价2%，但条件是采购台数必须10台以上。同时，他们夸张地表示，这个削价的幅度是不小的，要A方"还盘"。A方认为B方削价的幅度太小，且离A方的要价仍有较大距离，马上"还盘"还很困难。在弄不清对方的报价离实际卖价的"水分"有多大时就轻易"还盘"，往往造成被动，高了己方吃亏，低了可能刺激对方。为了慎重起见，A方一面电话联系，再次核实该产品在市场的最新价格，一面对B方的二次报价进行分析。

根据分析，虽然B方表明这个价格是总经理批准的，但根据情况看，此次降价是谈判者自行决定的。由此可见，B方报价中所含"水分"仍然不小，弹性很大。

A方以采购数量为筹码，并负责在A方所在区域进行B方农机设备推广，以扩大其产品销量为条件，要求价格进行优惠。

双方经过一阵激烈的讨价还价，再从其他交易条件进行了协商，最终回到价格上来，终于达成双方满意的结果，形成交易合同。

测试任务：

（1）抽到题目的双方根据背景资料在规定时间内做好谈判准备，拟定谈判计划。
（2）双方在规定时间内进行现场的模拟谈判，谈判尽量走向合作。

测试题三

背景资料：合资设厂谈判
甲方：中国上海迅通电梯有限公司
乙方：美国达贝尔公司

中国上海迅通电梯有限公司的电梯产量占国内产量的50%，是国内同行业中的佼佼者。当该公司与美国合资兴建有限公司一事一经立项，即预先做好了充分的准备工作。首先，中国上海迅通电梯有限公司派人赴美国实地考察，在综合评判的基础上，共同编制了可行性研究报告。回国后，又专门挑选和组织了一个谈判班子，包括从上级部门请来参与谈判的参谋和从律师事务所聘来的项目法律顾问，为该项目的谈判奠定了一个良好的基础。

美国达贝尔公司是美国电梯行业的第一大公司，是享有盛名的大公司，在世界上有100多个分公司，他们的电梯产品行销全世界。在谈判之前，美方对国际、国内的市场做了充分的调查了解，进行了全面深入的可行性研究。他们还特别对中方的合作伙伴做了详细的分析和了解，全面掌握了与谈判有关的各种信息和资料，并在此基础上，组织了一个精干的谈判班子，该班子由公司董事长兼首席法律顾问充当主谈人。

此次项目投资大，且达贝尔公司是享有盛名的大公司，对中方的意义非同小可。另外，美国达贝尔公司的目光是长远的，此次来中国谈判，事先做过充分的可行性调查研究，此项目旨在打开中国市场，并且在合资企业的股份多于中方。中国上海迅通电梯有限公司是其最合适的合作伙伴，因为无论从技术到产品都是国内第一流的，如果美方在中国的第一个合作项目失败，再想在中国投资合办企业就比较困难了。合资谈判中涉及双方合作形式、股权比重、利益分配、组织机构等问题，这些问题可以根据公司法，双方进行商议确定。

在中美合资谈判中，首先遇到的就是合资企业的名称问题，美方建议定名为"达贝尔电梯中国有限公司"，但遭到中方的反对。经过商讨，确定一个在国际市场和中国市场容易被用户接受和传播，对双方都有利的名称。

关于产品销售问题，在该项目的可行性研究中曾有两处提到：一是"美方负责包销出口量的25%，其余75%在国内销售"；二是"合资公司出口渠道为美国达贝尔公司、合资公司和中国外贸公司"。双方在这一表述的理解上产生了分歧。这种理解上的分歧构成了谈判的严重障碍。美方对此表述的理解是：许可产品（用外方技术生产的产品）只能由美国达贝尔公司独家出口25%，一点也不能多，而其他的两个渠道，是为出口合资企业的其他产品留的。而中方的理解是：许可产品25%由美国达贝尔公司出口，其余75%的产品，有可能的话，通过另外两条渠道出口。双方为此互不相让。如何体面、务实的解决这次争端成了摆在双方谈判小组面前的问题。

测试任务：

（1）抽到题目的双方根据背景资料在规定时间内做好谈判准备，拟定谈判计划。

（2）双方在规定时间内进行现场的模拟谈判，谈判尽量走向合作。

测试题四

背景资料：白酒经销谈判

甲方：A 经销商（买方）

乙方：B 白酒生产厂（卖方）

A 经销商是一家经销烟、酒类的有限公司，其品牌知名度较高，由于经销理念先进，销售渠道网络发达，经营管理得力，在几年内迅速发展成为当地烟、酒经销商中的老大。许多的知名烟、酒厂家都希望与其合作，借助这一销售平台打入湖南地区烟、酒市场。A 经销商在湖南有 20 家直营连锁专卖店，主要分布在长、株、潭地区，还有 100 家加盟连锁专卖店，分布在省内 30 个省、地级市。

每年经销白酒的销售额达到 5 亿元人民币以上，而且以年 10%的速度增长，其发展势头非常好。

B 白酒生产厂的产品目前在全国有一定知名度，但上市时间比较短，各地市场还没有全面开发，准备先从湖南省，特别是长沙地区开始进行产品推广，通过市场考察，准备选择 A 经销商作为合作伙伴，希望借助 A 经销商的渠道，打开湖南市场。2014 年 10 月 9 日，B 白酒生产厂谈判代表来到 A 经销商公司总部长沙市进行经销合作洽谈。

A 方认为它是湖南省内知名的烟、酒专卖连锁经销商，为了维护品牌知名度，只愿意经销知名白酒品牌，希望与之合作的供应商非常多，现与五粮液、茅台、酒鬼等白酒厂家合作很愉快，每年白酒销量占湖南总销量的 10%。如果 B 方想与之合作，打入湖南市场。除非给予优厚的条件。首先，A 方提出必须独家经销，而且要求 B 方支付较高促销费用，促销费用按照销售金额的 10%计算并直接从销售收入中扣除，采取销售返点方式计算利润，并且节假日还要由厂家做促销活动，派推销员队伍到当地大酒店进行人员推销。

B 方同意由 A 方在两年内做湖南省的独家经销商，但必须完成规定的销量至少达到 A 方经销总量 10%，主推 B 方白酒，使其品牌知名度打开，销量年增长率 10%。促销费用根据销量额度分级制定比率，当完成规定销量时，销售金额的 5%作为促销费用；当超过规定销量时，超出部分的销售金额的 10%也要作为促销费用，可以采取销售返点方式计算利润，但必须根据销量分级制定返点比率，规定销量内返点率比超额部分返点率稍低，鼓励经销商多销。双方就经销权、经销量、促销费用、返点率、双方承担的促销任务、货款结算方式等展开洽谈。

双方在充分协商基础上，本着平等互惠原则，最终达成了合作经销协议。

测试任务：

（1）抽到题目的双方根据背景资料在规定时间内做好谈判准备，拟定谈判计划。
（2）双方在规定时间内进行现场的模拟谈判，谈判尽量走向合作。

测试题五

背景资料：液态奶包装材料买卖项目
甲方：亚华乳制品有限公司（简称"亚华"）
乙方：万容包装有限公司（简称"万容"）

亚华是一家生产乳制品的地方知名企业，其实力雄厚、品质较好，但在 2008 年国内出现有毒奶粉事件之后，整个乳制品行业都受到牵连，亚华也不例外。

亚华为了提高奶制品质量，从奶源开始，拥有湖南邵阳城步县的南山和内蒙古特泥河两大牧场，保证了奶源高品质和充足供应。

2013 年年底，在省政府等相关部门的协调与支持下，亚华将长沙望城奶粉生产业务进行了资产重组，在城步县委、县政府的支持下完成了牧场股份债务的转化，通过一系列的资产重组，亚华融得了几亿的现金，使公司迅速有效地化解了在三聚氰胺和 M1 事件所带来的一系列困惑和危机。2014 年，亚华实现销售收入为 2 亿元人民币，其中液态奶销售收入为 1.2 亿元人民币，奶粉销售收入为 0.8 亿元人民币，实现利税为 1800 万元人民币；2015 年预计实现销售收入为 4 亿元人民币，实现利税为 5100 万元人民币，到 2016 年销售规模达到 10 亿元人民币，利税突破 1.4 亿元人民币。

液态奶生产采用全套瑞典利乐 150T/D 生产线，生产线配备了全套温度控制、压力控制、液位显示、流量显示。生产线配备了全套 CIP 系统，可实现在生产的任何时段对设备进行自动清洗。生产线具有巴氏杀菌设备和 UHT 超高温短、时间灭菌设备，可生产 UHT 灭菌奶产品种类包括利乐砖、利乐枕、百利包，可生产巴氏杀菌奶产品种类包括新鲜屋、杯装酸奶、连杯酸奶。车间整体采用轻钢结构，整洁卫生。

亚华每年需要的各类包装材料的采购量非常大，包装材料费占液态奶成本的 8%～10%。其对包装要求很高，必须对供应商进行严格考察与评估。现在公司在长沙望城县新建了一个液态奶生产加工厂，设计年产量为 2.5 万吨，所以需要选择包装材料供应商，并希望包装材料质量高、价格优，在多家供应商中选择了万容进行谈判，希望签订合同，达到包装材料供应的 50%，如果合作关系良好，还可增加订量比例。

目前，与万容包装类似材料的市场包装平均价格为 280 元/吨，以前谈判合作的价格是 260 元/吨。

万容是一家生产包装材料的厂家。近年来，万容包装是继国际流行的乐利包、乐利枕和康美包的一种新型的液态奶包装方式，相对前两种包装成本较低，适于中端品牌的包装。万容与光明、扬子江奶等品牌都有合作，也承担了亚华乳业旗下的宾佳乐液态奶的包装，合作比较好，现在希望与亚华全面合作，承担南山和宾佳乐两品牌所有液态奶包装材料的供应。这次合作是为了在现有良好合作关系基础上，进一步加深了解，成为亚华液态奶唯一的包装供应商。长沙是公司准备深度开发的市场，拿下这家公司的全部订单对他们意义重大。

两公司围绕乳制品包装材料的质量、价格、规格、订购数量、交货时间、付款形式等展开谈判，希望建立一种长期合作关系。

测试任务：

（1）抽到题目的双方根据背景资料在规定时间内做好谈判准备，拟定谈判计划。
（2）双方在规定时间内进行现场的模拟谈判，谈判尽量走向合作。

测试题六

背景资料：亚华乳业进入超市的谈判
甲方：新一佳超市长沙分公司（简称"新一佳"）
乙方：亚华乳制品有限公司（简称"亚华"）

亚华生产的液态奶统一品牌名为南山，有袋装鲜牛奶、盒装常温奶、PV 杯装老酸奶等多品类。亚华拥有湖南邵阳城步县的南山和内蒙古特泥河两大牧场，奶源质量有保证、奶源供应量充足。

南山品牌的液态奶生产采用全套瑞典利乐 150T/D 生产线，生产线配备了全套温度控制、压力控制、液位显示、流量显示。生产线配备了全套 CIP 系统，可实现在生产的任何时段对设备进行自动清洗。生产线具有巴氏杀菌设备和 UHT 超高温、短时间灭菌设备，可生产 UHT 灭菌奶产品种类包括利乐砖、利乐枕、百利包，可生产巴氏杀菌奶产品种类包括新鲜屋、杯装酸奶、联杯酸奶。车间整体采用轻钢结构，整洁卫生。

2014 年，亚华液态奶销售收入达 1.2 亿元人民币，实现利税达 1000 万元人民币；2015 年预计液态奶销售收入为 2.4 亿元人民币，实现利税达 3000 万元人民币，到 2016 年销售规模达 6 亿元人民币，利税突破 8000 万元人民币。要完成销售目标，亚华必须借助本地生活超市、大卖场，做好渠道开发是亚华的重要任务。

由于 2008 年三聚氰胺事件，以及近年来不断出现的国内乳品质量问题，消费者对鲜奶及酸奶的质量也非常担忧，选择时也非常关注品牌。因此，各经销商在选择供应商时都必须经过严格的考察,以确保出售的乳制品品质,确保商家信誉。

南山与伊利、蒙牛、光明、卡士这些品牌相比,还是存在一定差异。但南山由于是本地生产,运输成本较低,价格上有优势。

新一佳是一家全国性连锁超市,湖南省内就有连锁店数十家,遍布长沙、地级市和县级市。亚华与新一佳超市是长期合作伙伴,是新一佳比较稳定的供应商之一。

2015年,新一佳准备与所有乳品供应商就供货商品价格、排面费、店庆费、新产品促销费、堆头费、节庆费、结款方式等问题展开新一轮谈判,重新制订策略。亚华销售部与新一佳采购部已预约好商谈时间,届时双方各派出代表进行合作谈判,并签订长期供货合同。

现在,长沙市1000m^2以上的超市的进场费为2~5万元人民币,视超市品牌的影响力和商圈覆盖率而定,品牌知名度越大、超市规模越大、商圈范围越宽,则进场费越高。除了进场费之外,还有排面费,排面又分不同的位置,1m的单排面费用在5000~10 000元人民币之间,还有店庆费、节庆费、新产品促销费都按促销期间销售金额的1%~3%之间进行提成,堆头费则是根据位置和堆头占地面积进行协商临时确定。供应方与超市之间结算方式也是谈判的重要内容,结算方式不同,则供应商品价格或者各种费用也有很大差异。

双方就各类费用、供货质量和数量,以及送货时效等各方面进行磋商,最终希望能够达成良好的合作关系,签订长期供货合同。

测试任务:

(1)抽到题目的双方根据背景资料在规定的时间内做好谈判准备,拟定谈判计划。

(2)双方在规定的时间内进行现场模拟谈判,谈判应尽量走向合作。

测试题七

背景资料:日化用品购销谈判

甲方:宝洁公司

乙方:格瑞斯超市有限公司(简称"格瑞斯超市")

宝洁公司始创于1837年,是世界上最大的日用消费品公司之一。每天,在世界各地,宝洁公司的产品与全球160多个国家和地区消费者发生着40次亲密接触。宝洁中国分公司也是中国最大的日用消费品公司之一,飘柔、舒肤佳、玉兰油、帮宝适、汰渍及吉列等品牌在各自的产品领域内都处于领先的市场地位。

格瑞斯超市有限公司成立于2008年,是湖南省某市民营领军标杆企业,是该市流通领域龙头企业,是湖南省重点培育的百强商业企业。公司创办以来,始终坚持"服务、满意、创新"的经营理念,以"新鲜、干净、丰富、便宜"为宗旨,极大地满足了顾客"一站购齐"的购物需求,多次受到省市领导的赞扬和肯定,并被政府部门、行业协会、消费者协会等机构授予多项荣誉称号,赢得了广大消费者的喜爱。

宝洁中国分公司有意与格瑞斯超市合作,宝洁中国分公司合作条件是:付款期限为14天,统一进货价,设立最低进货箱数,按照不同进货箱数给予不同的进货折让,折从市场调研开始，到市场的细分、定位，从产品的研发、包装，到价格的制定，再到产品销售渠道的建设，以及广告、服务、促销策略的设计和执行等该软件都进行了详细的模拟。该软件还采用虚拟时间技术，市场的环境及消费者的情况时时都在变化，不同的策略组合都会产生不同的营销结果，让学生在变化莫测的环境下营销自己的产品、经营自己的企业等。通过这种模拟实践的方式，可以有效提高学生的学习兴趣、提升教学效果、保证教学质量。在学生毕业设计的时候也可以利用专业的市场营销调查和分析软件包作为工具。

双方是第一次进行采购谈判，就市场营销模拟平台软件的价格、付款方式、具体要求和软件升级、软件安装和教师使用培训等方面展开谈判。

深圳宇轩科技有限责任公司刚好是开发市场营销实训软件的公司，整个软件报价如表 C-3 所示。

表 C-3　软件报价

序号	软件名称	版本号	市场报价	优惠价	备注
1	《市场营销模拟平台软件》	V4.00	￥8.8 万	￥4.3 万	B/S 结构
2	《市场调查与客户管理软件》	V4.00	￥7.8 万	￥3.2 万	B/S 结构
3	《连锁加盟创业训练软件》	V4.00	￥12.8 万	￥6.8 万	B/S 结构
4	《市场营销沙盘演练软件》	V4.00	￥8.8 万	￥4.8 万	B/S 结构
5	《营销物理沙盘》	V4.00	￥8.8 万	￥4.8 万	B/S 结构

测试任务：

（1）抽到题目的双方根据背景资料在规定的时间内做好谈判准备，拟定谈判计划。
（2）双方在规定的时间内进行现场模拟谈判，谈判应尽量走向合作。

测试题十六

背景资料：经营场所租赁谈判
甲方：真功夫餐饮管理有限公司
乙方：张家界荷花国际机场实业有限公司

真功夫餐饮管理有限公司创立于 1990 年。该公司坚持营养美味的米饭快餐定位，受到众多喜欢中式菜肴顾客的喜爱。凭借在中式快餐 3 大标准运营体系——后勤生产标准化、烹制设备标准化、餐厅操作标准化上的精耕细作，真功夫餐馆管理有限公司从发源地东莞开始，先后进驻广州、深圳、北京、上海、杭州、沈阳、天津、武汉、长沙、福州、郑州等 57 个城市，成为国内首家全国连锁发展的中式快餐企业。在品质、服务、清洁 3 个方面，全面与国际标准接轨。随着分店数量的增多，真功夫餐馆管理有限公司将为更多关注健康、追求生活品质的城市白领们提供高品质的超值米饭快餐。

张家界荷花国际机场位于湖南省张家界，是中国自然风景最漂亮的机场之一、可远观天门洞。1991 年国务院总理李鹏签署了大庸机场开工令并举行大庸机场奠基开工典礼。1993 年大庸机场试航成功。1994 年年初，大庸机场更名为"大庸张家界机场"，1994 年大庸市更名为张家界市，8月18日，张家界机场宣告正式通航。1995年10月31日，大庸张家界机场更名为"张家界荷花机场"。1999年，张家界航空口岸开通，举行首航香港仪式并开通了澳门航班。2011年张家界航空口岸扩大通过国家验收。张家界荷花机场升级为张家界荷花国际机场。2014年张家界荷花机场全年共完成航班起降9811架次，与去年同期相比增长14.96%，共完成旅客吞吐量109余万人，同比增长8.47.%。

真功夫餐饮管理有限公司想扩大营销网络，拟在张家界荷花国际机场开设一家直营店，面积为60m^2。张家界荷花国际机场实业有限公司也想借助真功夫餐饮管理有限公司这个庞大的营销网络来宣传自己，增加张家界荷花国际机场的知名度，并且还可以为自己的顾客提供增值服务，同时张家界荷花国际机场实业有限公司了解到真功夫餐饮管理有限公司在长沙黄花国际机场也租有60m^{2}的店面，年租金100万元人民币，长沙黄花国际机场旅客吞吐量1800余万人次。

真功夫餐饮管理有限公司营销总监、市场部经理等一行赴张家界荷花国际机场实业有限公司与其副总经理、场地经理等人进行当面磋商，主要就租赁场所的年租金、租赁的其他附件条款进行谈判。

测试任务：

（1）抽到题目的双方根据背景资料在规定的时间内做好谈判准备，拟定谈判计划。
（2）双方在规定的时间内进行现场模拟谈判，谈判应尽量走向合作。

测试题十七

背景资料：购销合同的谈判
甲方：北京雪上飞商贸有限公司（简称"雪上飞公司"）
乙方：浏阳市瑞翔体育场馆管理有限公司（简称"瑞翔公司"）

雪上飞公司主要从事滑雪器材进口及国内零售业务，在国内大、中型滑雪场内开设直营店二十余家，是国内最大的滑雪用品专卖公司。雪上飞公司经营的产品均是欧洲与北美市场上最受欢迎的滑雪装备，品牌包括销量世界领先的法国ROSSIGNOL、意大利BIRKO、日本AXE、丹麦VOLA，以及深受国际顶级滑雪运动员青睐的意大利BRIKO等，产品的档次涵盖中、高档两个层次，能够满足中、高层面顾客的需求。

瑞翔冰雪世界是由浏阳市瑞翔体育场馆管理有限公司投资兴建的湖南省首家集室内滑雪馆、会议度假酒店、运动休闲中心于一体的大型综合性高档运动、商务、休闲场所，采用了国际上先进的人工造雪和制冷技术，其核心造雪设备皆选自德国国际知名厂商。瑞翔冰雪世界建筑面积近1.3万m^2，日接待能力1500人次，包括单板、双板、戏雪等多项娱乐运动。初级道长度为120m，宽度为50m，平均坡度为8%，引进了国际先进拖引设备"魔毯"，使初级滑雪爱好者在保证安全、便捷的情况下，充分体验滑雪的魅力；中高级道长度为180m，宽度为20m，平均坡度为13%，使用"魔毯"登上滑雪场的制高点。目前，瑞翔公司想采购2000套滑雪板。

包括雪上飞公司在内的好几家滑雪器材运营商都想与瑞翔公司合作，分别向瑞翔公司让范围在 1%～10% 之间；根据进货产品的箱数，给予不同额度的费用作为营销费用（见表 C-1）。格瑞斯超市合作条件是：付款期限为 30 天，不按最低进货箱数进货，并享受最大进货箱数的采购价格，营销费用根据进货产品箱数确定的额度下降幅度太大，应该做相应调整，因为进货箱数越大，销售难度越大，促销活动费用也越高，营销费用应该按比例增长。

宝洁中国分公司的销售人员希望建立合作，但公司的标准不可违背；格瑞斯超市不急于合作，因为无指标压力，但从战略角度出发，不可能不与宝洁公司合作，但无法接受无毛利的合同。

两公司围绕付款期限、销售折让、营销费用形式等展开谈判，希望建立一种长期合作关系。

表 C-1　进货箱数与折让、营销费用表

进货箱数	进货折让	营销费用（进货箱数为 A）
10	1%	2000
11～30	2%	2000+$(A-10)\times 150$
31～60	3%	5000+$(A-30)\times 120$
61～100	4%	8600+$(A-60)\times 100$
101～150	5%	12600+$(A-100)\times 80$
151～250	6%	16600+$(A-150)\times 60$
251～500	7%	22600+$(A-250)\times 40$
501～1000	8%	32600+$(A-500)\times 20$
1001～2000	9%	42600+$(A-1000)\times 10$
2000 以上	10%	52600+$(A-2000)\times 5$

测试任务：

（1）抽到题目的双方根据背景资料在规定的时间内做好谈判准备，拟定谈判计划。

（2）双方在规定的时间内进行现场模拟谈判，谈判应尽量走向合作。

测试题八

背景资料：售后服务成本分摊谈判

甲方：北京国美电器有限公司（简称"国美电器"）

乙方：宁波奥克斯空调有限公司（简称"奥克斯集团"）

北京国美电器有限公司成立于 1987 年 1 月 1 日，是中国第一家连锁型家电销售企业，也是中国大陆最大的家电零售连锁企业之一，2009 年，国美电器入选中国世界纪录协会中国最大的家电零售连锁企业。

但自从国美电器原董事长黄光裕由于经济问题入狱后，公司的形象受到一定影响，而且集团内部管理也暴露出许多问题。加上竞争对手苏宁电器公司的异军突起及各地家电连锁超市的相继出现，市场竞争压力很大。尽管如此，目前国美电器仍不失为国内的家电销售强有力的竞争平台，仍然受到许多大型家电生产制造商的青睐。

来自中怡康公司的权威数据显示，2014 年国美电器空调年度销售达 800 万套，并且以每年 2%~3%的销售增长率上升。据中国电子商会 2014 年以来对空调市场份额监测显示，国美电器空调复合增长一直保持行业领先水平，并持续稳居空调市场销售份额第一，是中国空调销售渠道的第一渠道。

奥克斯集团创建于 1986 年，产业涵盖电力、家电、通信、地产、医疗、投资六大领域，并在宁波、南昌、天津、上海、深圳、东莞等城市建立七大产业基地。奥克斯集团位列中国 500 强企业、中国信息化标杆企业、国家高新技术企业，并为国家工程技术中心和国家级博士后工作站的常设单位，拥有"三星"和"奥克斯"两项跨行业中国驰名商标和两个中国名牌产品。目前，奥克斯集团空调年产能达 700 万台，奥克斯空调是中国空调家电行业的领军品牌，产品远销全球 150 多个国家和地区。

随着国内空调行业的竞争加剧，奥克斯集团决定将空调的免费保修期从 3 年提高到 5 年，这一项新政使得奥克斯空调的销量大增，其中国美电器销售奥克斯空调的年营业收入增加 8000 万元人民币，奥克斯集团年营业收入增加 1.6 亿元人民币（包括国美电器增加订单的收入），但保修期的延长也带来售后服务成本的增加，年售后服务成本增加 4000 万元人民币。本着"合作共赢、利益共享、成本共摊"的原则，奥克斯集团希望国美电器降低卖场的销售折扣点，承担一部分售后服务成本。

奥克斯集团要求国美电器增加库存，确保旺节不断货，由原来销售两个月的库存量增加到可销售 3 个月的库存量，增加库存就会增加进货成本，占领企业流动资金，因此国美电器在结款的期限上也提出了要求，希望能够 3 个月结款一次，并且要求奥克斯集团增加安装与维修服务网点、提高服务质量和时效保证，以确保售后服务质量，同时增加节假日促销活动费用，促进销量提高。

双方本着平等互利原则，进行了充分协商，最终达成一致。

测试任务：

（1）抽到题目的双方根据背景资料在规定的时间内做好谈判准备，拟定谈判计划。
（2）双方在规定的时间内进行现场模拟谈判，谈判应尽量走向合作。

测试题九

背景资料：葡萄酒采购项目谈判
甲方：拉图酒庄进出口贸易公司（简称"拉图酒庄"）
乙方：广州澳海经典贸易有限公司（简称"广州澳海"）

拉图酒庄进出口贸易公司成立于 1938 年 1 月，注册于 1938 年 8 月。它是专门经营出口葡萄酒的实业公司，现经营的产品主要有拉图庄园葡萄酒系列，葡萄酒年销量达到 250 万瓶，年销售额超过 7.5 亿美元，在产品质量、价格上均具有很强的优势，在全球拥有众多知名长期客户。

自 2005 年 1 月 1 日中国葡萄酒的进口关税大幅下调后，2006 年 7 月 1 日起，葡萄酒实施新的《消费税管理办法（试行）》，2015 年国家税务总局关于修订《葡萄酒消费税管理办法（试行）》公告。进口葡萄酒消费税可用进口环节已纳消费税抵减，而且手续更加简单，不必像过去一样进行复杂的审批手续，葡萄酒消费税下降及审批退税手续的简单化，加速了国外葡萄酒进入中国市场。拉图酒庄葡萄酒经营商利用稳定的质量优势继续走相对高端的路线。

广州澳海经典贸易有限公司是专业从事具有众多知名国际葡萄酒品牌的进出口公司。该公司从法国、意大利、西班牙、澳大利亚、美国、智利等主要产酒国进口各类优质葡萄酒。公司强大的市场网络覆盖了中国各主要城市的星级宾馆、高级餐厅、超市、酒吧及夜总会。在业务不断增长的同时，2005 年与拉图酒庄正式结成合作伙伴，2008 年奥运会期间，许多豪华宾馆、酒店在中国大城市里雨后春笋般涌出。值此机遇，广州澳海从合作伙伴拉图酒庄进口了 18 000 瓶葡萄酒，使得两公司的合作关系更加紧密。从此，每年的业务合作量不断增加，但由于国外葡萄酒品牌也非常多，因此，广州澳海可以合作的贸易伙伴也相互竞争，提供许多优惠条件，考虑长期合作关系及产品的质量保证和稳定供给，2015 年广州澳海仍然选择拉图酒庄为重要合作伙伴，但需要进口的品类和价格及运输责任必须进行重新磋商。

2015 年，广州澳海计划进口葡萄酒 15 万瓶，根据价格及条件，可以选择多家合作伙伴。进口葡萄酒分高、中档两个层次，高档占 30%，中档占 70%。原装进口占 30%，散装进口占 70%。

拉图酒庄非常重视与广州澳海的合作，希望能够增加出口量，在价格、运输责任方面给予优惠，但也考虑成本及自身品牌实力，不愿意做出太多让步。双方主要就价格和运输责任进行磋商，最终达成一致协议。

测试任务：

（1）抽到题目的双方根据背景资料在规定的时间内做好谈判准备，拟定谈判计划。
（2）双方在规定的时间内进行现场模拟谈判，谈判应尽量走向合作。

测试题十

背景资料：货物运输服务项目谈判
甲方：九芝堂药业股份有限公司（简称"九芝堂"）
乙方：广州新邦物流股份有限公司（简称"新邦物流"）

九芝堂药业股份有限公司是湖南省一家国家重点中药企业，其前身"劳九芝堂药铺"创建于 1650 年。2004 年 2 月，"九芝堂"商标被国家工商行政管理总局商标局认定为中国驰名商标；2006 年 9 月，"九芝堂"被国家商务部认定为"中华老字号"；2008 年 6 月，九芝堂传统中药文化被列入国家级非物质文化遗产保护目录。

截至 2013 年底，公司已发展成为拥有总资产 15.48 亿元人民币，净资产 12.57 亿元人民币，下辖 7 家直接控股子公司、3 家间接控股子公司，1 家分公司，年销售额超过 12

亿元人民币，利税超过 3 亿元人民币的工商一体化的现代大型医药企业。

九芝堂主要从事补血系列、补益系列、肝炎系列等中药及调节人体免疫力的生物制剂的生产与销售，主导产品驴胶补血颗粒年销售收入超过 3 亿元人民币，位于全国天然补血类产品销售前 3 名；以六味地黄丸为代表的浓缩丸系列产品销售收入突破 2 亿元人民币，位于全国同种产品销售前 3 名；斯奇康注射液销售收入达 1 亿元人民币。公司的中成药片剂、浓缩丸系列产品等出口欧美、日本、东南亚等地区，其中 10 多种浓缩丸和片剂出口日本将近 20 年。九芝堂的产品不仅是济世良药，也是一种文化载体。

九芝堂每年在湖南省内的药品销售额达 1 亿元人民币，销售网络覆盖面广，在省内有上百家药店经销商，每年药品的物流运输、仓储成本达到上千万元人民币，而且由于过去选定的物流运输单位关系不稳定，经常出现运输不及时，导致经销商断货及运输成本过高等问题。

为了提高品牌知名度，保证药品及时有效的运往经销商，同时节约物流成本。现九芝堂对省内及广州两大市场的药品运输服务进行公开招商，邀请国内有实力的物流公司进行洽谈。新邦物流是企业选定的第一家有意向合作的公司，希望通过接触能进一步相互了解，以便确定长期的合作关系。

新邦物流是一家集公路运输、航空货运代理、城际配送于一体的跨区域、网络型、信息化，并具有供应链管理能力的国家 4A 级综合型物流企业。新邦物流旗下拥有 6 家全资子公司、250 多家营业网点，员工 5000 多人，拥有和整合各种运输车辆 600 多台，物流设备 300 多套，仓库、分拨场地 10 多万平方米，日吞吐能力达 3000 余吨。公司与国内外40000 多家企业建立合作关系，网络覆盖全国 400 多个城市，在全国 50 多个大中城市开通专线和快线长途零担与整车业务，并在珠江三角洲与长江三角洲区域内开展城际配送业务。现准备进军湖南，开拓湖南物流市场。

本次主要就药品运输的区域、运输责任、运输时效、运输费用及结算方式等内容进行谈判，目的是确定长期合作关系。

测试任务：

（1）抽到题目的双方根据背景资料在规定的时间内做好谈判准备，拟定谈判计划。
（2）双方在规定的时间内进行现场模拟谈判，谈判应尽量走向合作。

测试题十一

背景资料：原材料采购的谈判
甲方：国电湖南宝庆煤电有限公司（简称"宝庆煤电"）
乙方：湖南新欣建材有限公司（简称"新欣建材"）

国电湖南宝庆煤电有限公司是中国国电集团公司控股的大型煤电一体化企业，是中国国电集团公司在湖南省投资建设的第一个大型火电建设项目，规划容量 4×660MW，一期工程建设 2×660MW 超临界燃煤发电机组。同步开发煤矿产能 240 万吨/年。一期 2×660MW 火电机组每年产生的粉煤灰 35 万吨。

益少，但为保持这种新产品，华达公司向正豪公司提出了交涉：再签合同，须考虑上述因素。正豪公司在收到第一批货后，对产品质量十分满意。但在其成品试验中，为了改善药效，在动物试验之后，必须提出某些指标的改善意见，这一要求对华达公司无疑又增加了负担。正豪公司考虑到好不容易找到了一个有能力的加工厂，在以后的加工中，还要不断提高工艺改进要求，原则上同意了华达公司的交涉意见，增加加工费，每公斤从 320 美元提高到 350 美元。

双方按此条件进行了多批加工，正豪公司订单也逐渐加大，华达公司虽说利益不大，但在熟能生巧的情况下，也能保持不亏。过了一年，华达公司派技术人员去美国正豪公司实地访问，他们发现了两个问题：一是正豪公司的成品加工车间很小，工艺流程短，即加工成本远比中间体低；二是其成品也是供成药制造厂用的更进一步的中间体，但其价格在 2 000 美元/kg。两次加工的价值悬殊巨大，华达公司人员心理极不平衡，希望能够重新谈判，平衡双方的利益，同时也希望能够保住订单，与正豪公司有长期合作。

测试任务：

（1）抽到题目的双方根据背景资料在规定的时间内做好谈判准备，拟定谈判计划。
（2）双方在规定的时间内进行现场模拟谈判，谈判应尽量走向合作。

测试题十三

背景资料：经销合作谈判
　　甲方：北京国美电器有限公司（简称"国美电器"）
　　乙方：珠海格力电器股份有限公司（简称"格力电器"）
　　国美电器是中国一家连锁型家电销售企业，也是中国大陆最大的家电零售连锁企业，2009 年，国美电器入选中国世界纪录协会中国最大的家电零售连锁企业。国美电器成立于 1987 年 1 月 1 日，并一直居于国内领先电器行业。来自中怡康公司的权威数据显示，2014 年国美集团空调销售达 800 万套，据中国电子商会 2006 年以来对空调市场份额监测显示，国美集团空调销售增长一直保持行业领先水平，并持续稳居空调市场销售份额第一，是中国空调渠道的第一渠道。
　　珠海格力电器股份有限公司成立于 1991 年，是一家集研发、生产、销售、服务于一体的国际化家电企业，以"掌握核心科技"为经营理念，以"打造百年企业"为发展目标，凭借卓越的产品品质、领先的技术研发、独特的营销模式引领中国制造，旗下拥有格力、TOSOT、晶弘三大品牌，包括格力家用空调、中央空调、空气能热水器、TOSOT 生活电器、晶弘冰箱等几大品类家电产品。格力电器 2014 年实现营业总收入 1400.05 亿人民币，同比增长 16.63%；归属于上市公司股东的净利润为 141.55 亿元人民币，同比增长 30.22%，继续保持稳健的发展态势。格力空调是中国空调业唯一的"世界名牌"产品，业务遍及全球 160 多个国家和地区。家用空调年产能超过 6000 万台（套），商用空调年产能 550 万台（套）；2005 年至今，格力空调产销量连续 10 年领跑全球，用户超过 3 亿。2015 年 5 月，格力电器大步挺进全球 500 强企业阵营，位居"福布斯全球 2000 强"第 385 名，排名家湖南新欣建材有限公司是一家生产加气混凝土新型建材的企业。加气混凝土是一种新型建筑材料，是以粉煤灰、石灰、水泥、石膏等为主要材料，经铝粉（膏）发气，高压饱和蒸汽蒸压养护而获得具有一定强度的多孔轻质的新型建筑材料，广泛用于墙体和屋面。加气混凝土的优良品质得到世界公认：在德国被誉为"浮在水面上的混凝土"、在日本被称为"建筑上的羽绒服"、在我国定性为"21世纪新型节能的墙体材料"，它可以替代"秦砖汉瓦"传统建筑材料和"肥梁胖柱深基础"的建筑模式，也是其他建筑材料不可替代的新型墙体材料。而生产的原材料来源广泛并且容易进行技术处理，产品又有着广阔的市场。

宝庆煤电的废气物——粉煤灰是新欣建材生产加气混凝土的原材料，也是水泥厂生产水泥的原材料。宝庆煤电火电机组产生的粉煤灰不处置就会占用大量的场地（粉煤灰的堆积密度为 600kg/m^3）。

据相关资料显示，加气混凝土砌块市场价格为 220 元/m^3，每立方米加气混凝土砌块需要粉煤灰 0.5 吨，粉煤灰成本占加气混凝土砌块原材料总成本的 15%左右。双方第一次接触，希望建立良好合作关系，签订粉煤灰采购协议。

测试任务：

（1）抽到题目的双方根据背景资料在规定的时间内做好谈判准备，拟定谈判计划。

（2）双方在规定的时间内进行现场模拟谈判，谈判应尽量走向合作。

测试题十二

背景资料：医药中间体加工费的谈判

甲方：美国正豪药业有限公司（简称"正豪公司"）

乙方：唐山华达制药有限公司（简称"华达公司"）

美国正豪药业有限公司是一家抗癌药品的中间体生产制造商，研发了一种新的中间体，而生产该中间体的原料在中国北方极为丰富，正豪公司选定了唐山华达制药有限公司作为其加工厂。从原料收购、加工、化验、包装、发运均由华达公司负责。但加工工艺、化验方法、技术标准、包装要求均由正豪公司提供标准。华达公司为精细化工产品生产厂，设备及人员齐备，在对外加工方面有很强的实力，适合正豪公司产品加工的要求，而且对于开辟新的产品也有浓厚兴趣。初次谈判一拍即合，由于双方的需要，第一个加工合同条件谈得比较顺利。

按上述要求，华达公司加工出的所有中间体只能卖给正豪公司，华达公司每加工 1 公斤中间体，正豪公司支付 320 美元。

第一个合同执行完后，华达公司发现：

（1）收购原料风险很大，主要表现在市场价格波动，稍有风吹草动，原料市场一定发生变化。另外，原料质量不均匀影响中间体质量，造成加工成本波动。

（2）按美国 FDA 的检测要求做化验，难度较大，特别费工时。

别的不说，仅这两项就会造成加工的经济效益不佳。虽然项目不大，工序很复杂，收用电器类全球第一位。

2004年2月，成都国美电器和成都格力电器发生争端，原因是国美电器不甘现状，要求绕过格力电器"各省一级销售子公司"，直接由格力电器供货。格力电器不让步，要求国美电器与其他一级市场家电零售商一样，由一级销售子公司供货。理由是如果按国美电器要求做，由厂家直接供货，不但扰乱了格力电器的市场价格体系，而且严重损害了其他家电零售商的利益。

国美电器总部在没有提前通知格力电器的情况下，向各地分公司下发了一份"关于清理格力空调库存的紧急通知"，通知表示，格力电器代理商模式、价格等不能满足国美电器的市场经营需要，要求各地分公司将格力空调的库存及业务清理完毕，突然对所售的格力空调大幅度降价。对此，格力电器表示，国美电器的价格行为严重损害了格力电器在当地的既定价格体系，也导致其他众多经销商的强烈不满，因此格力电器与国美电器终止合作。

但是，基于格力电器在空调领域的品牌知名度及企业实力，国美电器家电超市内不可能不销售格力空调。同时，国美电器家电超市作为国内的家电渠道品牌，格力电器不可能不借助国美电器的平台。双方都有重新合作意向。本着强强联合，合作共赢的精神，国美电器与格力电器各派营运中心人员到长沙进行有关合作事宜的谈判。

测试任务：

（1）抽到题目的双方根据背景资料在规定的时间内做好谈判准备，拟定谈判计划。

（2）双方在规定的时间内进行现场模拟谈判，谈判应尽量走向合作。

测试题十四

背景资料：商品采购谈判

甲方：中南职业技术学院

乙方：联想集团

联想集团是一家营业额达460亿美元的公司，在《财富》排行榜中位列世界500强，是全球消费、商用及企业级创新科技的领导者。它是1984年中科院计算所投资20万元人民币，由11名科技人员创办，是一家在信息产业内多元化发展的大型企业集团，富有创新性的国际化的科技公司。从1996年开始，联想计算机销量一直位居中国国内市场首位；2004年，联想集团收购IBM PC（Personal Computer，个人电脑）事业部；2013年，联想计算机销售量升居世界第一，成为全球最大的PC生产厂商。2014年10月，联想集团宣布该公司已经完成对摩托罗拉移动公司的收购。

中南职业技术学院是湖南省教育厅直属普通高等院校，为全国首批（28所）国家示范性高等职业院校之一。该校设有工商管理系、财会与金融系、信息与传媒系、机电工程系、生物工程系、建筑工程系等12个（部），设有市场营销、会计电算化、文秘、计算机技术、电子商务、商务英语、机电一体化、汽车构造与维修、环境艺术设计等39个专业及专业方向。该校占地面积1500余亩，固定资产总值近10亿人民币。中南职业技术学院综合办学条件优良，基础设施齐备，拥有国家教学名师 3 名，省级教学名师 10 名，全国优秀教师 5 名，省级优秀教师 12 名，省级专业带头人 15 名和省级青年骨干教师 32 名，教授、副教授近 400 人，中青年教师全部具有硕士学位，在校学生 15000 余名。现在，中南职业技术学院欲购买 100 台台式计算机用于教学。计算机基本参数如表 C-2 所示。

表 C-2　计算机基本参数

零部件名称	要求	零售价
处理器	Inter 酷睿 I7　四核	￥1980
主板/芯片组	技嘉 GA-B150 系列	￥980
内存大小	4GB	￥120
硬盘类型	希捷 1T	￥300
光驱	DVD-RW	￥300
显示器	32in	￥1280
显卡	技嘉 2G 独显	￥780
机箱、电源、风扇	立式	￥280
外部接口	4 个 USB2.0 端口，2 个 PS/2 端口；1 个 RJ-45 端口，1 个 VGA 端口	
键盘鼠标	有线鼠标、有线键盘	￥100
操作系统	Win8	

联想集团得知此消息后派联想集团湖南分公司的销售部经理前往中南职业技术学院就计算机采购事宜进行商务会谈。

测试任务：

（1）抽到题目的双方根据背景资料在规定的时间内做好谈判准备，拟定谈判计划。

（2）双方在规定的时间内进行现场模拟谈判，谈判应尽量走向合作。

测试题十五

背景资料：软件采购谈判

甲方：蓝天职业技术学院

乙方：深圳宇轩科技有限责任公司

随着学生就业压力不断增大，传统的市场营销教学方式已经越来越不能满足现代营销人才培养的要求。现代社会需要实践能力强、有创造力的市场营销人才。如何缩小理论教学与实际营销之间的差距、如何更方便地培养学生的营销实战经验、如何让学生在有限的学习时间内体会不同行业的营销过程、如何弥补学生企业实习的困难，尽快提高学生实际的营销策划能力等这些问题一直困扰着各个学校的营销教学工作。经过调查研究和充分论证，蓝天职业技术学院拟建设一个市场营销实训室，用 10 万元人民币购置相关的市场营销模拟实训软件，使学生在模拟平台中有机会扮演"市场营销经理"、"市场总监"等角色。

送了报价表,德国 VOLK(沃克)雪具报价为 2100 元/套,奥地利 Atomic(阿托密)报价为 2400 元/套。

法国 ROSSIGNOL(金鸡)公司给雪上飞公司滑雪板出厂价为 160 欧元/套。雪上飞公司委派营销总监、产品部经理等一行到瑞翔公司洽谈购销事宜。希望借这批滑雪板业务与瑞翔公司建立良好关系,将来供应更多的滑雪设备。

测试任务:

(1)抽到题目的双方根据背景资料在规定的时间内做好谈判准备,拟定谈判计划。
(2)双方在规定的时间内进行现场模拟谈判,谈判应尽量走向合作。

测试题十八

背景资料:旅游合作协议的谈判
甲方:桂林国际旅游公司
乙方:桂林新兴大酒店

桂林国际旅游公司是经国家旅游局批准可同时经营国际入境旅游、国内旅游和中国公民出国旅游业务的国际旅行社,中国旅行社协会的正式会员单位,全国国际旅行社百强社之一,桂林地区国际旅行社十强之一。该公司下设入境旅游中心、出境旅游中心、国内旅游中心、商务会议中心、网络营销中心、交通票务中心等业务部门,在桂林市拥有 30 余家门市部。

桂林新兴大酒店是目前广西规模最大、设施设备最豪华的五星级饭店。它以水景文化为背景,投资 4 亿元人民币进行大规模的改扩建。桂林新兴大酒店地处桂林市中心的繁华地段,距离机场 25km,东临秀丽的漓江,正对碧波荡漾的杉湖,南邻象山公园,北望独秀峰、叠彩山,环境怡人。桂林新兴大酒店内有大型人造瀑布,上部宽度为 72m、下部宽度为 75m、落水高度达 45m 的大型人造瀑布,已列入大世界吉尼斯纪录。桂林新兴大酒店各类客房有 646 间,其中包括一套总统房、22 套豪华江景套房、20 间豪华贵宾套房、62 间豪华贵宾房、541 间标准房。桂林新兴大酒店还有中西餐厅、日韩餐厅、九天银河茶餐厅、四季火锅城,并拥有 20 个包厢,餐厅总计 1800 席位,以及一座可容纳 400 人就餐、500 人开会的多功能厅,内配六声道同声传译系统,另设有 5 间不同类型的会议室,供不同规模的会议使用,室内还有恒温游泳池、VIP 健身俱乐部、桑拿按摩室等一套完整的康乐服务设施。

桂林新兴大酒店与桂林国际旅游公司有多次业务来往,彼此都较为了解,此次合作使桂林新兴大酒店省去了寻找新合作伙伴的时间成本,降低了交易风险。在旅游淡季时,桂林国际旅游公司为桂林新兴大酒店提供 50%~60%的入住率;在旅游旺季,桂林新兴大酒店必须为桂林国际旅游公司提供足够的客房数量和最优房价,同时为顾客提供优质服务。本次合作就客房价格、客房数量及酒店入住率等方面进行谈判,以确定桂林国际旅游公司与酒店之间的结算方式,并约定好一个结账时间,同时商定违约规则及赔偿额度。桂林新兴大酒店房价一览表如表 C-4 所示。

表 C-4 桂林新兴大酒店房价一览表

（单位：RMB/间/天）

房价	门市价	优惠价
总统套房	¥8888	¥2998
豪华江景套房	¥5530	¥1998
豪华贵宾套房	¥1998	¥598
豪华贵宾房	¥1288	¥498
标准房	¥998	¥398
加床	¥200	¥160

注：以上价格含政府调节基金、服务费，黄金周价格另议。

测试任务：

（1）抽到题目的双方根据背景资料在规定的时间内做好谈判准备，拟定谈判计划。
（2）双方在规定的时间内进行现场模拟谈判，谈判应尽量走向合作。

测试题十九

背景资料：保健品项目合资（合作）

甲方：湖南古丈县茶业有限责任公司

乙方：大汉控股集团

湖南古丈县茶业有限责任公司成立于2003年3月，总资产1100万元人民币，是古丈茶业产业建设龙头企业。该公司是集茶叶生产、加工、销售、开展茶叶新产品研究与产业化开发兼科技培训的综合性公司。该公司实行"公司+大户+合作社+农户"的经营模式，下辖5个茶叶专业化合作社、20个加工大户、2000余农户，现有10 000亩无公害茶叶基地，5000亩有机茶叶基地、4座茶叶加工厂、拥有年产400顿名优茶、年产100顿红茶、年产1500绿茶三条生产线。公司生产的古丈毛尖、古丈绿茶、古丈红茶等系列产品通过有机茶、绿色食品ISO9001质量体系认证、食品质量安全QS等认证。2014年，公司销售额达1700万元人民币，利税达200万元人民币。由于优越的气候条件，该公司旗下"古丈毛尖"绿茶的茶多酚含量超过35%，高于其他（已被发现的）茶类产品。茶多酚具有降脂、降压、减少心脏病和癌症的发病概率。同时，它能提高人体免疫力，并对消化、防疫系统有益。现在，湖南古丈县茶业有限责任公司要吸引不低于50万元人民币的资金，用于扩大生产规模、扩大宣传力度。

大汉控股集团创立于1993年，总部位于湖南省长沙市，是一家跨地区、跨行业的大型综合性非公有制企业，业务涵盖钢材物流、城镇建设、商业地产、老年地产、商业管理、文化旅游、汽车贸易、职业教育等。目前，旗下拥有80余家子（分）公司、近2千人员工、总资产达121亿元。公司2014年销售收入为291.5亿元人民币，综合实力位居中国企业500强第396位、中国民营企业500强第117位、湖南省民营企业第2位；中国钢贸企业百强第 2 位、湖南钢贸企业第 1 位。由于近几年来保健品市场行情不错，故准备用闲置资金投资保健品市场，投资预算在 150 万人民币以内，希望在一年内能够见到回报，并且年收益率在 20%以上。

甲乙双方派代表在湘西古丈县就乙方投资入股甲方进行谈判，谈判主要就出资额、控股权、生产运营管理、市场宣传及销售任务责任的划分、利润的分配等问题进行。

测试任务：

（1）抽到题目的双方根据背景资料在规定的时间内做好谈判准备，拟定谈判计划。
（2）双方在规定的时间内进行现场模拟谈判，谈判应尽量走向合作。

测试题二十

背景资料：购销合同的谈判
甲方：中联重科股份有限公司（简称"中联重科"）
乙方：东莞华美食品有限公司（简称"华美食品"）

中联重科股份有限公司创立于 1992 年，主要从事建筑工程、能源工程、环境工程、交通工程、农业机械等基础设施建设所需重大高新技术装备的研发制造，其主导产品覆盖 11 大类别、51 个产品系列、1200 多个品种的主导产品，是一家持续创新的全球化企业。中联重科成立以来，注册资本达 77.06 亿元人民币，员工近 3 万人，成为世界排名第六的工程机械企业，该公司的工程机械板块和环境产业板块均位居国内第一，农业机械板块位居国内第三。目前，该公司积极推进战略转型，成为集工程机械、环境产业、农业机械和金融服务多位一体的全球领先高端装备制造企业。

东莞市华美食品有限公司创立于 1991 年，根植于国际制造业名城——东莞市，是以月饼、饼干、糕点等食品的生产和销售为主的烘焙行业龙头企业，员工达 2000 余人。除食品外，华美食品还涉足房地产、金融等行业的经营和管理。截至目前，华美食品旗下已拥有东莞和湖北 2 个厂区，自动化生产线数 10 条，占地面积共约 16 万平方米，月饼日产能可达 220 万个，饼干日产能达 120 吨以上，拥有包装制造、塑胶制造、食品机械等上游供应链，下游终端则布局 OMC 工房、金丽沙连锁店、东莞市欧丽沙食品有限公司、东莞华夫食品有限公司、各地分公司等销售公司。为掌控月饼原料中重要的莲蓉供应环节，华美食品已在湖北开展莲子种植项目，在河南建立面粉供应基地，确保食品绿色及安全。华美食品一直努力打造一体化战略。目前，华美食品旗下已经有"华美"、"牛奶搭档"（已升级为每日粗粮）、"华夫软饼"、"金丽沙"、"Q 脆"、"熊格格"、"欧麦咖"等品牌产品，产品常年销往全国各地及海外市场。

华美食品先后邀请了歌星孙悦和天王巨星周华健等明星加盟作为形象代言人。华美食品是"中国烘烤最具竞争力十大品牌"、"中国月饼十强企业"、"全国糕点月饼质量安全优秀企业"，华美商标是"驰名商标"。华美食品在发展自身的同时，始终关心公益，热心慈善，连续多年向福利院捐款、捐物，持续 8 年通过中国邮政赠送月饼慰问中国驻外维和部队，向汶川地震、玉树地震、雅安地震、西南干旱灾区捐款、捐物，积极协办"东莞万人按手印"支持上海世博会等义举。

从优秀到卓越，华美食品将一如既往，向广大消费者奉献安全、健康、美味的食品为己任。通过努力打造 FOES 友爱企业，即用热情和目标做生意赚钱，用友爱影响关联企业共同发展，同时营造那种亲和儒雅艺术性的让人难以仿制的品牌形象，以全新的面貌展现在世人面前。

时值中秋佳节来临之际，中联重科市场部拟感恩回馈超级 VIP 客户，欲采购 5000 余盒高档月饼。华美食品得此消息后派大客户经理前往长沙与中联重科市场经理商谈月饼买卖相关事宜。

华美食品月饼系列产品信息如表 C-5 所示。

表 C-5 华美食品月饼系列产品信息

产品名称	产品系列属性	零售价
华美双黄	华美双黄是彰显华美食品月饼品质的首席产品，也是华美主推的高端品质产品之一，采用 100%的莲蓉做馅料。大红底色富贵喜庆，牡丹花的点缀更添华丽，圆月的呼应突出团圆的氛围，表现了"花好月圆"的绝美意境。内配 180g 双黄纯白莲蓉月饼 4 个	168 元/盒
台式蛋黄酥	台式蛋黄酥是华美食品借势中秋，推出的非月饼礼盒及月饼糕点系列。层层叠叠的酥皮裹着甜糯的红豆馅，甜糯的红豆馅里又包着咸酥的蛋黄，每一口都超级享受。内配 50g 台式蛋黄酥 8 个	248 元/盒
七星伴月	七星伴月堪称华美食品月饼传统系列中的高品质代表之作，七星伴月的设计理念来自七小行星伴随月亮的天文景观，寓意阖家大团圆。整体盒形以八方形呈现，红色做铺底配以镂空圆形天窗，画面构图演绎出了"花前月下"美丽意境。内配 180g 双黄白莲蓉月饼 1 个、100g 红糖桂圆月饼 2 个、100g 香芋蓉月饼 2 个、100g 红豆蓉月饼 3 个	428 元/盒
茶是故乡浓	"茶是故乡浓，月是故乡明"，中华茶文化源远流长，对于茶的运用也让世人惊叹。"茶是故乡浓"的设计将这一意境表达得淋漓尽致，让人尤在境中。本品历经多年市场洗礼而经久不衰，"纵观华美数十载，记忆当属茶是浓"。内配 80g 蛋黄绿茶蓉月饼 3 个、80g 铁观音茶蓉月饼 3 个、80g 红茶玫瑰蓉月饼 3 个	328 元/盒
盛汉尊礼	悠悠上下五千年，历史长河中唯我盛汉空前，影响深远，盛汉尊礼承载了深厚的汉文化底蕴，整体风格体现出浓墨重彩的盛汉风格，整体以中国红铺底，尊礼二字用的书法体将产品整体尊贵的特性有效聚集。内配 230g 三黄白莲蓉月饼 1 个、180g 双黄白莲蓉月饼 1 个、150g 蛋黄绿茶蓉月饼 3 个、100g 红糖桂圆月饼 2 个、50g 鱼翅鲍鱼月饼 4 个	598 元/盒

测试任务：

（1）抽到题目的双方根据背景资料在规定的时间内做好谈判准备，拟定谈判计划。

（2）双方在规定的时间内进行现场模拟谈判，谈判应尽量走向合作。

（资料来源：湖南省高等职业教育市场营销专业技能抽考商务谈判模块测试题库）

附 录 D
谈判风格的测试

按照下面3个步骤判断你的个人谈判风格偏好。

第一步：谈判风格调查

在较短的时间内思考下面的内容，然后请在每组选项中选择一个，不要因为任何原因修改答案。你认为面对谈判或者与他人存在分歧时，哪个选项更准确地反映你的风格，就选这个选项，即使你认为两个选项都不是很准确或者都很准确，必须且只能选择一个。将下面列举的情境扩展开来，不要局限于工作或在家的情境。不要选择你"应该"同意的陈述，你内心深处认为哪些陈述大部时间里更符合自己的风格，就选择它们。有些陈述重复了，但不用担心答案是否前后一致的问题，继续回答。所有答案都是"正确"的。

1. E. 我尽力保持同对手的关系
   B. 我试图确定潜在的问题　　　　　　　　　　　　　　我选（　　）
2. D. 我设法缓和紧张局面
   A. 由于我坚持立场，对手做出让步　　　　　　　　　　我选（　　）
3. E. 我关注如何解决对方的问题
   D. 我试图避免不必要的冲突　　　　　　　　　　　　　我选（　　）
4. C. 我寻求公平的妥协
   E. 我努力保持关系　　　　　　　　　　　　　　　　　我选（　　）
5. C. 我建议达成公平的妥协协议
   D. 我避免个人对抗　　　　　　　　　　　　　　　　　我选（　　）
6. C. 我谋求在双方立场的中点达成共识
   B. 我探寻导致分歧的症结所在　　　　　　　　　　　　我选（　　）
7. D. 我巧妙地解决了很多分歧
   C. 在谈判的过程中我希望"有付出，有收获"　　　　　　我选（　　）
8. A. 我清楚地表明了自己的目标
   B. 我集中注意力考虑对方的需求　　　　　　　　　　　我选（　　）
9. D. 我更希望避免与他人发生冲突
   A. 我拿出强有力的论据说服对方　　　　　　　　　　　我选（　　）
10. C. 我通常愿意妥协

　　　　A. 我喜欢使别人让步　　　　　　　　　　　　　　　　　　　我选（　　）
11. B. 我坦率地说出双方存在的分歧
　　　　E. 与迫使对方做出最后让步相比，我更在乎关系　　　　　　　我选（　　）
12. D. 我试图避免不必要的个人冲突
　　　　C. 我寻求公平的妥协　　　　　　　　　　　　　　　　　　　我选（　　）
13. C. 我做出让步，期望对方同样如此
　　　　A. 我努力实现所有的谈判目标　　　　　　　　　　　　　　　我选（　　）
14. A. 我喜欢迫使对方让步，而不是自己让步
　　　　E. 我尽力维持关系　　　　　　　　　　　　　　　　　　　　我选（　　）
15. E. 我迁就对方的要求，以便持关系
　　　　D. 只要有可能我就会和对方发生对抗　　　　　　　　　　　　我选（　　）
16. E. 我试图满足对方的需求
　　　　A. 我努力实现所有目标　　　　　　　　　　　　　　　　　　我选（　　）
17. A. 我一定会和对方讨论我的目标
　　　　D. 我强调双方的共同之处　　　　　　　　　　　　　　　　　我选（　　）
18. E. 我总在寻求建立关系
　　　　C. 我做出让步，期待对方同样如此　　　　　　　　　　　　　我选（　　）
19. B. 我指明双方的所有分歧，并和对方讨论
　　　　D. 我试图避免冲突　　　　　　　　　　　　　　　　　　　　我选（　　）
20. A. 我喜欢使别人做了让步
　　　　E. 我尽力维持关系　　　　　　　　　　　　　　　　　　　　我选（　　）
21. B. 我指明双方的所有分歧，并和对方讨论
　　　　C. 我寻求缩小分歧的妥协　　　　　　　　　　　　　　　　　我选（　　）
22. E. 我同对方建立良好关系
　　　　B. 我提供包含双方利益的选择　　　　　　　　　　　　　　　我选（　　）
23. C. 我寻找中点
　　　　A. 我尽力在谈判中实现目标　　　　　　　　　　　　　　　　我选（　　）
24. B. 我指出双方所有分歧，寻求解决方案
　　　　D. 我试图避免不必要的冲突　　　　　　　　　　　　　　　　我选（　　）
25. E. 我试图同对手保持关系
　　　　C. 我寻求公平的妥协　　　　　　　　　　　　　　　　　　　我选（　　）
26. D. 我强调双方在哪些问题上取得共识
　　　　B. 我说出双方未能取得共识的问题　　　　　　　　　　　　　我选（　　）
27. A. 我努力实现目标
　　　　B. 我关注对方的需求　　　　　　　　　　　　　　　　　　　我选（　　）
28. C. 我寻求公平的妥协
　　　　B. 我试图确定所有潜在的困难　　　　　　　　　　　　　　　我选（　　）
29. D. 我避免不必要的争论

E．我集中精力解决对方的问题　　　　　　　　　　　　　　我选（　　）
30．A．我努力实现目标
　　　B．我设法满足对方的需求　　　　　　　　　　　　　　　我选（　　）

第二步：选择结果统计

将上面所有 A、B、C、D、E 答案次数相加，并记下总数：

A=（　）；B=（　）；C=（　）；D=（　）；E=（　）

总数必须等于 30。

第三步：在坐标图上标出你的得分

找出坐标图（见图 D-1）中与你每一个字母得分相符的数字，并画圈。找到图左的第 1 列，在"竞争型—A"的下面给选 A 的得分画圈。在第 2 列"合作型—B"下面给选 B 的得分画圈，依此类推，直到右边的最后一列，也就是"迁就型—E"下面给选 E 的得分画圈。

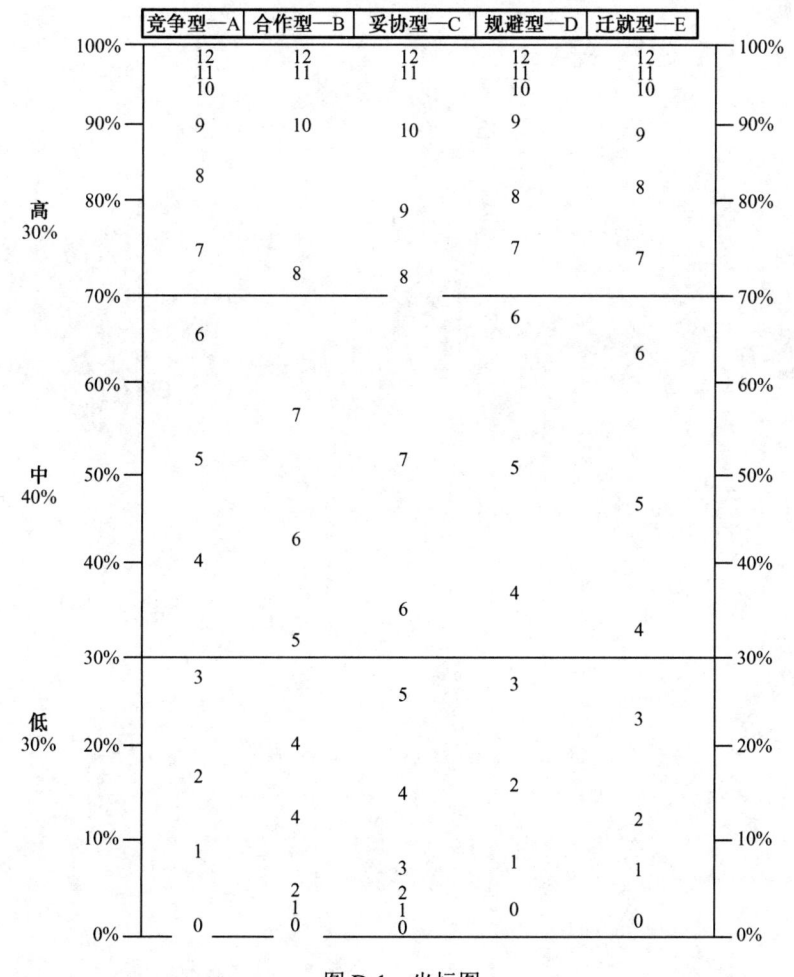

图 D-1　坐标图

只要在坐标图的每一列都有画圈数字，就用直线将这 5 个圈连接起来，这样你就制成了一张简单的图。图顶部的得分（通常在 70 分以上），表示你的最强谈判风格倾向。底部的得分（通常在 30 分以下）表示你的最弱谈判风格倾向。所有在 30～70 分之间的得分，表示适中实用的谈判风格倾向。得分越高，在普通谈判中采用该方法的可能性越大，反之越小。

参考文献

[1] 方琪. 商务谈判：理论、技巧、案例[M]. 3版. 北京：中国人民大学出版社，2011.

[2] 罗格·道森. 绝对成交[M]. 刘祥亚，译. 重庆：重庆出版社，2008.

[3] 刘必荣. 中国式商务谈判[M]. 北京：北京大学出版社，2011.

[4] 王时成. 策略性商务谈判技术（多媒体课件包）[M]. 北京：北京大学出版社，2008.

[5] 黄卫平. 商务谈判（VCD）[M]. 北京：中国财政经济出版社，2005.

[6] 王建明. 商务谈判实战经验和技巧[M]. 北京：机械工业出版社，2011.

[7] 周庆. 商务谈判实训教程[M]. 武汉：华中科技大学出版社，2007.

[8] 中国就业培训技术指导中心. 营销师国家职业资格培训教程[M]. 北京：中央广播电视大学出版社，2006.

[9] 王平辉. 商务谈判规范与技巧[M]. 南宁：广西人民出版社，2008.

[10] 龚荒. 商务谈判与推销技巧[M]. 北京：清华大学出版社，北京交通大学出版社，2005.

[11] 石广生. 中国加入世界贸易组织谈判历程[M]. 北京：人民出版社，2011.

[12] 高建军. 商务谈判实务[M]. 北京：北京航空航天大学出版社，2007.

[13] 罗格·道森. 优势谈判[M]. 刘祥亚，译. 重庆：重庆出版社，2009.

[14] 朱春燕，陈俊红，孙林岩. 商务谈判案例[M]. 北京：清华大学出版社，2011.

[15] 刘必荣. 商务谈判高阶兵法[M]. 北京：北京大学出版社，2008.

[16] 毕思勇，张成山. 商务谈判[M]. 北京：高等教育出版社，2009.

[17] 谭一平. 现代推销理论与实务[M]. 北京：高等教育出版社，2012.

[18] 理查德. 谢尔. 沃顿商学院最实用的谈判课[M]. 林民旺，李翠英，译. 北京：机械工业出版社，2013.

[19] 帕科. 昂德希尔，顾客为什么购买[M]. 缪青青，刘尚焱，译. 北京：中信出版社，2011.

[20] 博恩. 崔西. 谈判[M]. 马喜文，译，北京：机械工业出版社，2014.

反侵权盗版声明

电子工业出版社依法对本作品享有专有出版权。任何未经权利人书面许可，复制、销售或通过信息网络传播本作品的行为，歪曲、篡改、剽窃本作品的行为，均违反《中华人民共和国著作权法》，其行为人应承担相应的民事责任和行政责任，构成犯罪的，将被依法追究刑事责任。

为了维护市场秩序，保护权利人的合法权益，我社将依法查处和打击侵权盗版的单位和个人。欢迎社会各界人士积极举报侵权盗版行为，本社将奖励举报有功人员，并保证举报人的信息不被泄露。

举报电话：（010）88254396；（010）88258888
传　　真：（010）88254397
E-mail：dbqq@phei.com.cn
通信地址：北京市海淀区万寿路 173 信箱
　　　　　电子工业出版社总编办公室
邮　　编：100036